·广州红色文化普及读物·

孙宜芳 编著

英雄花开英雄城

第一辑

广州新华出版发行集团
广州出版社
GUANGZHOU PRESS

图书在版编目（CIP）数据

英雄花开英雄城 / 孙宜芳编著. -- 广州 ：广州出版社, 2025. 3. -- ISBN 978-7-5462-3826-5

Ⅰ. K296.51-49

中国国家版本馆 CIP 数据核字第 2025X3H697 号

书　　名　英雄花开英雄城
Yingxionghua Kai Yingxiongcheng

出版发行　广州出版社
（地址：广州市天河区天润路87号9、10楼　邮政编码：510635
网址：www.gzcbs.com.cn）

出 版 人　柳宗慧

项目统筹　李良婷

责任编辑　潘孟良　周振宇

责任校对　王俊婕　李少芳

印刷单位　东莞市信誉印刷有限公司
（地址：东莞市南城区水濂澎洞工业区一期C区　邮政编码：523000）

规　　格　787 mm × 1092 mm　1/16

印　　张　20.25

字　　数　320千

版　　次　2025年3月第1版

印　　次　2025年3月第1次

书　　号　ISBN 978-7-5462-3826-5

定　　价　58.00元

前　言

习近平总书记指出："历史是最好的教科书。学习党史、国史，是坚持和发展中国特色社会主义、把党和国家各项事业继续推向前进的必修课。这门功课不仅必修，而且必须修好。"学习历史，特别是学习中国共产党史，能够让我们从中汲取前进的智慧和力量。

广州，一座历史悠久的城市。由秦汉起至明清2000多年间，一直是中国对外贸易的重要港口城市、中外文化交融之地、中国海上丝绸之路的起点，被誉为"千年商都"。西汉时属交州南海郡，汉武帝平定南越国后，将州府所在地定名为"广信"，"广州"之"广"因此得名。226年，孙权把交州一拆为二，史称"交广分治"，"广州"作为地名出现。唐宋时期，广州已成为世界著名东方大港。

广州，还是一座英雄的城市。中国近现代史上很多影响中国前途和走向的重大事件，都发生在这里。其实，广州在20世纪20年代，是中国共产党早期革命的主要实践地、大革命的策源地，是中国共产党探索革命道路的核心区域之一，有着走在前列的建党活动、迅猛发展的学生运动、掀起巨澜的工人运动、持续高涨的农民运动和轰轰烈烈的军事运动等一系列引领和影响中国革命前途的革命实践活动。

20世纪20年代的广州，是很多人向往的地方。一些革命青年虽然身不在广州，但受广州轰轰烈烈的革命氛围影响，络绎不绝南下，投入广州这个革命大熔炉中。我们所熟知的20世纪20—70年代杰出的、有影响力的中国共产党和国民党左派领导人，几乎都在20世纪20年代来到广州。他们或成为同学，或成为师生、同事，构筑了自己的朋友圈，在广州共同领导或参与革命，成长为优秀的政治家、军人、革命家等。他们在革命中学习、思考，一起探索中国革命道路。尽管得出的结论各有不同，但他们改造中国、谋求民族独立和国家富强的出发点是一致的。这么一大批当时中国最优秀的人才聚集广州，在广州历史上是极其罕见的，实事求是地说，当时的广州影响着中国、影响着世界。当时这么一大批有志青年把对革命的崇高理想和坚定信念熔铸于广州，甚至很多人牺牲于广州，在广州历史上也是极其罕见的，丝毫不夸张地说，当时的广州震撼着中国、震撼着世界。

广州还是20世纪20年代中国革命群众最集中、最坚定，革命气氛最活跃、革命热情最高涨的地方。共产国际代表达林曾在1922年“五一”国际劳动节时，在广州亲身体会过火一样的革命热情。他描述道，“‘五一’节那天，游行队伍沿着广州最宽阔的河滨大街行进，小船上写着革命口号的小红旗，争相辉映”，盛赞“这是惊人的场面”，甚至中小学的学生们也从城里的四面八方加入到游行队伍中来。哪怕是集会结束了，“游行的人们又涌上大街”。到了晚上，“游行变成了狂欢，几乎通宵达旦”。要知道，这还是1922年5月，当时中国大部分地区还在军阀铁蹄下呻吟，而广州群众已经展现了对无产阶级革命的向往。1927年2月，达林重回广州时，仍然看到这种火热的场面，他惊叹广州已经成为一个让人惊奇的城市，“那就是连续不断的罢工……广州没有一天是没有罢工的”。群众运动已经成为广州的一部分。这种场景，在中国历史上是少见的；与同时代中国其他城市相比，同样是少见的。随着革命在广州的推进并扩展到全国，上海、武汉等城市才相继有了这样大规模的群众运动。

因为聚集了中国最优秀最有朝气的人才，广州是当时的革命圣地，有着最火热的革命氛围，在中国革命史上创造了很多个“第一”：第一批共产党早期组织——广州共产党早期组织在此成立；第一次建立国共合作的革命统一战线——中国共产党第三次全国代表大会、中国国民党第一次全国代表大会在此召开；第一个全国性的工会领导机关——中华全国总工会在此成立；第一个培养农民运动干部学校——广州农民运动讲习所在此举办；第一个城市红色政权——广州苏维埃政府在此建立；等等。这样杰出的创造，连同它的象征——木棉，成为永远镌刻在广州这块大地上的红色基因。

木棉，又称红棉，是广州市市花。“木棉花者，吾粤之特产，他方未有也。其色殷红，故又名红棉花。虽久经离枝，而红不褪，故又名英雄花。”

（引自《邓世增提议红棉为市花》）木棉是革命记忆与烈士精神的象征，“虽久经离枝，而红不褪”，展现出中国共产党人为实现崇高理想矢志不渝、奋斗到底的伟大情怀。

木棉“未叶先花”，每年三四月间丹红满树，景色壮丽，如一团团焰火，既有英雄气概，又庄严肃穆，洋溢着奋勇争先的气象，正如20世纪20年代的广州，处处洋溢着浓厚的革命氛围和热烈的革命情绪，满树的木棉淋漓尽致地展现出“英雄花开英雄城”的壮丽场景，传递和延续着英雄城市的精神和风貌。在反帝反封建的革命实践中，广州的革命青年们用顽强奋斗和流血牺牲谱写了英雄城市的红色华章。这些波澜壮阔的革命实践活动，恰似红棉“未叶先花”、丹红满树的生动写照，难怪达林认为广州是“革命的摇篮”，难怪广州人民把木棉花定为市花、视为英雄花，永续传承。

为了让发生在20世纪20年代广州大地上的历史活起来，以有温度、有灵魂的方式，照进现实、走进人们的视野，特别是沁入年轻一代的心灵，更好地引导年轻人从共产党人的崇高理想和矢志不渝的奋斗情怀中汲取前进的智慧和力量，推进红色基因代代相传，由中共广州市委宣传部牵头组织编写本书。本书以“英雄花开英雄城”为主题，以革命实践活动分章，采用故事形式，每章以故事发生的时间顺序为编排依据，再现20世纪20年代发生在广州的可歌可泣、荡气回肠的革命史。本书是继中共广州市委宣传部、广州市社科联组织编写的《中国共产党与大革命丛书》（中央文献出版社2021年版）后，面向广大读者朋友推出的普及读物。

英雄城市广州承载着丰富的革命记忆。诚然，由于时间和能力有限，书中内容很可能挂一漏万，参考文献也无法一一列举，疏漏缺失，尚祈方家和读者批评指正。

孙宜芳

2024年12月

目 录
CONTENTS

《英雄花开英雄城》音频二维码
（各文章二维码请翻阅至下方目录带音频标识的标题所对应的内文）

第一章　建党活动：开天辟地大事变

第二章　学生运动：薪火相传话青年

第三章　工人运动：咱们工人有力量

第四章　中共三大：克敌制胜有法宝

第五章　统一战线：在斗争中求团结

第六章　农民运动：星火燎原寻道路

第七章　军事运动：武装斗争第一线

第八章　妇女运动：妇女能顶半边天

第九章　广州起义：羊城风暴谱赞歌

第一章

建党活动：开天辟地大事变

思想界的明星

扫二维码
听音频

“历史不会忘记，陈独秀、李大钊等一批具有留学经历的先进知识分子，同毛泽东同志等革命青年一道，大力宣传并积极促进马克思列宁主义同中国工人运动相结合，创建了中国共产党，使中国革命面貌为之一新。”

——2013年10月21日习近平总书记在欧美同学会成立100周年庆祝大会上的讲话

“陈独秀”这个名号，在中国近现代史上可谓是响当当的。他一生4次被捕，每次都是轰动事件，总是能够引起全国革命人士的强烈关注与大力营救，这不是因为陈独秀有多高的官位和多大的权力，而是因为他有很大的影响力，特别是在中国共产党早期的革命探索中。在广大青年心目中，陈独秀可是“明星”般的存在。

陈独秀非常关注青年的思想教育问题，他把青年视为“新鲜活泼”的群体。1920年10月，还没到过广州的陈独秀，欣闻《广东群报》创刊，就应邀在创刊号上发表了《敬告广州青年》一文。他号召青年“讲求社会需要的科学，勿空废光阴于无用的浮夸的古典文字”“切切实实研究社会实际问题的解决方法”“做贫苦劳动者的朋友，勿为官僚资本家佣奴”，启发广东学生站在最广大人民群众的立场上，关注社会现实问题。此文对广东青年学生有很大影响。

1920年12月，应陈炯明邀请，陈独秀到广州担任广东教育委员会委员长。

陈独秀在广东高等师范学校发表演讲

在广州期间，陈独秀多次到各大院校演说并发表文章，他所带来的马克思主义观被青年学生争相传诵。第一次到广州期间，陈独秀在广州各类学校发表10余次大型演讲。第二次到广州期间，时间虽然短暂，但也发表5次演讲。第三次到广州时，陈独秀围绕着社会主义理想这一主题在广东高等师范学校发表了3次演讲，对于引导广东青年走上革命道路起到重要作用。

在这些演讲和文章中，陈独秀向广东青年宣传了中国为什么要走社会主义道路，他说："我们相信社会主义，并不是凭空的盲目的去相信他，乃是社会之历史的进化程序令我们不能不相信。"陈独秀认为，一方面，这是人类社会历史发展的必然，是人类社会在经历原始社会、奴隶社会、封建社会、资本主义社会之后的必然走向。另一方面，资本主义社会已经发展到帝国主义这一阶段，在这种状态下，资本主义要么走向旧路，继续剥削，最终结果是引发世界无产阶级的反抗，推翻资产阶级，走向社会主义；要么是停止剥削，建设世界的和平，结果仍然是"由资本主义的社会改变到社会主义的社会了"。所以，中国必然要走社会主义的道路。这些思想令广东青年学生耳目一新。

陈独秀还向广东青年解释了中国应该如何走上社会主义道路。他在分析中国国情、中国与世界的关系等问题的基础上，告诉广大青年中国与世界上其他国家不同。其他国家的民主革命，主要任务是推翻资产阶级统治，而中国当时处于半殖民地半封建社会，不是资本主义国家，因而"中国劳动阶级和社会主义者的目前工作，首先要做打倒军阀打倒帝国主义的国民革命"，并提出，社会主义者要做的革命，就是参与国民运动，与世界上资本主义国家的劳农革命联合起来，才能实现革命目标。这对于在思想上启发广东青年参与国民革命并作出自己的贡献起到非常重要的推动作用。在陈独秀的影响下，很多广东青年学生投入革命的洪流中，推动了中国革命的历史进程。

陈独秀简介

陈独秀（1879—1942），安徽怀宁（今安庆）人。新文化运动的倡导者、发起者和主要旗手，“五四运动的总司令”，中国共产党的主要创始人之一和早期主要领导人。

1915年9月，在上海创办《青年杂志》（自第2卷起改名《新青年》）。1920年，在上海建立中国共产党发起组，开展建党活动。1921年7月，在中国共产党第一次全国代表大会（以下简称“中共一大”）上被选为中央局书记。1925年，领导五卅运动。大革命后期犯右倾机会主义错误。1927年，在八七会议上被撤消总书记职务。1942年5月，于四川江津病逝。陈独秀为传播马克思主义和建立中国共产党作出重大贡献，在青年学生中有广泛影响，毛泽东评价他为“思想界的明星”。他一生三次到过广州，第一次为1920年12月至1921年9月，前后共10个月；第二次是1922年，来去匆匆，时间较短；第三次为1923年3月至8月，前后6个月。在广州期间，他多次到各大院校演说并发表文章，“为广州知识界输入了一些新的血液”，开启了“将新文化运动和社会主义思潮广泛带到广州去”的序幕。主要著作收入《独秀文存》《陈独秀文章选编》等。

学思之窗

1. 随着社会的发展和人们物质生活条件的满足，现在社会上一些人也存在着“追星”行为，思考一下，我们应该追什么样的“星”？

2. 为了实现社会主义，一代又一代的有为青年接力奋斗着。新时代的我们，应该为社会主义建设做些什么，才能更好地实现人生价值？

最早的“党校”雏形

“新时代新征程，我们党要团结带领人民开创事业发展新局面，就必须培养造就堪当民族复兴重任的高素质干部队伍。在这方面，党校责任重大、责无旁贷。为党育才，就是要做好新时代的传道、授业、解惑工作，传好马克思主义真理之道，授好推动改革发展稳定之业，解好改造主观世界和客观世界所遇之惑。”

——2023年3月1日习近平总书记在中央党校建校90周年庆祝大会暨2023年春季学期开学典礼上的讲话

走进位于广州市越秀区起义路素波巷30号的广州市第十中学，伴着莘莘学子的朗朗书声，一座红墙绿瓦的小红楼映入眼帘。低调藏身在这所中学内的小红楼，有一个非常独特的身份——中共广东支部遗址。更鲜为人知的是，20世纪20年代设在这里的广东省立宣讲员养成所，其实就是最早的“党校”雏形，是一所专门“宣传和普及马克思主义，造就将来开展群众工作的干部”的学校。

广东省立宣讲员养成所对推动历史进步起到过重要作用。陈独秀来到广州后，大力创办这所学校的目的，就是培养具有马克思主义信念的宣传人员，更好地推动马克思主义的传播。陈独秀认为，教育改革的目的在于改造社会，而改造社会，就要大力开启民智，努力提高全社会的教育、文化水平。因此，在当时教育水平十分落后、劳苦大众受教育的机会普遍缺失的情况下，亟须培养大批能够面向社会、面向广大民众做通俗讲演、做文化普及、做推广工作的宣讲员。

在陈独秀等人的努力下，1921年6月20日，广东省立宣讲员养成所开学。所内设专门班和普通班，专门班招收相当于中学毕业程度的学员，开设一般高等学校的课程，有哲学、教育学、伦理学、外国语等，一年毕业；普通班程度稍低，半年毕业。广东省立宣讲员养成所教员谭天度说："功课的内容为反帝反封建、社会主义、群众运动、阶级斗争、宣传方式等，新文化也讲。"学员钟道生说："该所原来是在党的领导下创办的，作为培养进步青年和宣传马克思主义思想的阵地。"钟道生还记得，广东省立宣讲员养成所入学考试的作文题是"我们的历史使命"。广东省立宣讲员养成所的图书馆，有很多宣传马克思主义的进步书籍。这样，广东省立宣讲员养成所的教学内容和培养目标，就打上了马克思主义的鲜明印记。广东省立宣讲员养成所的学生来自四面八方，如广州、高明、中山、南海、肇庆、惠州等，大多数是追求进步、向往革命的失学、失业青年。许多学员后来成为广东党团组织的骨干，为党的革命事业作出了重要贡献。

广东省立宣讲员养成所

广东省立宣讲员养成所还是党开展群众工作的阵地。1922年初，香港海员大罢工期间，中共广东支部就以这里作为罢工海员的通讯联络处，负责收转国内外“香港海员后援会”的捐款和信件。在为广大工人群众服务的同时，又密切了党与工人群众的联系，对于推动工人群众接受马克思主义教育也起到一定作用。

可以说，广东省立宣讲员养成所自从创办之日起，就与党的社会活动、理论宣传和群众教育等工作密切联系在一起，它实际上是一所培养党的理论、宣传干部的学校。共产党人通过办学来培养理论和宣传的干部，在全国来说，这可算是一个源头。

广东省立宣讲员养成所介绍

广东省立宣讲员养成所遗址位于广州市第十中学，校园内矗立着一栋红墙绿瓦的小楼，牌匾上“党的光辉照万代”几个字熠熠生辉。1920年12月，陈独秀应广东省省长的聘请，从上海南下，就任广东教育委员会委员长。作为主管教育行政的政府官员，陈独秀在广州的主要工作就是办教育、进行教育改革。1921年1月中旬，教育行政委员会召开会议，议决筹设广东省立宣讲员养成所。广东省政府为办宣讲员养成所，计划每年投入30万元（当时办一所省立中学每年经费预算是3万元，一所专科学校是10万元，办一所宣讲员养成所相当于办10所省立中学或3所专科学校）。1921年6月，广东省立宣讲员养成所成功创办，至1923年间停办，虽然存在时间并不长，但却为党培养理论、宣传干部作出了贡献，广东第一个党支部也在此诞生。广东省立宣讲员养成所是广州早期党组织重要的活动阵地，留下了不少历史名人活动的足迹，是近代广州一处重要的历史遗迹。

学思之窗

1. 广东省立宣讲员养成所作为中国共产党最早的“党校”雏形，为历史作出的贡献是什么？

2. 遗址是历史的见证者，是文化建设的重要载体。在广州，还有很多红色文化遗址，请思考：我们应该如何保护好这些宝贵资源？

《新青年》在广州

扫二维码
听音频

“新时代中国青年要增强学习紧迫感，如饥似渴、孜孜不倦学习，努力学习马克思主义立场观点方法，努力掌握科学文化知识和专业技能，努力提高人文素养，在学习中增长知识、锤炼品格，在工作中增长才干、练就本领，以真才实学服务人民，以创新创造贡献国家！”

——2019年4月30日习近平总书记在纪念五四运动100周年大会上的讲话

《新青年》杂志

提起《新青年》杂志，很多人都有所耳闻，但大多数人也只是知道这个杂志是陈独秀在上海创办的。其实，《新青年》与广州还有着一段鲜为人知的故事。

1915年《新青年》创刊后，是在上海办公的。但是，由于《新青年》宣传进步革命学说，1921年4月被上海法国巡捕房查封了。由于《新青年》影响很大，陈独秀等人认为不能停刊。于是，将地址南迁到广州越秀区中山五路昌兴街26、28号。同年9月，由于陈独秀从广州回上海主持中共中央工作，《新青年》也随之迁回上海。虽然《新青年》在广州办公的时间不长，但是自1923年6月《新青年》改成季刊后，选在广州出版，并成为中共中央的理论性机关刊物。直到1926年最后停刊的这段时间里，《新青年》与广州一直都是紧密相连的。

陈独秀把《新青年》迁来广州后，做了哪些事情呢？最重要的一点，是与无政府主义作斗争，宣传马克思主义。在广州，无政府主义的传播早于马克思主义。无政府主义把工人受压迫剥削的根源归咎于政府，声称要打倒一切政府和权威，强调个人的绝对自由，要"自创一个无牧师、无皇帝、无总统、无法官、无狱吏、无警察管辖和无寄生虫之社会"。这些主张在广州泛滥一时，甚至还建立了无政府主义政党组织，使一些青年受到蒙骗，误把无政府主义当作最革命的理论，分不清无政府主义与科学社会主义的区别，成为传播马克思主义的一大障碍。

面对这种情况，陈独秀通过在广州出版发行《新青年》等刊物，发表了一系列文章，还通过讲演、书信等形式，在自由、革命道路、生产与分配、阶级斗争与无产阶级专政、社会组织、国家政权等问题上，对无政府主义进行了全面的批判，并宣传马克思主义，划清了科学社会主义与无政府主义的界限，使一些一度受到无政府主义蒙蔽的革命青年转而信仰马克思主义。

《新青年》南迁广州，还为当时上海的革命刊物出版打了掩护。中国共产党在上海成立之后，为了指导全国革命运动，需要出版宣传刊物。1921年9月，党在上海创办了人民出版社，大量出版马克思和列宁的著作。但是，由于当时上海的政治环境非常恶劣，中共中央局和中共广东支部研究后决定，把在上海秘密出版的刊物，封面印上"广州人民出版社印行"，发行地点也印上"广州昌兴街26号"或"广州昌兴街28号"字眼，以掩敌人耳目。

作为中国共产党最早的理论性机关刊物之一，《新青年》在介绍马克思列宁主义的经典著作和国际工人运动的经验，大力传播马克思主义，宣传党的路线、方针、政策，引领青年走上革命道路等方面发挥了重大作用。

《新青年》杂志简介

《新青年》是陈独秀在上海创立的一本具有影响力的革命杂志，原名《青年杂志》，从第2卷起改称《新青年》。其创立标志着中国新文化运动的兴起，在五四运动期间起到重要作用。自1915年9月15日创刊至1926年7月终刊，共出9卷54号。这10年间，《新青年》是中国革命思想运动的主要中心。其中，有5年多在广州出版。

1915—1918年间，《新青年》思想倾向基本属于旧民主主义革命性质。1918年以后，受俄国十月革命的影响，知识界发生深刻变化。《新青年》营垒的组成，变为具有初步共产主义思想的知识分子、激进的小资产阶级知识分子和资产阶级知识分子，革命色彩更为明显，逐渐成为宣传马克思主义的思想阵地，为马克思主义的早期传播和中国共产党早期革命作出重要贡献。

学思之窗

1. 《新青年》是中国在20世纪20年代的一份具有影响力的革命杂志，你是否了解它的创立背景？

2. 《新青年》在宣传马克思主义方面作出了非常突出的贡献。新时代我们应该怎么学习马克思主义，才能更好地坚定理想信念？

与无政府主义论战

“近代以后，争取民族独立、人民解放和实现国家富强、人民幸福就成为中国人民的历史任务。在旧式的农民战争走到尽头，不触动封建根基的自强运动和改良主义屡屡碰壁，资产阶级革命派领导的革命和西方资本主义的其他种种方案纷纷破产的情况下，十月革命一声炮响，为中国送来了马克思列宁主义，给苦苦探寻救亡图存出路的中国人民指明了前进方向、提供了全新选择。”

——2018年5月4日习近平总书记在纪念马克思诞辰200周年大会上的讲话

有什么样的思想，就有什么样的行为，这是得到公认的一个道理。如果人的思想错误了，那么他的行为自然也是错误的。所以，正确的思想对于青年人的成长，是非常重要的。在20世纪20年代的中国，为了找到挽救民族危机的正确思想，很多主义登上历史舞台，包括实用主义、自由主义、民主主义等等。这些主义影响着当时的青年人，有些人甚至连吃饭睡觉的时候都在思考着“主义”。在这些主义中，无政府主义对青年的影响很大，阻碍了青年确立马克思主义信仰。

陈独秀来到广州后，结合广州青年的思想实际，展开了与无政府主义的论战。1921年1月，陈独秀在广州公立法政学校发表演讲，无政府主义者区声白等人也到场。演讲结束之后，区声白写信给陈独秀，表示异议，陈独秀回信予以答复；区声白不服再写信争辩，陈独秀再复信答复。如此往复多次，区声白最终被说服。后来，区声白也致信陈独秀，承认“无产阶级专政乃今日社会唯一之手段，此后唯随先生之后”。陈独秀把与无政府主义论战的书信、演讲公开刊登在《新青年》杂志上，对向全国各地青年澄清无政府主义错误思想、进一步推进马克思主义传播起到重要作用。

在与无政府主义的论战中，陈独秀等人在广州所作的贡献，主要表现在三个方面：一是批判了无政府主义的错误根源。针对区声白等人的绝对自由和反对无产阶级专政等主张，陈独秀指出，无政府主义不适应于中国政治经济。无政府主义主张的每一个人的绝对自由，不允许少数压制多数，也不允许多数压制少数，是根本无法实现的。因为现代工业发达，一个工厂往往有数千数万人，在这样的工厂里实行无政府主义，就是需要保护所有人，殊不知又会陷入“一面赞成绝对自由，一面又赞成联合，是不对的”。二是阐明了无产阶级专政的历史作用。针对无政府主义反对无产阶级专政的问题，陈独秀认为，“国内的资本阶级虽尚幼稚，而外国资本主义底压迫是人人都知道的”。所以，中国实行无产阶级专政，能够打倒幼稚的资产阶级。三是指明了中国革命的阶级力量。针对无政府主义反对从根本上对社会制度进行改造、只一味地提倡通过教育来改造社会的主张，陈独秀认为，任何企图以个人力量达到“改良社会底目的”的想法，都是妄想，“增加一两个善的分子，不能够使社会变为善良；除去一两个恶的分子，也不能够使社会变为不恶”。因此，必须把主要精力放在社会上，而不是放在个人上，要从社会制度上进行改革，才能更好地推进中国革命。

陈独秀批判无政府主义思潮的斗争，影响很大。在广州，《新青年》《广东群报》等刊物积极刊登批判无政府主义的文章，一些学校和社团也经常开展批判无政府主义的活动。很多受无政府主义影响的青年逐渐认清自身思想上的错误，划清了科学社会主义与无政府主义的界限。经过这场论战，除少数无政府主义者仍然坚持自己的立场外，大多数受无政府主义影响的青年抛弃了这种错误思想，接受了马克思主义，逐渐转变成为无产阶级的忠勇战士。

无政府主义简介

无政府主义的目的在于废除政府管理机构，寄希望于达到一个绝对自由的状态，希望能“自创一个无牧师、无皇帝、无总统、无法官、无狱吏、无警察管辖和无寄生虫之社会”。这与马克思主义是相悖的。

五四运动前，无政府主义就已经在广州产生一定影响。无政府主义的代表人物是刘师复，其于1915年去世后，黄凌霜、区声白、梁冰弦等人继承其衣钵。他们控制各行业工会组织，创办《民风》《民生》《劳动者》等刊物，在广州进行无政府主义宣传。虽然无政府主义对揭露反动政府剥削人民、资本家压迫工人和发动群众斗争起到了一定积极作用，但也误导了一批广州青年，使他们把无政府主义当作革命学说，分不清无政府主义与科学社会主义之间的区别。为批判无政府主义、宣传马克思主义，陈独秀等人在《新青年》以及广州本土的《广东群报》《劳动与妇女》等刊物上，发表了一系列文章。同时，通过演讲、书信等各种方式，围绕着革命形式、国家性质等内容与无政府主义进行了论战。

学思之窗

1. 我们在生活、工作中，总是会受到各种非马克思主义思潮的影响，我们应该怎么样抵制这些错误思潮？

2. 马克思主义是我们立党立国的根本，我们应该如何坚持和发展马克思主义，才能更好地为实现中华民族伟大复兴提供科学的理论指导？

谭平山宣传新思想

“《共产党宣言》一经问世，就在实践上推动了世界社会主义发展，深刻改变了人类历史进程。我们党开辟的新民主主义革命道路、社会主义革命道路、社会主义建设道路、中国特色社会主义道路，都是把马克思主义基本原理同中国具体实际相结合的伟大创造。中国共产党是《共产党宣言》精神的忠实传人。”

——2018年4月23日习近平总书记在十九届中央政治局第五次集体学习时的讲话

广东人杰地灵、英雄辈出，在中国近现代涌现出很多影响中国的著名人物，谭平山就是其中一个。他在国共两党中都有着很大的影响力，早年还为宣传马克思主义作出过重要贡献。

为抨击旧制度、宣传新思想，1919年1月，谭平山在《新潮》创刊号发表一篇宣传新思想、新文化的哲学论文《哲学对于科学宗教之关系论》。蔡元培看后大为赞赏，为文章加了一句批语：“右论甚有见地。”3月，谭平山在《新潮》又发表了一篇非常重要的文章——《“德谟克拉西”之四面谈》，介绍了《共产党宣言》，热情宣传社会主义新思想，详细介绍了德国社会民主党十条党纲的内容。针对当时人们对社会主义的误解，谭平山指出，社会主义“非为某阶级讲利益之事，乃为世界谋和平，国家策长久，社会图安宁之事。质辞言之，乃为吾人自求多福之事也”。《“德谟克拉西”之四面谈》是中国最早介绍《共产党宣言》的文章之一，推动了《共产党宣言》在中国的传播，增进了国人对马克思主义的了解。

1920年初，谭平山与谭植棠等人在上海创办了《政衡》杂志，热情宣传十月革命，介绍马克思主义，研究中国社会问题。他们提出的宗旨是“政治——主根本的革新；社会——主根本的改造；各种问题——主根本的解决”。在《政衡》杂志上，谭平山发表了《武力统一和口头护法》《中国政党问题及今后组织政党的方针》《我之改造农村的主张》《我国官僚式的外交》等文章和时评。谭平山认为，中国革命要成功，“一定要我们的国民、大众自己发奋和努力，想一个根本的解决办法”，并提出了组织政党的思想。谭平山在《中国政党问题及今后组织政党的方针》一文中谈到建党思想，明确反对巴枯宁的“无政府主义”“合理的社会主义”等思潮。同时，他还进一步谈及建立政党的必要性，“且政党的问题，宜居政治问题之先，故政党尤为达到政治目的工具之工具”。尽管谭平山没有鲜明提出要建立马克思主义的无产阶级政党，但要求建立倾向于社会主义的政党的态度是十分明确的。谭平山的文章犀利批判了伪社会主义的理念，有力促进了社会主义思潮的传播。

如果说谭平山在《新潮》月刊上发表的文章是在反帝反封建的革命洪流中率先发出的呐喊，那么他在《政衡》杂志上发表的文章则是在反帝反封建的具体问题上开始了系统的探索。虽然谭平山此时对马克思主义理论和中国社会问题的研究还属于早期阶段，但他一开始就着重从实际出发，根据中国国情初步提出的很多见解，确实难能可贵。在宣传新思想、新文化和科学社会主义的过程中，谭平山从一个民主主义者逐渐成长为一个社会主义者，为日后与陈独秀等人在广东创建共产党早期组织奠定了思想基础。

谭平山简介

谭平山（1886—1956），广东高明人，是有建树、有影响的民主革命家，中国具有社会主义思想的早期知识分子之一，中国共产党广州早期组织的主要创建者，中国国民党革命委员会的主要领导人之一。早年参加同盟会，创办《广东群报》。1921年，加入中国共产党。曾任中共广东区执行委员会书记，第三届中共中央局委员，第四届中共中央执行委员会委员，第五届中共中央政治局委员。大革命失败后，参与发动南昌起义。后被错误开除中共党籍。参与组建中华革命党。1933年，支持福建事变。抗日战争时期，积极奔走，参加抗日救国活动。1945年，参与组建三民主义同志联合会。1948年，参加组织中国国民党革命委员会。1949年，参加筹备并出席中国人民政治协商会议第一届全体会议，为民革和各民主党派接受中国共产党领导、协商建国起到积极作用。1949年后，历任中央人民政府委员、政务院政务委员兼人民监察委员会主任，是第一届全国人大常委，民革第一、二届中央常委，民革第三届中央副主席。1956年4月2日，在北京逝世。

学思之窗

1. 世界观是在社会实践基础上产生和逐渐形成的，谭平山从一个民主主义者成长为一个社会主义者，除了主观上的思想改造，客观原因是什么？

2.《共产党宣言》是共产党员的必修课，青年人应该怎样做《共产党宣言》精神的忠实传人？

中国南部文化运动的总枢纽

“做好党的新闻舆论工作，事关旗帜和道路，事关贯彻落实党的理论和路线方针政策，事关顺利推进党和国家各项事业，事关全党全国各族人民凝聚力和向心力，事关党和国家前途命运。”

——2016年2月19日习近平总书记在党的新闻舆论工作座谈会上的讲话

现在，互联网已经成为人们了解世界和各种信息的媒介，只要有一部手机或者一台电脑，我们就可以足不出户了解天下大事。在没有互联网的年代里，人们了解社会信息，是离不开报纸或杂志的。在广州市荔湾区光复中路，有一条辉煌一时的“报馆街”。从清代起，这一带就是报业旺盛之地，见证了20世纪20年代广东红色报业的曙光。党的创建时期，中国共产党广州早期组织的机关报、中国共产党第一张大型地方党报——《广东群

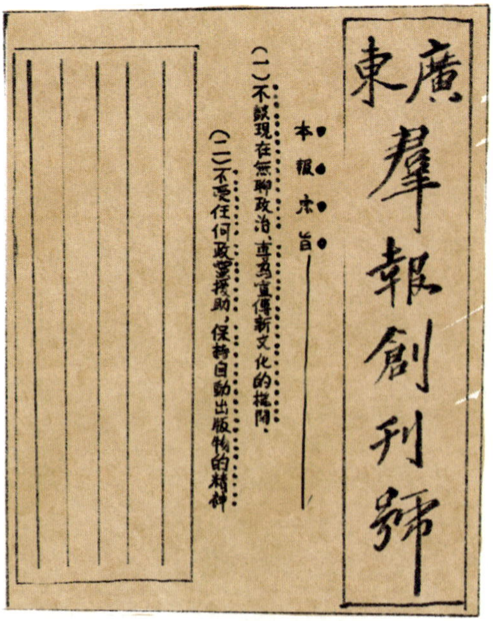
廣東羣報創刊號
本報宗旨
(一)不談現在無聊政治，專為宣傳新文化的樞紐。
(二)不受任何政黨援助，保持自動出版物的精神

《广东群报》

报》就诞生在这里。《广东群报》为传播新思潮和供当时广州人民了解国内外大事发挥了重要的作用。

1920年7月，谭平山大学毕业回到广州，在广东高等师范学校任哲学教授。他一方面积极深入到青年学生中去，宣传五四精神，传播马列主义；另一方面，提出先办刊物，加强宣传工作。据谭天度《忆广东的五四运动与共产主义小组的建立》（《广东文史资料》1979年第24辑）记载，谭平山等人认为，“搞运动没有一个得力的宣传工具是不行的，先办个刊物”，“后来他们和阮啸仙、周其鉴、刘尔崧等人取得了联系，很快就把《广东群报》创办起来了”。

思想是时代的先声。创办《广东群报》之初，谭平山等人就明确《广东群报》“专为宣传新文化的机关”和“主张改造社会”的办刊宗旨，主要内容是编辑新闻，报道各国工人运动和共产党活动等情况，传播新思想。基于这一定位，《广东群报》的创刊号上就发表了蔡元培、陈独秀的文章。陈独秀希望广东青年“讲求社会需要的科学”“切切实实研究社会实际问题的解决方法”“做贫苦劳动者的朋友，勿为官僚资本家的佣奴”。谭平山发表《对于新文化宣传的我见》，提出要打破“因为先贤前哲讲过，不能不照这样讲，先贤前哲做过，不能不照这样做”的保守遗习；主张“用科学的方法，去整理我国固有的古代文化，使之有条不紊，并且指出古代文化的缺点，求个补充和改革办法，使之成为一种新生的文化”。

1920年底，陈独秀来粤后，《广东群报》发生了明显的变化，不仅大量转载上海《共产党》月刊的文章，而且增加了对苏俄和各国共产党情况的报道的比重。后来，《广东群报》专门开辟了马克思研究、俄国研究等专栏，介绍马克思与列宁的生平，选载他们的演说、著作，介绍世界共产主义运动历史，并在显要位置大量刊登或转载陈独秀、李大钊、李达等理论先驱者的文章。1921年，《广东群报》出版“劳动者增刊”，报道各国工人运动，指导中国工人运动，引导工人阶级斗争由自发走向自觉，在各种思想流派论战中帮助广大青年树立了马克思主义信仰。

《广东群报》是五四运动后广东宣传马克思主义的阵地，为马克思主义在广东的进一步传播起到了重要作用。陈独秀在《新青年》杂志撰文称赞《广东群报》“是中国南部文化运动的总枢纽，是介绍世界劳动消息的总机关，是广州资本制度下奋斗的一个孤独子，是广东十年来恶浊沉霾空气里的一线曙光”。《广东群报》得到社会各界的拥护和欢迎。刚开始时，“虽然这份报纸每期只印一千份左右，但正如他们的预料，在青年学生中很受欢迎，并得到很高评价”（谭天度《忆广东的五四运动与共产主义小组的建立》）。不少青年逐步围绕在它周围，推动工会、学生会、妇女会等进步团体相继成立，促进广东各地群众运动的蓬勃发展。

《广东群报》简介

《广东群报》是五四时期的进步报纸。1920年，由经过新文化运动和俄国十月革命思想洗礼、具有初步共产主义思想的知识分子谭平山、谭植棠等人在广州市荔湾区第七甫100号（现荔湾区光复中路）共同创办。日报，每期10版，是中国共产党创立时期出现的第一张大型地方党报，辟有世界要闻、国内要闻、特别调查、工人消息、时评等栏目。初期宣传科学与民主，反映社会现实生活，报道劳工运动状况。后期积极传播马克思主义，批判无政府主义，指导工人运动，主张改造社会。1921年春，中国共产党广州早期组织成立后，成为地方党组织的机关报。与当时由上海迁来广州出版的《新青年》一起，成为宣传马克思主义的重要阵地，有力地支持和指导了广州工人阶级的斗争，成为中国先进分子学习宣传的主流，在广东地区影响巨大。1922年，因陈炯明发动武装政变，被迫停刊。

学思之窗

1. 《广东群报》在中国共产党早期革命中发挥了重要作用，请思考：对于广大青年来说，这份报纸的价值是什么？

2. 新闻事业是党和人民的喉舌，担负着反映舆论、引导舆论的重要任务。假如我们是新闻工作者，应该如何正确反映和引导舆论？

我们最服膺马克思主义

扫二维码
听音频

“马克思主义是我们立党立国的根本指导思想。中国共产党从诞生之日起，就把马克思主义鲜明地写在自己的旗帜上。我们党一路走来，无论是处于顺境还是逆境，从未动摇对马克思主义的坚定信仰。”

——2019年5月31日习近平总书记在“不忘初心、牢记使命”主题教育工作会议上的讲话

一个人选择什么样的主义，不是随心所欲的，而是因为这个主义能够说服人，能够在实践中给人以希望。中国人选择马克思主义，不是山重水复疑无路后的一时兴起，而是长期以来在探索救国出路过程中，几经对比的必然结果。很多中国青年在这个过程中，思想发生了转变，逐步地走上马克思主义的康庄大道。杨匏安思想的转变，也是如此。青年时期，杨匏安曾一度将中国革命的前途寄希望于辛亥革命，甚至还相信过无政府主义。但是，经过五四运动的洗礼，杨匏安在比较中坚定地发出了“我们最服膺马克思主义”的时代呼声。

思想的转变自然引起行为的转变。从1919年下半年开始，杨匏安不再写过去那种《世说新语》式的笔记小品和旧体诗，开始在报刊上热情地向读者介绍新社会科学了。杨匏安以《世界学说》为总标题，发表了41篇共2万多字的文章，分别介绍了西方各种哲学、社会科学观点。关于社会主义学说方面的论文有9篇，其中，篇幅最长也最重要的一篇是《马克思主义——一称科学的社会主义》，这篇文章在《广东中华新报》分19期连续刊登，与李大钊1919年11月

在《新青年》杂志第6卷第6号上发表的《我的马克思主义观》下半篇差不多同时发表。在文章中，杨匏安热情地赞颂了马克思主义对人类的伟大贡献，高度评价了它在社会主义运动中的地位，并对马克思主义的唯物史观作了高度的评价。此外，文章还介绍了马克思的阶级斗争学说和剩余价值论，指出资本家掠夺工人的剩余价值是近代社会阶级冲突的根源。

1922年2月，杨匏安为中国社会主义青年团广东支部机关刊物《青年周刊》创刊号撰写宣言，公开宣告："我们最服膺马克思主义！因为他的经济学说，能把资本制度应当崩坏的纯经济的、纯机械的历程阐明。他的革命的无产阶级学说，就是指示我们实现社会主义的实际道路。"这篇宣言已注意到马克思主义必须和中国革命的实际相结合，初步提出了合乎我国国情的革命策略思想。杨匏安提出了除致力劳工运动外，还应注重开展农村工作，"我们尤其注重的，是农民运动"，因为"中国是一个农业国，生产的大部分，都出自农民汗血"。杨匏安成为党内最早提及农民问题的少数人物之一。

在《青年周刊》第4至第7期，杨匏安再次发表长文《马克思主义浅说》，阐述了马克思主义的三个组成部分，为青年团的改组，以及帮助华南青年清除当时社会上流行的无政府主义和基尔特社会主义等错误思潮的影响，掌

杨匏安创作介绍新文化思潮和马克思主义的文章

握革命真理，起到重要作用。杨匏安认为，要实现阶级斗争的胜利，必须建立广大同盟，首先应注重“农民运动”。他认为工农联盟非常重要，在强调工农联盟重要性的同时，也对国内各阶层的状况进行了全面分析，提出要与小资产阶级、民族资产阶级、学生、妇女、青年等团结起来，共同革命。杨匏安说：“中国是一个落后的国家，政权尚握在军阀官僚手里，目前革命第一步，就是打倒封建特权。为增大革命势力起见，无产阶级和资产阶级都应联合作战。”杨匏安的这些思想，为进一步宣传马克思主义，引领青年走上社会主义道路提供了重要的理论指导。

杨匏安简介

杨匏安（1896—1931），广东香山县（今珠海）人，中共党员，华南地区系统传播马克思主义的第一人。1915年，在日本横滨求学，其间接触到马克思主义。1918年，在广州时敏中学任教务主任，并兼任《广东中华新报》记者。五四运动期间，写下大量介绍新文化思潮和马克思主义的文章。1921年，加入中国共产党，是广东中共早期党员之一。1922年夏，曾任社会主义青年团广东区委代理书记。1923年6月，以个人身份加入国民党，担任共产党在国民党中的党团书记。1924年1月，被推举为国民党中央组织部秘书长。同年秋，任中共广东区委监察委员。1925年6月，到香港发动工人罢工。1926年1月，当选国民党中央执行委员，并被选为九个中共常委之一。1927年4月，出席中共五大，被选为中央监察委员。八七会议后，到上海工作，并去往香港、澳门、新加坡等地开展革命活动。1929年，回上海，在党中央机关参与党的报刊出版工作。1931年夏，在上海被捕，8月被国民党反动派秘密枪杀于淞沪警备司令部内的荒地上，时年35岁。

学思之窗

1. 当时，在各种思想竞相登台的历史境遇中，杨匏安为什么会选择走上马克思主义这条道路？

2. 作为华南地区系统传播马克思主义的第一人，杨匏安为传播马克思主义作出了哪些重要贡献？

开天辟地的大事变

扫二维码
听音频

“十月革命一声炮响，给中国送来了马克思列宁主义。在中国人民和中华民族的伟大觉醒中，在马克思列宁主义同中国工人运动的紧密结合中，中国共产党应运而生。中国产生了共产党，这是开天辟地的大事变，深刻改变了近代以后中华民族发展的方向和进程，深刻改变了中国人民和中华民族的前途和命运，深刻改变了世界发展的趋势和格局。”

——2021年7月1日习近平总书记在庆祝中国共产党成立100周年大会上的讲话

人们在谈及中国共产党的诞生时，一般都会用“开天辟地的大事变”来形容其伟大意义。确实，自从有了中国共产党，中国的革命面貌便焕然一新了。其实，在1921年7月中国共产党正式成立前，我国一些城市已经有了中国共产党早期组织，它们为中国共产党的诞生奠定了重要的思想基础和组织基础。丝毫不夸张地说，这些中国共产党早期组织的建立，也具有“开天辟地的大事变”的重大意义。

最早的中国共产党早期组织，是陈独秀等人于1920年8月建立的中国共产党上海早期组织。这个组织建立后，陈独秀曾为在广州建党之事致函谭平山、谭植棠等人，嘱托他们在广州筹建党组织。与此同时，共产国际代表维经斯基已派俄共（布）党员斯托扬诺维奇和别斯林到达广州，并以俄政府代表的名义，在广州建立了俄国通讯社。由于这些俄国人是由在北京的无政府主义代表黄凌霜引荐的，因此他们到达广州后，首先与无政府主义者区声白、梁冰弦等联系，并于同年底开始建党活动，建立了一个无政府主义的共产党组织。参加这个组织的共有9人，除两个俄国人以外，其余7个都是无政府主义者。陈公博（后叛党）在中共一大上称，“尽管组织了共产党，与其称作共产党，不如称作无政府主义的共产党”。

1920年底，陈独秀到达广州后，立即与无政府主义的共产党组织联系。当陈独秀把自己起草的党纲拿到这个组织进行讨论时，无政府主义者反对党章中关于无产阶级专政等一些条文，双方意见无法统一。陈独秀、谭平山、谭植棠等人与无政府主义者“进行过非常热烈的争论，认为必须摆脱无政府主义者”。经过论战，无政府主义者退出了这个组织。1921年3月，经过认真酝酿、准备，在陈独秀主持下，“开始成立真正的共产党”，当时取名为“广州共产党”。党员有陈独秀、谭平山、谭植棠、陈公博（后叛党），以及原上海党组织成员沈玄庐（后叛党）、袁振英、李季、斯托扬诺维奇、别斯林，共计9人。自此，中国共产党广州早期组织重新建立，陈独秀任书记，不久后由谭平山继任。

中国共产党广州早期组织成立后，大力开展宣传工作，积极培养革命骨干。一方面，积极利用各类报刊传播马克思主义。中国共产党广州早期组织利用《新青年》《广东群报》等报刊刊发关于马克思主义的文章，进一步推动了马克思主义在广州的广泛传播，启迪了无产阶级的思想。另一方面，着力创办各类学校，扩大党的影响。中国共产党广州早期组织组建了马克思主义研究会，创办了广东省立宣讲员养成所、俄语学校、注音字母教导团、注音字母训练班，用于培训党的骨干力量，帮助群众学习革命理论，提高群众文化水平。

在中国共产党广州早期组织的积极努力下，到1921年4月，仅广州就建立各类工会团体达31个。此外，香港、汕头、佛山等地也相继建立了工会组织。1921年7月，中共一大在上海召开，中国共产党应运而生。根据中央决定，8月，中国共产党广州早期组织改组为中国共产党广东支部，开始步入崭新的发展阶段。

中国共产党早期组织简介

中国共产党上海早期组织成立后，实际上成为各地建党活动的联络中心，起着中国共产党发起组的重要作用。之后，全国各主要城市先后建立了5个中国共产党早期组织，分别在北京、武汉、长沙、广州、济南。此外，国外还有2个共产党早期组织，即旅日、旅法支部，全世界范围内共有8个中国共产党早期党组织。虽然这些组织的叫法不一，有的叫“共产党”，有的叫“共产党支部”或“共产党小组”等，但性质相同，都是中国共产党早期组织。1922年5月20日，苏俄在华工作全权代表利金在给共产国际执委会远东部的报告中，最早把中国共产党早期组织统称为“共产主义小组”，国内党史学界在相当长的一段时间内也采用这种叫法。改革开放之后，为了统一称谓并更为严谨地表述党史事实，许多党史论著中都已经不再使用“共产主义小组”的名称，而改用“中国共产党早期组织”来命名中共一大召开前全国各地和旅日、旅法的中国共产党组织。

学思之窗

1. 全国有那么多城市，为什么广州能够成为最早建立中国共产党早期组织的地方之一？

2. 我们应该从中国共产党广州早期组织建立的历史中学习到哪些有益的经验，进一步推动广州实现“老城市新活力”？

“管东渠”的光辉岁月

扫二维码
听音频

“党的地方组织的根本任务是确保党中央决策部署贯彻落实，有令即行、有禁即止。党组在党的组织体系中具有特殊地位，要贯彻落实党中央和上级党组织决策部署，发挥好把方向、管大局、保落实的重要作用。”

——2018年7月3日习近平总书记在全国组织工作会议上的讲话

广州市越秀区文明路194—200号，有一座4幢相连的3层骑楼静静地矗立在闹市之中。这里曾是中共广东区委办公场所。中共一大后，根据中共中央指示，中国共产党广州早期组织改组为中国共产党广东支部，隶属中央局领导。中国共产党广东支部成立后，由于管辖范围广、发展快，1922年6月，中央决定把广东支部扩大为中共广东区执行委员会。委员会最早在杨家祠办公，1924年搬到文明路现址。

为了顺利召开中国共产党第三次全国代表大会（以下简称“中共三大”），1923年4月，中共中央机关迁驻广州。中共广东区委为筹备中共三大的会务事宜，决定以“广东区”的粤语谐音化名为“管东渠”，向警察局登记租用场所以隐蔽工作。后来，“管东渠”成为中共广东区委的代号。

中共广东区委在中国共产党的光辉历史上留下了不可磨灭的功绩，党的许多著名领导人，如周恩来、陈延年、张太雷、阮啸仙、彭湃、邓颖超等都曾在这里工作，可谓人才济济。

作为中国共产党最早建立的地区区委之一，中共广东区委创造了中共党史上的多个“最早”，对党的早期发展产生了重要影响。广东区委是大革命时期辖区最广、党员人数最多的地方党组织，其管辖区域包括广东、广西两省，以及福建南部、云南等，甚至深入到南洋一带。随着广东区党组织不断发展壮大，广东区委领导机构也逐步扩充、健全，设置了工委、农委、青委、妇委、学委等部门。

值得一提的是，中共广东区委还创造性地设立了中国共产党最早的地方军事机构——军事运动委员会，以及中国共产党最早的地方纪律检查机构——监察委员会，开辟了党的军事和纪检工作的先河。

中共广东区委实际从事军事工作，是从黄埔军校开始的。1924年，在中国共产党和苏联帮助下，孙中山创办了黄埔军校。中共广东区委抽调干部到黄埔军校任职，广东区委委员长周恩来任黄埔军校政治部主任。同年，广州商团武

中共广东区委旧址

装发动反革命军事叛乱，周恩来等在孙中山支持下组建建国陆海军大元帅府铁甲车队，这是中国共产党独立建立革命武装的一次积极尝试。同年冬，广东区委成立军事运动委员会，这是中国共产党最早的地方军事机构，在培训军事干部、发展工农武装、建立党领导的军队等方面，发挥了重要历史作用。

1925年春，中共广东区委成立监察委员会。不久后，省港大罢工爆发。为支援省港大罢工，广东区委监委采取了应对措施：在罢工运动中逐步建立监督机制；成立广州工人代表大会，作为最高权力机关和监督机关；成立罢工工人纠察队，防止工人内部出现腐败现象，等等。省港大罢工期间，广东区委监委有力地保证了罢工运动的顺利进行，对纯洁党组织起了很大作用。在1927年召开的中共五大上，广东区委监委委员杨匏安介绍了广东区委监委的经验，为中国共产党首个中央级纪律检查机构——中央监察委员会的成立作出重要贡献。

在中共广东区委的有力组织、影响和推动下，广州轰轰烈烈地开展了工人、农民、学生、妇女等革命运动，为大革命提供了牢固的群众基础，南粤大地革命面貌为之一新。

广州中国共产党早期地方组织发展历程简介

广州中国共产党早期地方组织大体经历了六个发展阶段。（一）中国共产党广州早期组织，党员9人。（二）中国共产党广东支部。中共一大后，中央把中国共产党广州早期组织改名为中国共产党广东支部，党员19名。（三）中国共产党广东区执行委员会。由于广东支部不断发展，1922年6月，中央决定在中共广东支部基础上，组建中国共产党广东区执行委员会，简称粤区执委或广东区委。（四）中共广州地方执行委员会。1924年1月底2月初，中央认为广东区委主要活动在广州一带，遂撤销广东区委，成立中共广州地方执行委员会。（五）中国共产党广东区执行委员会。由于广东党组织管辖范围较广，1924年10月中下旬，中央将中共广州地委又改为中共广东区委，地址在今广州文明路194—200号。（六）中共广州市委与广东省委。1927年，四一五反革命政变后，中共广东区委遭国民党查封，被迫迁移到香港办公。4月17日，中共广东区委召开紧急会议，决定组建中共广州市委。不久，中共广州市委成立并组织召开第一次全体会议。5月20日，中央决定将中共广东区委改为中共广东省委。

学思之窗

1. 作为大革命时期辖区最广、党员人数最多的地方党组织，中共广东区委为党的革命事业作出的开创性贡献有哪些？

2. 党的力量来自组织。我们作为共产党员，应该如何贯彻党组织作出的决议？

党的早期理论家蔡和森

“马克思主义是我们立党立国、兴党兴国的根本指导思想。实践告诉我们，中国共产党为什么能，中国特色社会主义为什么好，归根到底是马克思主义行，是中国化时代化的马克思主义行。拥有马克思主义科学理论指导是我们党坚定信仰信念、把握历史主动的根本所在。”

——2022年10月16日习近平总书记在中国共产党第二十次全国代表大会上的报告

1919年，时任北京大学教授的杨昌济身患重病，自知将不久于人世，拼尽最后力气给时任南北议和南方代表的好友章士钊写了一封信，信中说道：“吾郑重语君，二子海内人才，前程远大，君不言救国则已，救国必先重二子……二子者蔡和森、毛泽东也。”

杨昌济一生育人无数，偏偏看重这两个学生。毛泽东的成就自然不用说了，后来的历史证明了杨昌济的眼光。那么，蔡和森为何得到恩师杨昌济的高度认可呢？这与蔡和森深厚的理论修养有关。

蔡和森酷爱学习。在法国留学时，他在短时间内收集了上百部马克思主义和俄国革命的书籍，“日惟手字典一册”“以蛮看报章杂志为事”“猛看猛译”，被誉为“小马克思”。

1917年俄国十月革命的胜利，让蔡和森坚定地选择用马克思主义“改造中国与世界”。他认为，要救国救民，要发展中国革命，必须成立共产党。他曾两次致信毛泽东，一次致函陈独秀。在这些信函中，他第一次提出“明目张胆正式成立一个中国共产党”。毛泽东在复信中说：“见地极当，我没有一个字不赞同。”这是中国革命青年第一次提出“中国共产党”这个名称。

蔡和森第一次系统阐述了有关建党的理论、路线、方针和组织原则。他认为：（一）这个党必须是无产阶级革命政党，是无产阶级的“先锋队、作战部”；（二）这个党必须以马克思主义为指导思想；（三）这个党必须采取彻底革命的方法，而彻底革命的根本问题是发动工农群众夺取政权、打碎旧的国家机器、“实行无产阶级专政”；（四）这个党必须密切联系群众；（五）这个党必须有铁的纪律。今天，我们回过头来看中国革命走过的艰难历程，再对照党的性质、宗旨、根本指南等原则性规定，我们不得不佩服蔡和森的见地。蔡和森以其远见卓识，推动了中国共产党的建立，是当之无愧的中国共产党的卓越创始人之一。

中国共产党成立后，蔡和森始终站在党的思想创造和理论宣传工作第一线。1922年，蔡和森筹建和主编中央机关报《向导》周报，倾注了大量心血。《向导》一经发行，马上取得普遍好评，单期发行量最高达10多万份。强烈的使命感让蔡和森不断坚持，完全把自己融入到崇高的事业之中。他夜以继日地工作，常常为了思考一个问题，在房内来回踱步，疲倦了，就和衣在床上躺一会，有时哮喘病犯了，也不肯把工作放下，任劳任怨，不知疲倦。

在国共合作中，蔡和森高度重视党的独立性，是党内最早提出建立农民武装的领导人。他强烈主张把农民武装起来，解决农民土地问题，对反动派坚决进行反击，这些思想对于后来中国共产党探索农村包围城市、武装夺取政权的革命道路起到了重要的指导作用。

蔡和森在中国共产党的思想理论发展史上留下了浓墨重彩的篇章。中国妇女运动先驱蔡畅曾经评价说：“在我党之中，在老一辈无产阶级革命家之中，和森同志是最早通晓马列主义的一个。……他所留下的丰富的理论遗产，对于伟大的毛泽东思想体系的形成起了有益的历史作用。”蔡和森思想的火花，与日月同辉，至今闪烁着真理的光芒。

蔡和森简介

蔡和森（1895—1931），湖南湘乡永丰镇（今属双峰）人，中国共产党早期的重要领导人，杰出的共产主义战士，无产阶级革命家、理论家和宣传家。中共第二、三、四、五、六届中央委员，第三、四届中央局委员，第五届中央政治局委员（任职至1927年8月），第六届中央政治局委员（1928年11月中央政治局会议解职），第五届中央政治局常委（任职至1927年7月），第六届中央政治局常委（1928年11月中央政治局会议解职），担任过中共中央代理秘书长、中共中央宣传部部长、中共两广省委书记。1931年6月，因叛徒出卖在香港被捕，随即被港英当局引渡到广州。8月4日，在广州英勇就义，终年36岁。主要著作收入《蔡和森文集》。毛泽东对他给予高度评价，认为“一个共产党员应该做的，和森同志都做到了”。2009年9月被评为“100位为新中国成立作出突出贡献的英雄模范人物”之一。

学思之窗

1. 蔡和森是中国共产党历史上著名的理论家，为党的理论工作作出了重大贡献。请思考：蔡和森的理论素养来源于哪里？

2. 马克思主义是我们立党立国、兴党兴国的根本指导思想，我们学习马克思主义，主要是学习什么？

开疆辟土的拖拉机

“带领人民创造幸福生活，是我们党始终不渝的奋斗目标。我们要顺应人民群众对美好生活的向往，坚持以人民为中心的发展思想，以保障和改善民生为重点，发展各项社会事业，加大收入分配调节力度，打赢脱贫攻坚战，保证人民平等参与、平等发展权利，使改革发展成果更多更公平惠及全体人民，朝着实现全体人民共同富裕的目标稳步迈进。”

——2016年7月1日习近平总书记在庆祝中国共产党成立95周年大会上的讲话

安徽省合肥市肥西县有一条延乔路，每到清明等节日，路上的路牌便会被鲜花环绕。人们自发在路牌下摆放鲜花、卡片以寄托哀思。“延乔路”取自陈独秀的儿子陈延年、陈乔年之名，兄弟俩都为中国革命献出了生命。在这里，让我们来了解一下陈延年在广州的故事。

1924年，陈延年被党中央派赴广州，作为社会主义青年团中央驻粤特派员，帮助加强团的工作。1925年1月起，他接替周恩来担任中共广东区委书记，终日忙碌，食宿无定所。不到两年时间，广东地区的党员数量从原先的几百人猛增到5000多人，1927年春更是发展到了近万人，党组织遍布广东各地，并拓展到广西、闽南等地区。广东党组织成为当时全国辖区最大、党员数量最多、组织架构最健全的地方党组织之一，陈延年因此也被大家称为党的“开疆辟土的拖拉机”。

当时，广州黄包车夫的数量远远多于黄包车的数量。车夫的收入十分微薄，拉人力车一天下来的收入，扣除租车费、伙食费，便所剩无几，而且车夫的劳动强度特别大，很多人因为长期拉车造成疾病缠身，有的甚至因为过度劳累直接倒在了马路上。一旦车夫生病或有事不能出工，很有可能他们一家人一天的生活便会遇到很大的困难，面临无钱买粮的窘境。

看到车夫的悲惨境况，陈延年心中百感交集。为了吸引优秀工人群众加

陈延年和车夫们交流

入党组织，壮大党领导的工会力量，维护工人阶级利益，陈延年经常深入基层。他身着短袖褂，脚穿土布鞋，一身工人打扮，走到广州万福路、大南路和东堤一带车夫工人集中的地方去，甚至学当车夫拉客。陈延年常常谦虚地向车夫们请教拉人力车的技法，把自己拉车挣的钱全部交给工人，这让工人们感到十分亲切和感动，大家都直呼他为“老陈”，把他当作地道的同行和朋友。因为和工友们亲近，工友们心里有什么话，遇到什么困难和问题，都愿意主动告诉陈延年。

陈延年就在和工友们交流的过程中，向他们讲述着革命的道理，启发着他们的阶级觉悟。他还教育大家要利用集体力量对付地痞流氓、土豪劣绅的敲诈勒索和欺负，学会斗争的本领，并鼓励大家团结起来，成立手车夫工会，通过组织的方式，争取和保障权益。

在陈延年的鼓舞下，广州车夫工人们的觉悟很快便得到了提高。他们组织起来，成立了手车夫工会，会员有几千人，还有一些优秀车夫加入了党组织。在后来的广州工人反帝反封建斗争中，特别是在省港大罢工和广州起义中，手车夫工会发挥了积极的骨干作用。

当时，有一个香港的记者在街头遇到过陈延年，甚至坐过他拉的车，知道他是共产党的干部。于是，有一天，香港《工商日报》发表了一条新闻报道，称共产党的干部沦落到广州街头当车夫，妄图以此来诋毁共产党人。

陈延年看到报道后，哈哈一笑，他对同志们说：“共产党人当手车夫，这不仅不是耻辱，而且是十分光荣的事。共产党人就应该和工人打成一片，站在一起，因为共产党就是代表工人阶级和一切劳动者利益的政党。”

陈延年简介

陈延年（1898—1927），中共早期领导人之一，陈独秀长子。1919年12月，赴法国勤工俭学。1922年6月，与周恩来等一起创建旅欧共产主义组织——中国少年共产党，并担任宣传部长。同年秋，加入法国共产党。不久，被中共中央正式承认为中共党员。1924年9月，回到上海。10月，任团中央特派员到广州，参加团粤区代表会议，主持团粤区执委改组工作。11月，任中共广东区委秘书兼组织部长。1925年

2月，任中共广东区委书记。1927年4月，在赴武汉参加中共五大途中，被任命为中共江浙区委书记。6月，中共中央撤销江浙区委，分别成立江苏省委和浙江省委。陈延年任中共江苏省委书记，在白色恐怖笼罩下，积极恢复和重建党组织。6月26日，被国民党军警逮捕。7月4日晚，被押赴刑场。刽子手喝令他跪下，他却高声回应："革命者光明磊落、视死如归，只有站着死，决不跪下！"最后被按在地上以乱刀残忍地杀害。2009年9月被评为"100位为新中国成立作出突出贡献的英雄模范人物"之一。

学思之窗

1. 陈延年被称为党的"开疆辟土的拖拉机"，作为青年人，我们应该从陈延年身上学习到哪些精神，进而为所在组织、单位作出应有的贡献？

2. 陈延年认为，共产党人当手车夫，这不仅不是耻辱，而且是十分光荣的事，我们能从中得到什么启发？

一个深刻而柔软的播火者

“广大文艺工作者要提高阅读生活的能力，善于在幽微处发现美善、在阴影中看取光明，不做徘徊边缘的观望者、讥谗社会的抱怨者、无病呻吟的悲观者，不能沉溺于鲁迅所批评的‘不免咀嚼着身边的小小的悲欢，而且就看这小悲欢为全世界’。”

——2016年11月30日习近平总书记在中国文联十大、中国作协九大开幕式上的讲话

很多人都知道鲁迅，读过鲁迅的文章、听过鲁迅的故事。但很多人不知道的是，鲁迅在广州还有着一些故事。1927年1月18日至9月27日，鲁迅在广州度过近九个月时光，这是他一生中重要的转折点，他的生活、思想、文学创作方式都在此发生了改变。

作为大革命策源地的广州，革命氛围热烈。1927年1月18日，接到中山大学聘书的鲁迅乘“苏州”号轮船从厦门到广州，入住中山大学“大钟楼”西面二楼的一个房间。

鲁迅与广州的相遇，是一场双向的选择与奔赴。彼时的鲁迅是文坛颇具影响力的人物，作为中国现代小说的开端与成熟的标志，《呐喊》开创了现代现实主义文学的先河，他的学术研究专著《中国小说史略》更是一纸风行。当时，广州文化界以及青年学生对鲁迅充满了期待和敬仰之情。鲁迅到达广州的

第二天，中山大学就在大礼堂举行了热烈的欢迎仪式。广州青年都期待着鲁迅能引领大家在“思想革命”的战线上奋斗。

面对广州文化界和青年的热烈欢迎和期待，鲁迅持冷静态度，因为他是抱着“野心”来广州的。1926年11月7日，鲁迅写道：“其实我也还有一点野心，也想到广州后，对于‘绅士’们仍然加以打击……第二是与创造社联合起来，造一条战线，更向旧社会进攻，我再勉力写些文字。”

来到大革命策源地的鲁迅，积极投身青年教育工作。1927年3月29日，鲁迅应邀到广州岭南大学参加黄花岗七十二烈士纪念大会并发表演讲，他谆谆告诫青年，务必认识到革命任务的艰巨和革命征途的漫长。鲁迅的一举一动，“他的容貌、声音、外表，他的理发问题、抽烟、服装以及著作的介绍，都成了青年人谈话的中心……”广州的进步文艺青年都把鲁迅看作自己的精神坐标。

鲁迅来广州还有一个重要原因，就是许广平。

许广平出生于广州高第街许地，许家被称为“广州第一家族”。鲁迅与许广平两人于1923年相识于北京女子师范大学的课堂上。鲁迅来广州，是带着对爱情的美好期待的。在广州，许广平既是鲁迅的助教，也是他生活中的向导，他们一起去越秀山五层楼（镇海楼）游玩、游览海珠公园、逛永汉路、看电影。在《略论中国人的脸》一文中，鲁迅描述了他观看电影之后的感想：“一到广州，我觉得比我所从来的厦门丰富得多的，是电影，而且大半是‘国片’，有古装的，有时装的……”在许广平的陪伴下，鲁迅在广州度过了一生中“最柔软的时期，也是他最浪漫的时期”。

在广州，鲁迅写下不少与革命相关的文章，如《革命时代的文学》《答有恒先生》《革命文学》《在钟楼上》《可恶罪》《小杂感》《略谈香港》等大量尖锐的杂文和书信，还整理了一批旧稿，《野草》《朝花夕拾》都是在这个时期编订完成的。鲁迅还续译了《小约翰》，校录了《唐宋传奇集》等。鲁迅在广州工作期间，以其深沉的思考在广大青年心中播下了革命的种子，推动了新文化运动在广州的蓬勃发展，引导和教育了一大批青年走上革命道路。

鲁迅应邀到广州岭南大学参加黄花岗七十二烈士纪念大会并发表演讲

鲁迅简介

鲁迅（1881—1936），原名周樟寿，后改名周树人，浙江绍兴人。著名文学家、思想家、革命家、教育家、民主战士，新文化运动的重要参与者，中国现代文学的奠基人之一。

早年赴日本公费留学，于日本仙台医科专门学校肄业。“鲁迅”是其1918年发表《狂人日记》时所用的笔名，也是影响最为广泛的笔名。鲁迅一生在文学创作、文学批评、思想研究、文学史研究、翻译、美术理论引进、基础科学介绍和古籍校勘与研究等多个领域具有重大贡献，对于五四运动以后的中国社会思想文化发展具有重大影响，蜚声世界文坛，尤其在韩国、日本思想文化领域有极其重要的地位和影响，被誉为“二十世纪东亚文化地图上占最大领土的作家”。毛泽东曾评价：“鲁迅的方向，就是中华民族新文化的方向。”1936年10月19日，鲁迅在上海逝世，享年54岁。

学思之窗

1. 广州是大革命的策源地，吸引了很多青年到来。对于鲁迅来说，他来广州的主要目的是什么？

2. 文学发挥着陶冶人的精神情操的重要作用。面对琳琅满目的文学著作，我们应该选择阅读哪种类型的作品？

第二章

学生运动：薪火相传话青年

五四运动中牺牲的第一位烈士

“五四运动源于北大，爱国、进步、民主、科学的五四精神始终激励着北大师生同人民一起开拓、同祖国一起奋进。青春理想，青春活力，青春奋斗，是中国精神和中国力量的生命力所在。”

——2018年5月2日习近平总书记在北京大学师生座谈会上的讲话

电视剧《觉醒年代》中，郭心刚这一角色给我们留下了深刻的印象。当他得知巴黎和会把德国在山东的特权转交给日本后，竟一夜之间白头。后来在五四运动中，他又积极进行奔走斗争，最终因病情加重而去世。其实，郭心刚这个角色在历史上确实存在原型，他就是五四运动中的著名烈士郭钦光。

郭钦光从小就爱看历史故事，是一个热血爱国青年。郭钦光虽然平时沉默寡言，但和别人讨论起国事来就会滔滔不绝，每当说到国家衰败、饱受侵略的时候，他就会悲愤交加、痛心疾首。

1915年5月，袁世凯为博取日本的支持实现其称帝野心，同日本政府秘密订立了丧权辱国的“二十一条”。这一卖国行径激起了举国上下的强烈愤慨，嫉恶如仇的郭钦光更是义愤填膺。当时，广东各个学校的学生聚集在一起召开“国耻大会”，声讨袁世凯的卖国罪行，郭钦光也积极参加。他面对反动军警的包围和刺刀，毫不畏惧，毅然登台发表了慷慨激昂的演讲，他号召大家同仇敌忾，反对卖国贼，由于过度激奋，以致当场吐血。在场群众无不为他的爱国

郭钦光发表演讲

激情所感动。也就是在这时，郭钦光立下了以死报国的宏大志向。

后来，郭钦光以优异的成绩考上了北京大学文科预科。郭钦光始终刻苦学习，考试成绩多次排名第一。在学校的培养下，郭钦光逐渐成长为一名更加坚定的爱国志士。他更加关心国家的危亡，痛恨军阀政府的卖国行径。

1919年5月4日，北京学生举行了一场规模宏大的爱国示威运动。五四运动爆发时，郭钦光身患肺病，身体虚弱。同学们都极力劝阻他，不要去参加游行示威，但他仍然坚持要去。在游行队伍中，郭钦光手执旗帜，高呼口号，同北大学生一起走上街头。游行队伍到达天安门以后，郭钦光还登台发表了演讲，他激昂地号召大家说："中国人头可杀不可低，神圣领土不能割让！"当游行队伍来到东交民巷使馆区时，郭钦光带领同学们一起冲向赵家楼曹宅搜寻卖国贼曹汝霖，吓得曹汝霖赶紧翻墙逃跑。学生们在他家里找到了驻日全权公使、卖国贼章宗祥，将其痛打了一顿，又一把火把赵家楼烧掉了。

在游行过程中，郭钦光因劳累过度，而且心情激愤，导致病情加重，再次吐血，后被送到北京法国医院进行抢救，但一直昏迷不醒。偶尔清醒时，郭钦光便会向身边的同学打听爱国活动的进展情况，但终因病情过重，抢救无效，于1919年5月7日去世，年仅24岁。去世前，郭钦光仍然在为政府镇压学生的反动行为而痛恨不已。

郭钦光去世后，天津、北京、广州、海南文昌等地纷纷举行追悼大会，进一步推动了五四运动深入发展。郭钦光烈士的英名，永远和五四运动联系在一起，镌刻在历史的丰碑上。

郭钦光简介

郭钦光（1895—1919），广东文昌（今海南文昌）人。少时聪慧机灵，能说会道，为父兄所宠爱，靠父兄的勤劳耕种、省吃俭用支持其入学读书。1913年，入广东初级师范学校读书。学习期间，苦志力学，砥节砺行，对时局尤为关注，于1917年夏考上北京大学文科预科。五四运动爆发后，积极参与游行示威活动，由于身患肺病，加之过度劳累，导致病情加重去世。

郭钦光是五四运动中牺牲的第一位烈士，也是唯一一位烈士。他的去世，引发了北京学生的总罢课。1919年5月18日，北京各大学校5000多名学生集中在北大法科礼堂举行郭钦光追悼大会。北京大学校长蔡元培亲笔题赠悼词“疾风劲草”。5月26日，广州各校师生也专门召开追悼郭钦光烈士大会，广州各校学生和琼崖同乡会成员列队祭奠。1995年，海南省人民政府追认郭钦光为革命烈士。1998年北京大学百年校庆时，郭钦光的名字被补刻在北京大学革命烈士纪念碑上。

学思之窗

1. 郭钦光身患重病，仍然积极投身反帝反封建的革命洪流，直至壮烈牺牲。从郭钦光身上，我们能看到什么样的优秀品质？

2. 郭钦光烈士的爱国行为充分诠释了爱国、进步、民主、科学的五四精神。在新时代，我们应该如何更好地传承五四精神？

五四运动中的广州学生

扫二维码
听音频

“五四运动，爆发于民族危难之际，是一场以先进青年知识分子为先锋、广大人民群众参加的彻底反帝反封建的伟大爱国革命运动，是一场中国人民为拯救民族危亡、捍卫民族尊严、凝聚民族力量而掀起的伟大社会革命运动，是一场传播新思想新文化新知识的伟大思想启蒙运动和新文化运动，以磅礴之力鼓动了中国人民和中华民族实现民族复兴的志向和信心。”

——2019年4月30日习近平总书记在纪念五四运动100周年大会上的讲话

五四运动是中国近现代史上的一件大事。五四运动爆发后，风起云涌，全国响应。广州的青年学生，也积极行动起来，在这场斗争中留下了光辉的一页。

早在1918年五六月间，广州学生在反对“中日密约”联合行动中，便成立了市一级学生联合会，取名为广东省会学校学生联合会。相对于全国各地大型学生联合会组织来说，广东省会学校学生联合会成立时间较早，对于领导广州乃至广东全省的学生运动发挥了重要作用。

1919年5月4日，当北京爱国学生被捕的消息传入广州以后，省会学联迅速作出反应，于1919年5月7日通电省教育会，谴责北京政府“不谅各学生爱国之热诚”，为“一时一系之便利而摧之”。5月11日，在广州外交后援会的联络下，广州各界召开国民大会，“学界尤踊跃，稍有名之学校均全体莅临”。

5月18日，广东教育会在九曜坊（位于今广州市越秀区北京街道辖内）举行大会，商讨外交后援办法。25日，广州50多所中等以上学校派出的学生代表在广东高等师范学校（今文明路215号钟楼礼堂）举行集会，通过了包括致电巴黎和会、力争归还青岛及取消各种密约、挽留北大校长蔡元培等十项决议。

广州青年学生和市民举行示威游行

26日，广州各校师生齐聚广东高等师范学校，举行郭钦光烈士纪念大会，参加大会的师生及政、绅、商、工等各界代表共5000余人。纪念大会发展成为誓师大会，与会者表示要传承郭钦光的爱国主义精神，坚决与帝国主义和封建主义斗争到底。

5月30日之后，广州的五四运动发展到了新的阶段。在斗争方式上，由原来的集会、抗议等转变成为直接斗争。30日当天，广州青年学生和市民举行示威游行，明确提出了抵制日货等主张，并检查拒不听劝告而仍然继续售卖日货的公司，甚至出现学生与公司发生冲突的事件，一批学生因而被捕。日本驻广州总领事大田晋见向广东政府施压，要求严禁“不法举动”，更大地激起了人民群众的怒火。31日，数百名学生前往长堤先施公司查禁出售日货时被该公司关押，并拘禁了两天，引发市民的强烈抗议，学生们还走进码头、口岸查禁日货，一经发现，当即扣押并当众焚毁。广大群众的爱国运动推动广东进入革命新阶段，并呈现燎原之势。

五四运动对广东产生了深刻的影响，撼动了帝国主义和封建军阀在广东的势力，桂系军阀在广东的统治地位摇摇欲坠。人民群众在运动中受到了马克思主义教育，爱国热情空前高涨，民族意识大大提高。运动中涌现出来许多学生组织和进步团体，锻炼了一批骨干力量，如后来成为共产党员的阮啸仙、彭湃、杨匏安、刘尔崧等人，都是在这次运动中成长起来的，为不久后中国共产党广州早期组织的成立打下了坚实基础。

五四运动简介

五四运动是1919年5月4日发生在北京的一场以青年学生为主，广大市民、工商人士等共同参与的，通过示威游行、请愿、罢工、暴力对抗政府等多种形式进行的爱国运动，是中国近代史上一次彻底的反帝反封建的爱国运动，标志着中国新民主主义革命的开端。运动起因是中国在巴黎和会上外交的失败。从5月4日开始，北京的学生纷纷罢课，组织演讲、宣传。随后天津、上海、广州、南京、杭州、武汉、济南的学生和工人也给予支持。运动主要分为两个阶段。第一阶段：1919年5月4日至6月3日，运动中心在北京，斗争主力是学生；第二阶段：1919年6月

3日以后，运动中心在上海，斗争主力是工人。五四运动是在新的社会历史条件下发生的，它具有旧民主主义革命不具备的一些特点，表现了反帝反封建的彻底性，是一次真正的群众运动，促进了马克思主义在中国的传播及其与中国工人运动的结合等。中华人民共和国成立后，5月4日被中央人民政府政务院正式定为“青年节”。

学思之窗

1. 五四运动标志着中国新民主主义革命的开端。请思考：新民主主义革命之“新”，有什么内涵？

2. 青年是国家的希望，民族的未来。作为青年人，我们在民族复兴的康庄大道上，肩负着什么样的庄严使命？

宣告外国帝国主义在中国的死刑

扫二维码
听音频

“中国共产党一经诞生，就把关注的目光投向青年，把革命的希望寄予青年。党的一大专门研究了建立和发展青年团作为党的预备学校的问题。1922年5月5日，在中国共产党直接关怀和领导下，中国共产主义青年团宣告成立。这在中国革命史和青年运动史上具有里程碑意义！”

——2022年5月10日习近平总书记在庆祝中国共产主义青年团成立100周年大会上的讲话

恩格斯在论述政党纲领的时候，有一句名言：“一个新的纲领毕竟总是一面公开树立起来的旗帜，而外界就根据它来判断这个党。”一个纲领就是一面旗帜，一个政党或组织依靠谁、为了谁、阶级立场是什么等，一般都会在纲领中给予明确说明，对于这个政党或组织的全体成员明确奋斗目标、规定行为操守、指引运作流程发挥着引领作用。在中国革命波澜壮阔的斗争历程中，在中国共产党的指引下，中国共产主义青年团的纲领和章程应运而生。

1922年4月19日，青年共产国际代表达林、中国社会主义青年团第一次全国大会筹备处代表张太雷及中国共产党代表蔡和森，经厦门来到汕头，准备到广州出席中国社会主义青年团第一次全国代表大会。在汕头候船期间，由于广东局势发生变化，三人在汕头暂住下来。其间，三人利用有限的时间，着手起草中国社会主义青年团纲领和章程。

在毗邻法国和日本两国领事馆的一家小旅馆里，三人废寝忘食地工作着。那个时候，初夏将至，三人被蚊子叮得浑身是包，他们却全然不顾。他们配合默契，几乎没有什么意见分歧，在他们的共同努力下，工作进展得很快。在这里，三人拟定了两份将永载史册的文件，即《中国社会主义青年团纲领》和《中国社会主义青年团章程》。达林后来回忆说：“在这些文件中，我们宣告了外国帝国主义在中国的死刑。”

张太雷（左一）、蔡和森（中）、达林（右一）着手起草中国社会主义青年团纲领和章程

起草工作完成后，三人激动地唱起了《国际歌》。达林用俄文，张太雷用英文，蔡和森用中文，“为真理而斗争”的歌声展现出强大的青年力量。在催人奋进的歌声中，中国共产主义青年团迈进了新的阶段。

《中国社会主义青年团纲领》和《中国社会主义青年团章程》的诞生是中国青年经过五四运动的锤炼后，走向马克思主义的重大标志。1922年5月5日下午1时，中国社会主义青年团第一次全国代表大会在广州召开，这次大会正式宣告中国社会主义青年团的成立，达林、张太雷、蔡和森三人在汕头起草的《中国社会主义青年团纲领》和《中国社会主义青年团章程》正式通过，成为中国社会主义青年团历史上第一部正式纲领和章程。因为有了共同的纲领和章程，中国社会主义青年团实现了思想上、组织上的完全统一，成为具有明确纲领和具体奋斗目标的全国性的先进青年组织。

《中国社会主义青年团纲领》第一次明确提出了打倒帝国主义和封建军阀的政治口号，指出青年团是“无产阶级的组织”，团的具体任务是“一方面改良青年工人农民的生活状态而奋斗，并为青年妇女青年学生的利益而奋斗；一方面养成青年革命的精神，使向为解放一般无产阶级而奋斗的路上走”。其为青年团的运动发展指出了明确的方向，坚定了共青团紧跟马克思主义和中国共产党的信念。

团一大的章程对团组织建设、团的组织架构原则和纪律等方面提出了明确的要求，对于拒绝履行团员义务和责任者，团章也规定了相应的处置办法，这些事关团组织建设的基本观点和原则为共青团组织的健康发展奠定了重要基础，是共青团始终初心不改、团结带领广大青年紧密跟党走、引领青年奋勇建功新征程的根本准则。

“团一大”简介

1922年5月5日至10日，中国社会主义青年团第一次全国代表大会（简称“团一大”）在广州东园（今越秀区东园横路2号东园文化广场一带）召开，出席大会的代表共有25人，代表全国15个地方团组织、5000多名团员。大会的主要任务是制定和通过团的纲领和章程，建立团的中央领导机构。大会讨论通过《中国社会主义青年团纲领》《中国社会主义青年团章程》等6个决议案，确定中国社会主义青年团是“中国青年无产阶级的组织”，奋斗目标是在中国建立“一切生产工具收归公有和禁止不劳而食的初期共产主义社会”。大会接受中国共产党的主张，第一次明确地提出“铲除武人政治和国际资本帝国主义的压迫”。大会选出团的第一届中央执行委员会，高尚德（君宇）、方国昌（施存统）、张椿年（太雷）、蔡和森、俞秀松当选执行委员，方国昌被推选为书记。大会为中国青年运动指明了正确的奋斗方向。1925年，中国社会主义青年团第三次全国代表大会决定将中国社会主义青年团的称谓改为“中国共产主义青年团”，并一直沿用至今。

学思之窗

1. 起草完成《中国社会主义青年团纲领》和《中国社会主义青年团章程》之后，是什么原因让三人激动地唱起了《国际歌》？

2. 如果作为新时代的一名共青团员，我们能够为团的事业作出哪些贡献？

“红色甲工”学生会主席周其鉴

“实践充分证明，中国青年是有远大理想抱负的青年！中国青年是有深厚家国情怀的青年！中国青年是有伟大创造力的青年！无论过去、现在还是未来，中国青年始终是实现中华民族伟大复兴的先锋力量！”

——2019年4月30日习近平总书记在纪念五四运动100周年大会上的讲话

广东省肇庆市广宁县有肇庆市唯一一所以革命烈士英名命名的学校——其鉴纪念中学，这是为纪念周其鉴烈士而兴建的学校。校内建有周其鉴纪念馆和周其鉴铜像，润物细无声地使学子们接受着红色文化的洗礼。

少时周其鉴家境贫寒，在父亲的影响和教育下，从小就养成勤于思考、好学上进的品质。上学后，周其鉴品学兼优，各门功课都非常优秀。1918年春，周其鉴考上位于广州的广东省立第一甲种工业学校（世称“红色甲工”，华南理工大学的办学源头之一，以下简称“甲工学校”）染织班。

在甲工学校学习期间，周其鉴一面发奋学习专业知识，一面努力探索救国救民真理。他经常阅读《新青年》《每周评论》等进步刊物，从中学习马克思主义，吸收革命思想。五四运动爆发后，周其鉴联合甲工学校的同学组织学生会，不久后又酝酿成立广东省学生联合会。由于其卓越的领导能力，周其鉴被推选为学联副会长，成为广东省学生运动的重要领导人。广大学生在学联的领导下，走出校门、涌上街头，通过示威、演讲、发动罢课斗争等方式，推动了广东学生运动的蓬勃发展。在复杂的斗争中，周其鉴逐渐成长为一名坚毅的共产主义战士。

1921年初，周其鉴在甲工学校领导了一场著名的学生运动。当时，甲工学校的校长专横独裁，把学校搞得乌烟瘴气，甚至还将一万二千元公款据为己有。反动校长的贪污腐败和倒行逆施的行为引起学生强烈不满。身任甲工学生会主席的周其鉴，组织召开学生骨干会议，商讨应对之策。会议一致决定发起驱逐校长的运动，并上书主政广东的粤系军阀陈炯明，揭露校长的贪污行为，请求撤换校长、整饬校风。但是，陈炯明与校长狼狈为奸，对学生们的要求置之不理。周其鉴随即组织全校学生成立“退学团”，号召同学们集体退学，以示抗议。在周其鉴领导下，5月27日，甲工学校数百名学生和教师聚集在一起，痛批反动政府，要求惩办反动校长，号召大家团结一致，不达目的誓不罢休。之后，又举行“惜别会”，同学们纷纷走出甲工学校的大门。

甲工学校学生的退学行动，引起社会各界广泛关注。迫于学生的抗议行动，陈炯明不得不撤换反动校长，周其鉴领导的甲工学校学生运动取得初步胜利。但由于周其鉴影响力很大，陈炯明生怕他又领导学生“闹事”，于是授意反动校长在离职前以莫须有的理由开除周其鉴的学籍。事件发生后，引发社会各界的强烈反响，纷纷谴责反动政府的打击报复行为，甲工学校的学生也向反动政府施压。在社会各界的共同努力下，周其鉴的学籍得以恢复，学生斗争取得彻底的胜利。

1922年夏，周其鉴学成毕业。恰逢他的哥哥在广州开了一家颇具规模的织布厂，曾让周其鉴到这家工厂工作。但是周其鉴没有被哥哥家里优越的生活条件吸引，他毅然决然走上一条为民族独立和人民解放不懈奋斗的职业革命道路，继续投身到学生运动、农民运动的革命洪流中，在新的战场上为中国革命贡献着他的智慧和力量。

周其鉴简介

周其鉴（1893—1928），广东广宁人，1921年加入中国共产党。1924年4月，受中共广东区委派遣，以国民党中央农民部特派员的身份率队回广宁开展农民运动。11月中旬，创建广东西江地区第一个党支部——中共广宁支部，并担任党支部书记。1925年5月，出席广东省第一次农民代表大会，当选为广东省农民协会执行委员会委员。1927年4月，受省委委派，面对白色恐怖，在韶关成立北江工农军北上总指挥部，率军出广东、入湖南。7月底，遵照党的指示，率领工农革命军赶赴南昌，参加南昌起义，之后随军进驻潮汕。10月，当选为中共广东省委候补委员，回到广州参与广州起义。广州起义失败后，转移到清远坚持革命斗争。1928年1月23日遇害，年仅35岁。

学思之窗

1. 在当时，周其鉴明明还有其他“更好”的选择，他为什么仍义无反顾地走上为民族独立和人民解放不懈奋斗的职业革命道路？

2. 在实现中华民族伟大复兴的历史洪流中，我们都是“奋楫者”，新时代的我们应该如何做，才能更好地传承周其鉴留给我们的宝贵精神财富？

青年团卓越领导人张善铭

“青年的命运，从来都同时代紧密相连。1840年鸦片战争以后，中国逐步成为半殖民地半封建社会，国家蒙辱、人民蒙难、文明蒙尘，中华民族遭受了前所未有的劫难。一批又一批仁人志士为救国救民而苦苦追寻，一大批先进青年在“觉醒年代”纷纷觉醒。伟大的五四运动促进了马克思主义在中国的传播，拉开了新民主主义革命的序幕，也标志着中国青年成为推动中国社会变革的急先锋。”

——2022年5月10日习近平总书记在庆祝中国共产主义青年团成立100周年大会上的讲话

在广东省梅州市大埔县这块红色土地上，张善铭是比较著名的烈士，他是广东最早的共产党员之一，也是梅州市首位共产党员，他的革命事迹，在广东全省各地都有一定的知名度。

张善铭在广东省立第一甲种工业学校读书期间，受阮啸仙、刘尔崧等人的影响，阅读了各种进步书刊，如《社会主义史》《唯物主义史观》《新青年》等，思想更趋进步。他积极参加反帝反封建的各种运动，与阮啸仙、刘尔崧、周其鉴一起被誉为甲工学校的“四大金刚”。1920年，张善铭先后加入广州社会主义青年团、广州马克思主义研究会等进步组织。1921年7月，中国共产党第一次全国代表大会在上海召开。8月，广州代表陈公博（后叛党）返粤，传达大会精神，张善铭与谭平山、阮啸仙、周其鉴、刘尔崧等10多人参加了这次会议。经谭平山介绍，张善铭加入了中国共产党，成为中共广东支部的首批成员，也是加入中共的梅州籍第一人。在中共广东支部的领导下，张善铭更积极地投入到党、团工作中，他积极协助谭平山恢复广州青年团的活动，筹建广东新学生社。广东新学生社成立后，张善铭就任社主任。一年之内，广东地区的大部分城镇及香港等地都建起了分社，新学生社社员积极配合各地工农运动，发展成为一支革命新军。

张善铭

1923年7月，张善铭从甲工学校毕业，随即投身广东青年运动。他与阮啸仙等人一起，共同参加广州社会主义青年团的领导工作，并在中共广东区委的安排下，以个人身份加入国民党。同年10月，张善铭当选为中国社会主义青年团广州地委书记及国民党广州市第一区分部委员。1924年1月，张善铭就任国民党中央党部下属青年部秘书。为了进一步发展广东地区青年运动，他和阮啸仙等人一起将广州学生联合会改组成革命青年团体，并发动广州青年学生举行了反对帝国主义利用宗教进行文化侵略等斗争。

张善铭非常重视团的建设工作，强调中国社会主义青年团是团结革命青年的团体，是青年学习无产阶级革命理论的学校。为了团结和争取更多的进步青年同各种非马克思主义思潮作斗争，张善铭与阮啸仙等人先后组织了爱群通讯社、广东新学生社等团体，并以广东新学生社的名义，召开了广州各大中学校的学生代表会议，成立统一的学生联合会，同时，在学生会中建立党、团组织，改造广州地区形形色色的学生团体。

由于张善铭等人的努力工作，广州社会主义青年团有较大进步和发展，受到团中央的赞扬。广东新学生社的影响日益扩大，省内大部分城镇以及香港、梧州等地都建立了广东新学生社的分社，社员从最初的118人发展到5000

多人。社员积极配合各地工农运动，成为革命运动中的一支新军，在反帝反军阀的斗争中作出了重要贡献。

1924年6月，张善铭受中共广东区委推荐、中共中央派遣，前往苏联东方大学学习。1925年6月返回广州，随后当选为共产主义青年团广东区委书记，继续领导广西、广东、闽南青年团的工作。

张善铭简介

张善铭（1900—1928），广东大埔县人。1918年，就读于广东省立第一甲种工业学校。其间，与同学积极学习和宣传马列主义，投身反帝、反军阀的斗争。1921年8月，加入中国共产党，是中国共产党广东地方组织早期成员之一。1922年3月，中国社会主义青年团在广州成立。随后，团广东区委也正式成立，张善铭参加团的领导工作。1924年，由中共中央派遣，前往苏联东方大学学习。回国后，历任广东区团委书记、国民革命军第四军政治部主任、海陆丰地委书记等职。1927年，四一二反革命政变后，任中共东江特委书记，与彭湃等发动武装起义，建立海陆丰工农民主政权，并创立海陆丰革命根据地，任中共广东省委委员兼东江特派员，后参加广州起义。广东省委书记张太雷牺牲后，张善铭代理省委书记，并当选为广东省委常委、军委主席。1928年5月，担任东江特派员，在恢复海陆丰苏维埃政权工作中被捕，在汕尾被国民党反动派杀害，年仅28岁。

学思之窗

1. 张善铭在求学期间就开始阅读各种进步书刊、汲取进步思想的行为，对我们有什么样的启示？

2. 追求崇高理想，向来都是中国青年的优秀品质。新时代的我们，在党的正确领导下，应该如何坚定科学的理想信念？

中国革命青年的楷模

扫二维码
听音频

“把党的中心任务作为中国青年运动和青年工作的主题和方向，这是一百多年来中国青年运动和青年工作的一条基本经验。共青团作为党的助手和后备军，必须紧紧围绕党的二十大确定新时代新征程党的中心任务来开展工作，把住方向，奋发有为。实现强国建设、民族复兴宏伟目标，需要全党全国各族人民包括广大青年团结一致、全力以赴，继续爬坡过坎、攻坚克难。”

——2023年6月26日习近平总书记在同团中央新一届领导班子成员集体谈话时的讲话

说起我国近现代史上著名的教育家，恽代英是一个突出代表，他曾长期在教育领域担任要职，培养的青年人才遍布国共两党，在国内拥有极高威信，他不仅是著名的青年领袖，而且还具有丰富的斗争经验。

第一次国共合作之初，恽代英兼任国民党上海执行部农工部秘书。当时国民党右派意图分裂革命统一战线，做出一系列破坏国共合作的行为。1926年1月，中国国民党第二次全国代表大会（以下简称“国民党二大”）在广州召开，恽代英作为中共党团的干事赴广州参会，并被选为国民党中央执行委员。在会上，他怒斥分裂统一战线的反共言论，坚决维护国共合作。

国民党二大结束后，恽代英留在广州工作，就任中共广东区委委员、区委军委委员，兼任中共广东区委青年部部长、广州农民运动讲习所教员。他非常重视共青团的工作，经常到团广东区委指导工作，在团区委机关报《少年先锋》上发表不少文章，传播新思想。1926年5月，恽代英受中共广东区委委派到黄埔军校任政治主任教官、中共党团书记。为加强党的力量、搞好黄埔军校青年学生的教育工作，恽代英提出了数项改革措施，着力采取灵活多样的教学方式，通过政治讲演、讨论会、政治问答、政治调查等方式丰富课堂。他还编写了《政治学概论》《党纪和军纪》等讲义，并亲自讲授“军队中政治工作的方法”“社会发展史”“帝国主义侵略史”“国际政治”等课程。恽代英讲课很感人，他的湖北口音很重，总想尽量把话讲清楚、把道理讲透彻，使更多的人尽快明白革命的道理、掌握革命的理论。他的课程，对于启发青年人正确认识国内形势、坚持革命斗争、树立远大理想、建立正确的人生观、为共产主义而奋斗，发挥了重要作用。在恽代英的耐心教导下，很多青年走上了革命道路。

恽代英原则性很强，当学生中有争论时，他处理得很果断。黄埔军校内部以共产党员、共青团员为核心的青年军人联合会和以国民党右派为骨干的孙文主义学会矛盾很深，斗争很尖锐，而国民党右派包庇孙文主义学会。有一次，黄埔军校学生举行请愿活动，将广州市国民党中央党部包围，这一活动得到了国民党左派支持，而国民党右派却抹黑、污蔑左派学生，鼓动右派学生闹事。恽代英坚决支持左派学生的革命行为，将右派学生抓起来，关了禁闭。

恽代英

恽代英积极传播新思潮，引导了大革命时期整整一代年轻人走上了革命道路，为党的早期思想理论建设和青年运动事业作出了卓越贡献。郭沫若曾说：“在大革命前后的青年学生们，凡是稍微有些进步思想的，不知道恽代英，没有受过他影响的人，可以说没有。”恽代英深受广大青年学生爱戴，很多学生把他视为照耀自己革命征途的“第一盏明灯”。毛泽东称赞恽代英是“全国革命青年领袖”，周恩来评价他是“中国革命青年的楷模”。

恽代英简介

恽代英（1895—1931），生于湖北武昌（今武汉）。中国无产阶级革命家，中国共产党早期青年运动领导人之一，武汉地区五四运动主要领导人之一。1913年，考入武汉中华大学预科。1915年，进中华大学攻读中国哲学。1918年夏，担任中华大学附中教务主任。1919至1921年，在湖北创办利群书社和“共存社”。1921年，加入中国共产党。1923年，任上海大学教授。8月，被选为中国社会主义青年团中央执委会候补委员。1925年，参与领导五卅运动。1926年5月，任黄埔军校政治主任教官。1927年1月，在武汉任中央军事政治学校政治总教官。7月，参与组织和发动南昌起义。12月，参与领导广州起义。1929年初，任中共中央宣传部秘书长。同年6月，在中共六届二中全会上被补选为中央委员。1930年5月，在上海被国民党当局逮捕，被已叛变的顾顺章指认，身份暴露。1931年4月29日，被杀害于南京，年仅36岁。遗著编为《恽代英文集》等。2009年9月被评选为“100位为新中国成立作出突出贡献的英雄模范人物”之一。

学思之窗

1. 我们学习恽代英，就是要学习他做青年的楷模。思考一下：我们应该怎么做，才能成长为广大青年中的佼佼者？

2. 共青团是党的助手和后备军，对于共青团的这一定位，我们应该如何正确理解？

“一门两英烈”的英雄赞歌

“世界上没有哪个党像我们这样，遭遇过如此多的艰难险阻，经历过如此多的生死考验，付出过如此多的惨烈牺牲。一百年来，在应对各种困难挑战中，我们党锤炼了不畏强敌、不惧风险、敢于斗争、勇于胜利的风骨和品质。这是我们党最鲜明的特质和特点。”

——2021年2月20日习近平总书记在党史学习教育动员大会上的讲话

在中国共产党一百年奋斗历程中，无数先辈怀着坚定的理想信念和对党忠诚的赤子之心，前赴后继、英勇奋斗，抛头颅、洒热血。他们中有很多人来自同一家庭、同一家族，是父子、夫妻或兄弟姐妹。在20世纪初广东大地的革命洪流中，就涌现出了刘尔崧、刘琴西两弟兄。他们出生在河源紫金，一位是中国共产党第一批50多名党员之一、中国早期工人运动领袖，一位是广东早期农民运动先锋、紫金四二六武装暴动总指挥。在中国共产党早期革命的奋斗历程中，兄弟俩用生命和鲜血、信念和忠诚，谱写了“一门两英烈”的英雄赞歌。

“海可枯，石可烂，此志不可移。”青年刘尔崧曾写下这样的豪言壮语。出生在贫穷私塾教员家庭的刘尔崧和刘琴西弟兄俩，从小一起长大，形影不离，手足情深。1919年，五四运动爆发，身在广州的刘尔崧响应北京学生的爱国运动，率领同学们到东园广场参加游行示威，声讨北洋军阀政府的卖国行径。这个时候的刘琴西，也在家乡紫金县组织青年学生上街示威游行，开展抵制日货运动。兄弟俩遥相呼应，怀抱着对民族、对人民的无限忠诚，加入反帝反封建革命行列，投入到为实现民族独立和人民解放而斗争的时代潮流中。

五四运动后，刘尔崧带着马克思主义著作和《新青年》《每周评论》等进步书刊，回到家乡紫金县宣传马克思主义、组织爱国运动。经刘尔崧介绍，刘琴西进入广东省立宣讲员养成所学习，结业后回到家乡办起新学生社和紫金劳动夜校，加入宣传马克思主义的行列。1921年，刘尔崧加入中国共产党，把满腔热情投入到学生运动和工人运动中。他连续参加第一、二、三次全国劳动代表大会，创办爱群通讯社，出版《星期报》，成立新学生社，创办《新学生》半月刊，参与领导发动省港大罢工、广州沙面工人大罢工，组织领导广州工团军参加平定广州商团叛乱和讨伐陈炯明的东征战役以及北伐战争。在刘尔崧的影响下，刘琴西于1922年也加入中国共产党。他在广州从事过工人运动，参加过平定商团叛乱，后被党组织调到潮汕一带，为党的事业付出了极大心血。

“男儿死耳，不可为不义屈。”1927年4月，国民党反动派在广州发动四一五反革命政变，刘尔崧不幸被捕。面对国民党的劝诱，他严词拒绝，1927年4月19日被秘密杀害在广州珠江白鹅潭，时年28岁。刘尔崧牺牲后，刘琴西

刘尔崧发动罢工

怀着对胞弟的怀念之情，继续从事其未竟的革命事业，革命足迹遍布东江地区。因长期的艰苦斗争，刘琴西积劳成疾，后在香港治病期间不幸被港英当局逮捕。面对敌人严刑拷打和高官厚禄诱降，刘琴西意志决绝、不为所动。1933年春，刘琴西被秘密杀害于广州，时年36岁。

刘氏兄弟的短短一生，是无数共产党人为了共产主义信仰和革命事业前赴后继、奋斗不息的生动缩影。他们的精神，任光阴流逝而不朽；他们的风范，历时间穿梭而弥新；他们的丰碑，光照千秋，成为激励今天的人们不忘初心、继续前进的强大力量。

四二六武装暴动简介

1927年4月，轰轰烈烈的大革命遭遇失败。危急时刻，中国共产党开始探索独立领导中国革命的新的革命道路。在中共广东区委的领导下，广东东江地区中国共产党人领导的工农武装打响了武装反抗国民党反动派的枪声。1927年4月26日晚，紫金人民高举义旗，攻下紫金县城，活捉右派县长郭民发等人。5月1日，全国第一批县级革命政权之一——紫金县人民政府宣告成立。之后，由于国民党反动派疯狂进攻，为保存实力，紫金的党政军机关于1927年5月8日撤离县城，转移到炮子乡（今紫金县苏区镇）建立农村革命根据地。四二六武装暴动是以“三大起义”为代表的中国共产党武装反抗国民党反动派统治的前奏，体现了中国共产党人和革命群众不畏强权、不怕牺牲的革命精神，在广东革命斗争史上占有重要地位。

学思之窗

1. 刘氏兄弟的情谊，既是血浓于水的亲情，又是崇高的革命友情，这对于我们建设良好的家风有什么现实启示？

2. 中国革命的成功，是无数革命先烈流血牺牲换来的。如果我们有机会能和他们面对面交流，应该对他们说些什么话？

第三章

工人运动：咱们工人有力量

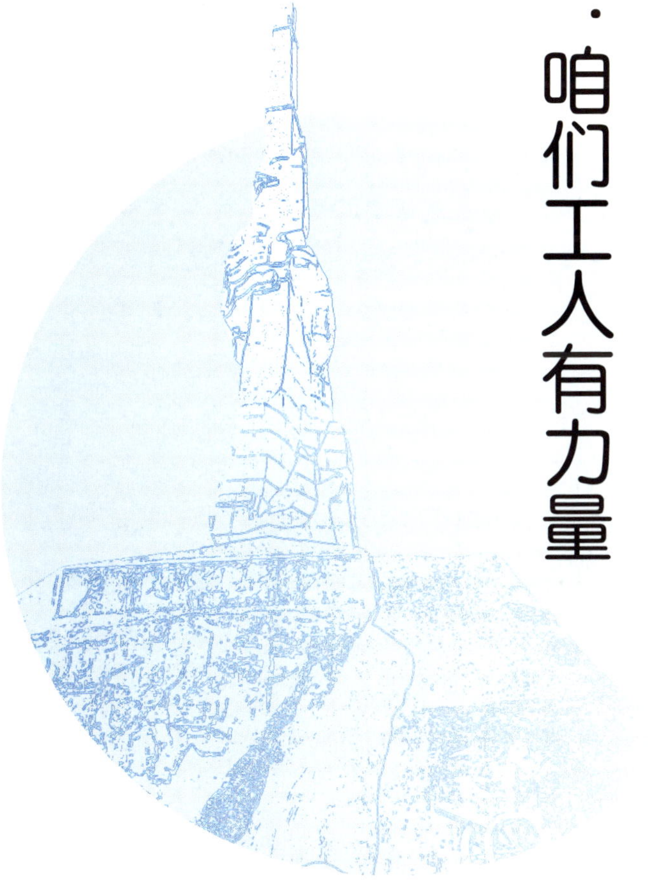

中国工人运动第一次高潮的起点

扫二维码
听音频

“特别是进入新时代以来，我国工人阶级和广大劳动群众在实现中国梦伟大进程中拼搏奋斗、争创一流、勇攀高峰，为决胜全面建成小康社会、决战脱贫攻坚发挥了主力军作用，用智慧和汗水营造了劳动光荣、知识崇高、人才宝贵、创造伟大的社会风尚，谱写了‘中国梦·劳动美’的新篇章。”

——2020年11月24日习近平总书记在全国劳动模范和先进工作者表彰大会上的讲话

我们常说，中国共产党是工人阶级的先锋队，很重要的原因就在于中国共产党是以工人阶级为代表组成的先进政党。这一品质，自中国共产党诞生之日起，就写在了旗帜上，刻在了骨子里。

中国共产党诞生后，把主要精力放在发动工人运动上。从1922年1月开始，到1923年2月，在中国共产党领导下，中国工人运动形成第一次高潮，前后持续时间达13个月之久。在此期间爆发罢工斗争达100多次，参加罢工的工人达30万以上。其中，香港海员大罢工是中国共产党成立后领导中国工人运动第一次高潮的起点。

当时，香港的中国海员长期遭受英帝国主义的殖民统治和种族歧视，他们工资微薄，遭受剥削，过着非常艰难和痛苦的生活。海员工人航行于欧美和国内各港口，受当时西方资本主义国家工人运动和国内工人运动的影响，阶级觉悟不断提高。海员中的先进分子苏兆征、林伟民等人积极进行宣传和组织工作，于1921年3月6日在香港正式成立中华海员工业联合总会。这是香港海员第一个真正的工会组织。

1921年9月，海员工会正式向资本家提出增加工资、改善工作条件等要求，但遭到拒绝。同年11月，海员工会第二次向资方提出上述要求，结果又被拒绝。香港海员感到极大愤慨。1922年1月12日上午，海员工会第三次提出要求，并限令24小时内给予圆满答复，否则就举行罢工。资本家对海员工会的最后通牒仍置若罔闻，香港海员在忍无可忍的情况下开始举行罢工。

为了扩大罢工声势，香港海员积极联络和争取香港运输工会举行同情罢工，给予港英当局和资本家以沉重打击。罢工使5条太平洋航线和9条近海航线陷于瘫痪。由于港英当局和轮船资本家拒不答应海员的要求，在香港工作的中国工人于2月底举行总同盟罢工。3月初，罢工人数迅速增加至10万以上，罢工浪潮席卷整个香港。

香港海员大罢工虽然发生在香港，但罢工工人大部分回到广州，以广州为基地开展斗争。为了支援香港海员大罢工，共产党广东支部、中国劳动组合书记部南方分部以及广州各工会组织都全力以赴投入战斗。广州地区的全体共产党员都参加各种接待工作，并向群众宣传演讲。

港英当局及资本家对海员采取高压、恐吓、欺骗、调停、利诱、分裂等手段，对罢工行动进行破坏。1922年3月4日，大批军警在离香港6公里的沙田地区向返回广州的罢工工人扫射，这就是震惊中外的沙田惨案。英帝国主义的暴行激起工人群众的强烈愤慨，总同盟罢工继续扩大。香港当局不得不于3月8日接受罢工海员的要求。这次罢工持续56天，终于取得胜利。消息传来，港穗两地工人分别举行了盛大的庆祝活动。

香港海员大罢工沉重打击了英帝国主义的嚣张气焰，推动了工人运动的发展，彰显出中国共产党工人阶级先锋队的性质。广州工人阶级在这次罢工的推动下，纷纷组织工会，成为当时全国工人运动最发达的地区之一。罢工工人为报答广州人民的大力支持，义务修筑了一条由广州吉祥路口到越秀山的马路，并在山顶上建起海员纪念亭，这成为镌刻在广州人民心中的永恒记忆。

沙田惨案简介

1922年1月，香港海员举行大罢工，遭到港英当局武力镇压。3月，大批工人愤怒离开香港，徒步回广州。3月4日，当工人们行至沙田时，遭到英国军警开枪射击，当场打死6人，伤数百人，因伤势过重又死去2人，这就是沙田惨案。惨案发生后，在苏兆征、林伟民等人的领导下，罢工工人不屈不挠，坚持斗争。全国各地工人和各界人士闻讯予以声援，刚刚成立的中国共产党广东支部为支持香港海员罢工发表宣言，引导罢工运动走向胜利。香港英国当局和轮船资本家对此束手无策，最后只好向海员工人让步。3月8日，罢工谈判协约签字，港英当局被迫接受海员们提出的条件，明令取消2月1日公布的封闭中华海员工业联合总会的命令，送还被拆除的工会牌子，释放被捕工人，并答应抚恤在沙田惨案中死难的工人，增加海员工人15%～30%工资。香港海员大罢工获得最终胜利。

学思之窗

1. 在香港海员大罢工中，资本家被迫接受了海员工人提出的条件，这说明了什么问题？

2. 香港海员大罢工的胜利是在中国共产党的领导下取得的，这给我们什么启示？

求同存异的“一劳大”

扫二维码
听音频

“只有坚持党的领导，工会工作才能方向明确、不走偏路，才能做得有声有色、扎实有效。工会要永远保持自觉接受党的领导这一优良传统。要坚决贯彻落实党的大政方针和决策部署，自觉服从服务于党和国家工作大局，坚持中国特色社会主义工会发展道路，勇于实践、勇于创新，努力使这条道路越走越宽广。”

——2013年10月23日习近平总书记在同中华全国总工会新一届领导班子集体谈话时的讲话

在珠江南岸，广州解放大桥西侧，有一栋坐南朝北的4层白色洋楼。洋楼面阔25米、深16米。楼顶巨大的红色五角星装饰在阳光下熠熠生辉，一楼门匾上书“第一次全国劳动大会旧址”。大楼于1920年建成，由广州机器工人和粤籍旅居东南亚的机器工人捐献兴建，名为广东机器工会（广州河南机器维修会）。1922年5月1日至6日，第一次全国劳动大会（简称“一劳大”）就在这里召开。

中国共产党成立后，中国工界仍处于工人组织派系林立、鱼龙混杂的局面。一方面，招牌工会经常假借工人之名，毫无联合工人、开展活动之实。另一方面，受不同思想引导，工人群体内部派系诸多，行帮思想严重。更为致命的是，由于一些工会缺乏明确的斗争纲领，大多只是为临时的经济利益而斗争，很容易被资本家所利用。面对这种形势，为了实现对工人阶级最广泛的动员和组

第一次全国劳动大会旧址

织，中国劳动组合书记部及各分部从成立开始，就致力于打破这种派系林立的局面，实现工界团结，以开展反帝反封建的革命运动。

1922年，位于广州、上海、北方等十余个工会认为，全国工会有联合之必要，于是“写信给中国劳动组合书记部，要求发函召集全国劳动大会”。中国共产党顺应工人运动的高潮已经到来的大局，及时地抓住这一契机，“认为有召集一次全国劳动大会的必要”。4月，中国共产党以中国劳动组合书记部的名义发起号召，呼吁召开第一次全国劳动大会。不久，中国共产党又在广州召开会议，进一步明确这次大会的指导思想，提出“第一次全国劳动大会应避免卷入国民党内部的斗争，力求各地工会不分党派，团结合作，使能形成一个全国性的工人组织”。因此，中国劳动组合书记部提出召开第一次全国劳动大会的目的，主要就是联络全国工界感情，以团结为目标，求同存异。

令人意想不到的是，各地的工会组织都非常重视这次大会，不论接到或未接到参会通知，不仅派代表参会，而且还准备了相关议案。因大会准备工作比较匆忙，“大会的代表成分非常复杂，有共产党、有国民党、无党派，甚至无政府主义者、招牌工会等”。在6天的会期里，各种观点冲突和意见分歧不时发生，但中国共产党和中国劳动组合书记部牢牢把握大会的宗旨和方向，通过民主讨论、求同存异等办法，确保了大会圆满召开。

“一劳大”通过了10项决议案，包括“罢工援助案”“八小时工作制案”“全国总工会组织原则案”等，成果丰硕。会议召开期间，参会代表及广东工人举行了五一节游行大会，共有200多个工会组织参加。鼓、笙、笛各种乐器声音交织，鞭炮齐鸣，还有舞狮表演，极为热闹。《民国日报》评价：“中国全国劳动者联合起来，竟在广州开了一个破天荒的劳动大会。这不是极可喜的现象吗？”

“一劳大”的胜利召开，是中国工人阶级开始走向联合、走向团结的里程碑，开创了中国工人联合起来的新纪元，大会不仅大大提高了中国共产党与中国劳动组合书记部的威望与信誉，而且进一步确立了中国共产党在全国工人运动中的领导地位。

中国劳动组合书记部介绍

中国劳动组合书记部是中国共产党公开领导工人运动的总机关，成立于1921年8月11日，总部设在上海北成都路19号（今成都北路893弄1—11号），是中华全国总工会前身。“劳动组合”一词出自日语，即“工会”之意。之所以称为中国劳动组合书记部，一方面，是因为当时日本工会很多，有样本参考；另一方面，是听取了共产国际代表马林的建议。

中国劳动组合书记部成立后，领导掀起了以1922年1月香港海员大罢工为起点，以1923年2月京汉铁路工人罢工为终点的中国工人运动第一次罢工高潮。1922年5月，中国劳动组合书记部在广州召开全国第一次劳动大会，明确在中华全国总工会成立前，中国劳动组合书记部为全国总通讯机关。1922年7月，中国劳动组合书记部被查封，由于当时北京尚可公开活动，遂将总部迁至北京，并在上海、汉口、长沙、广州、济南等地设分部。1925年5月，中国劳动组合书记部在广州召开第二次全国劳动大会，决定成立中华全国总工会。中国劳动组合书记部从成立到结束共3年零9个月，为党的事业和工人阶级解放做了大量工作，在中国工运史上具有重要地位。

学思之窗

1. 结合中国共产党一百多年的奋斗历程，谈一谈工会对中国革命的贡献主要有哪些？

2. 为什么说只有坚持党的领导，工会工作才能方向明确、不走偏路，才能做得有声有色、扎实有效？

“全总”诞生记

扫二维码
听音频

“今年适逢中华全国总工会成立95周年。我国工运事业是在党的领导下发展起来的，我国工会是中国共产党领导的工人阶级群众组织，是党联系职工群众的桥梁和纽带，是社会主义国家政权的重要社会支柱。”

——2020年11月24日习近平总书记在全国劳动模范和先进工作者表彰大会上的讲话

你了解工会吗？在我国，中华全国总工会是唯一的全国性、全行业性职工组织和工会事业的领导机构，是我国重要的社会政治团体。工会是党联系职工群众的桥梁和纽带，是社会主义国家政权的重要社会支柱，是职工利益的代表者、维护者。我们要了解中华全国总工会的前世今生、来龙去脉，就不得不提到第二次全国劳动大会。

1925年5月1日至7日，在中国共产党的领导下，第二次全国劳动大会在广州召开。当时广州的《民国日报》连续报道了会议盛况：会场门首悬以生花砌成红底白字大横额曰“农工大联合”，场内有一演说台，高可两丈，占地面积约半亩，左为全国工人代表席位，右为全省农民席位。台前悬红底白字大横披“五一大示威”，台之正中高插铜质镰斧模型的大赤旗，其四围满插旗帜，上书“我们目前的要求：集会、结社、言论、出版、罢工自由权”“我们目前的要求：八小时工作，最低限度的工资”“检阅我们的力量向敌人进攻”“民国革命万岁”“中华民族万岁”等标语。在庄严的仪式中，会议开幕了，全体代表高唱国际歌，高呼“农工兵大联合万岁！”“民族解放万岁！”“全世界无产阶级联合万岁！”

在这次会议上，谭平山、赤色职工国际代表奥斯托洛夫斯基、廖仲恺以及俄国人加伦将军都发表了演说。演说完毕后，全体代表出发巡行。巡行队伍由会场左出越秀北路，经惠爱东路转西行至永汉路，南行出南堤，西行至西濠口，折北行至太平路之西瓜园散队。领队者手托大赤旗，其余工农手执赤旗，兵士枪插赤旗。全国工团代表、省农民代表为头一队，沿途均高呼“八小时工作”“打倒帝国主义”“打倒军阀”“工农兵联合万岁”“全世界无产阶级联合万岁”等口号，声震全市，观者为之途塞，水上大小轮船及各工会门首，均停摆燃炮，相为呼应，呈现壮伟激昂气象。

然而，大会并非一帆风顺。一小撮国民党右派和工贼分子拼凑了一个“全国工团联合会”，企图控制全国工会运动、阻止各地工会派代表参加劳动大会，甚至盗用海员工会、铁路总工会、湖北工团联合会等名义，通知各劳工团体，要他们切勿委派代表去广州参加劳动大会。他们说，该会是由受布尔什维克影响的中国劳动组合书记部所召开的，有被急进派操纵之嫌疑，“不能令其代表全中国之无产阶级”。与会各代表非常愤慨，尤其是被冒名的各个工团更为愤恨，纷纷发出声明，宣布将与之斗争到底。

经过周密的准备和紧张的斗争，第二次全国劳动大会胜利召开，并向全国发出宣言：宣告中华全国总工会成立。大会通过了《中华全国总工会总章》，决定将中华全国总工会总部设在广州，同时加入赤色职工国际，大会还选举成立了中华全国总工会第一届执行委员会。当通过总工会的章程和选出执行委员会名单时，“全国总工会万岁”“工人阶级大团结万岁”之呼声不绝于耳。

中华全国总工会的诞生，标志着全国工人阶级在中国共产党的领导下，正式实现了全国工会在政治上和组织上的团结与统一，揭开了中国工人运动的新篇章，为全国工人阶级和工会组织在即将到来的大革命高潮中发挥先锋和骨干作用，作了重要的准备。对此，罗亦农兴奋地欢呼：“结果既然如此，将来的成绩一定很可乐观。中国的工人运动从此另开一新纪元，缩短军阀帝国主义资本家的寿命。”

中华全国总工会旧址介绍

中华全国总工会简称“全总”。1925年5月1日至7日，在中国共产党的领导下，第二次全国劳动大会在广州召开，决定成立中华全国总工会，选举林伟民、刘少奇为正、副委员长，苏兆征、邓中夏、李立三、李森等为执行委员。“全总”是大革命时期中国共产党领导全国工人运动的中枢，在支援五卅运动和省港大罢工、大力发展各地工会组织、统一广东和香港的工人运动、支援国民政府统一广东革命根据地和北伐战争中起到重大作用。

广州越秀南路89号是中华全国总工会成立后的第一个总部所在地，此地原为惠州会馆。1924年为国民党中央工人部，1925年中华全国总工会成立后开始在此地办公。1926年10月，国民革命军攻占武汉后，为适应革命形势，“全总”于1927年2月北迁至武汉，“全总”第一个总部所在地改为中华全国总工会广州办事处。

广州中华全国总工会旧址是全国重点文物保护单位。2021年11月，被命名为“首批全国职工爱国主义教育基地”。

学思之窗

1. 大革命时期，作为领导全国工人运动的枢纽，中华全国总工会为中国革命作出了哪些重要贡献？

2. 在我们的工作和生活中，工会是非常重要的组织。如果我们加入工会，应该为工会做出哪些有意义的工作？

中国工人运动的卓越领袖

扫二维码听音频

“在革命、建设、改革各个历史时期，我们党都注重发挥党领导的工会组织的重要作用。坚持全心全意依靠工人阶级，充分发挥工人阶级主力军作用，把广大职工群众紧紧团结在党和政府周围，这是我们党的一个突出政治优势，也是中国特色社会主义的一个鲜明特点。”

——2013年10月23日习近平总书记在同中华全国总工会新一届领导班子集体谈话时的讲话

在中国共产党历史上，有一位杰出的、享誉国际工运舞台的著名领袖，他的名字叫苏兆征。我们学习和研究中国工运史，苏兆征是无法绕开的重要人物。苏兆征为中国工运事业奉献了自己的一生，作出了不可磨灭的重大贡献。

1925年5月30日，上海发生租界内英国巡捕枪杀中国人民的五卅惨案。在中共广东区委和中华全国总工会的部署下，苏兆征等人深入香港各工会，与工会领袖频频接洽，筹划工人大罢工，以声援上海人民的爱国行动。6月19日，苏兆征带领香港海员首先罢工，打响了省港大罢工的第一炮。同时，广州沙面的几千名洋务工人也举行罢工。罢工爆发后，香港工人纷纷回到广东，半个月内罢工工人数量已达10余万人。7月3日，省港罢工委员会在广州正式成立，苏兆征被推选为委员长，同时兼任财政委员会委员长。

在省港大罢工期间，苏兆征为省港大罢工的胜利付出了大量心血、作出了重要贡献。他任劳任怨，克己勤勉，罢工开始的两三个月，每天从早上6点到晚上12点根本无片刻闲暇，而党团经常到深夜12点之后才能开会，会议往往开到凌晨两三点甚至到天亮。苏兆征根本顾不上休息，天一亮，又投入到了紧张的工人运动中去。

苏兆征责任心很强，在工作中，事必躬亲。往往其他同志都休息了，他还在灯下办公，忙碌地处理着各种工作。白天，他还要与政府、各社会团体接头，参加群众大会以及各种会议。为了筹措经费，苏兆征四处奔走，认真履行财务工作的职责，赢得了廉洁奉公的美名。他坚决执行党的统一战线政策，尊重工人的首创精神，针对罢工斗争实际情况，创造性地提出并运用“单独对英”斗争策略，起到了很好的作用，沉重打击了港英当局。苏兆征十分重视武装工人，在他的推动下，罢工工人组建了一支两三千人的工人纠察队，有力地扩充了罢工工人力量。他非常关心罢工工人的生活实际，推动解决工人的衣、食、住、医疗等方面的问题，还兴办工人子弟学校，解决了罢工工人子弟的读书问题。苏兆征受到广大工人的好评，赢得了全国工人对他的信任，被称为“带领工人同帝国主义斗争的明灯”。

由于艰苦复杂的斗争环境以及长期繁重的革命工作，苏兆征积劳成疾。1929年初，他带病从苏联回到上海，不顾长途跋涉的辛劳和虚弱疲惫的身体，马上组织召开中华全国总工会第二次扩大会议。不久，他旧疾发作，病情恶化，以致不治，于1929年2月25日与世长辞。弥留之际，他极力挣扎，并时断时续地说：“希望大家共同努力奋斗……同心合力起来，一致合作达到我们最后成功……”

苏兆征逝世后，中共中央政治局向全党发出悼念通告，指出：“兆征同志在这几年的工作过程中，充分表现了无产阶级的艰苦卓绝的精神和坚决的政治意识，的确是党的最好指导者。”邓中夏在其所著的《苏兆征同志传》中写道：“他是中国共产党的最好领袖之一，他是赤色职工国际和共产国际的领袖之一。”

苏兆征简介

苏兆征（1885—1929），广东香山淇澳岛（今属珠海）人，中国工人运动的先驱和著名领袖，中华全国总工会的主要创建人和领导人，国际工人运动活动家，中国共产党早期重要领导人之一。

1908年，加入同盟会，积极参与推翻清政府的革命活动。1921年，在香港建立中华海员工业联合总会。1922年，参与领导香港海员大罢工。1925年春，加入中国共产党，参与领导省港大罢工。此后历任中华全国总工会执委会委员长、中央政治局候补委员、中央临时政治局常务委员、中央政治局常务委员。1927年，被推举为广州苏维埃政府主席。1928年春，赴莫斯科参加赤色职工国际第四次代表大会和共产国际第六次代表大会，均当选为执委会委员，并当选为农村工会国际副委员长。在莫斯科期间，出席了党的六大，当选为中央政治局委员、常委。因积劳成疾，病倒在苏联。1929年1月，抱病回国；2月，因手术过程中发生细菌感染，病逝于上海。2009年9月被评为“100位为新中国成立作出突出贡献的英雄模范人物”之一。

学思之窗

1. 苏兆征弥留之际，仍然极力挣扎着鼓励大家共同努力奋斗，展现出什么样的精神品质？

2. 我们说，广大工人阶级在革命、建设和改革的不同阶段为中华民族的伟大复兴作出了突出贡献，你能否举 1 至 2 个这方面的例子？

为工人利益贡献毕生力量

“人民创造历史，劳动开创未来。劳动是推动人类社会进步的根本力量。幸福不会从天而降，梦想不会自动成真。实现我们的奋斗目标，开创我们的美好未来，必须紧紧依靠人民、始终为了人民，必须依靠辛勤劳动、诚实劳动、创造性劳动。我们说‘空谈误国，实干兴邦’，实干首先就要脚踏实地劳动。”

——2013年4月28日习近平总书记在同全国劳动模范代表座谈时的讲话

中国工运史上，产生了很多杰出的工人领袖，其中就包括林伟民。林伟民，原名林兴，早年在家乡开展革命斗争时，经常帮助村民解决困难。村民们夸他有勇有谋时，他总谦虚地说：“我没做什么，只是做了力所能及的事情。”渐渐地，林伟民就把自己的名字改为“林为民”，因乡音关系，后来被叫成“林伟民”。

1906年，家乡干旱，庄稼失收，迫于生计，林伟民不得不前往香港谋生。在乡亲的推荐下，林伟民成了一名海员，在船上当起了“侍仔”，从事着最劳累、最低贱的工作。苦难磨砺让林伟民逐渐萌发了反抗帝国主义和封建主义压迫的思想。

1921年3月，中华海员工业联合总会成立后，林伟民等人分别到各条轮船上带领海员开展反对资本家虐待海员、维护海员利益等各项斗争，并获得胜利。从1921年9月起，工会连续三次向轮船资本家提出增加工资、改善待遇、反对包公头剥削等要求，资本家都置之不理。香港海员在林伟民等人领导下，于1922年1月举行罢工。2月底，全港各行业中国工人一起举行总同盟罢工，罢工总人数达十多万。

为维护海员利益，林伟民率领海员坚持斗争，顶住了香港英国当局和轮船资本家的压制和威胁，给港英当局和资本家以沉重打击。在罢工斗争中，林伟民立场坚定，及时识破和挫败对方的花招和阴谋。最后，港英当局和资本家不得不接受海员工人的各项要求，罢工宣告胜利结束。香港海员大罢工共持续56天，是中国共产党成立后中国工人运动第一次高潮的开端，中国工人运动开启了一个新时期、新纪元。

香港海员大罢工后，在第一次全国劳动大会上，林伟民向与会代表介绍了香港海员大罢工的经过及经验。香港海员的斗争经验引起了广泛关注，大罢工奠定了林伟民在我国工人运动史上的地位。

1924年夏，赤色职工国际运输工人代表大会在莫斯科召开，林伟民代表香港海员工会参加。其间，他到莫斯科、列宁格勒（今圣彼得堡）等地参观，与当地工会和工人群众交流经验。罢工斗争实践让林伟民深刻认识到，只有共产党才真正与工人阶级心连心、共患难，于是他毫不犹豫地加入中国共产党，成为外洋广东海员中第一个入党的工人同志。

同年秋，林伟民回到广东，负责海员工运和运输系统工会统一运动，组织支持广州盐船运输工人的罢工斗争。由于其卓越贡献，在第二次全国劳动大会上，林伟民当选为中华全国总工会第一任执行委员会委员长。不到10年的时间，林伟民从一名海员工人成长为全国工人运动领袖。

不幸的是，在省港大罢工期间，因积劳成疾，林伟民腿部骨结核病恶性发作，于1925年8月送往医院救治。虽生病卧床，但林伟民一直密切关注着罢工斗争，经常向前来探望的同志详细了解斗争情况。林伟民对罢工斗争问题有些什么看法，也立即托人转达。他还抱病撰写了题目为《实际的经验与教训》的文章，在报上发表，总结香港海员斗争的经验教训，号召工人、同志们同仇敌忾，将斗争坚持下去。林伟民为中国工人运动贡献了毕生力量，他赤胆忠诚、奋不顾身的革命精神和艰苦奋斗的崇高品质将永远被世人铭记。

林伟民简介

林伟民（1887—1927），广东香山三灶岛（今属珠海）人。生于贫苦农民家庭，稍长到香港谋生。在十月革命影响下，与苏兆征一起从事香港海员工会筹建工作。1921年3月，被选为中华海员工业联合总会干事。1922年1月，参加领导香港海员大罢工。5月，参加第一次全国劳动大会。会后，帮助筹建中华海员工业联合总会上海支部，并当选为该会主任，后留在上海领导工人运动。1924年春，去苏联参加赤色职工国际运输工人代表大会。同年，加入中国共产党。10月，回国后任中华海员工业联合总会广州总办事处主任。12月，领导广州盐船工人进行罢工斗争。1925年5月，在第二次全国劳动大会上当选为中华全国总工会执委会委员长，成为早期中国工人运动的著名领袖。五卅惨案后，在广州发动沙面洋务工人和香港工人联合罢工。6月，主持中华全国总工会省港罢工委员会临时办事处工作。1925年8月，因腿部骨结核病恶性发作住院治疗。后病情恶化。1927年9月1日，病逝于广州医院，时年40岁。

学思之窗

1. 林伟民病情严重时，仍然关注着罢工斗争的进展，展现出什么精神？

2. 在实现民族复兴的历史进程中，我们都是劳动者、奋斗者，我们应该以什么样的状态对待自身职业，才能更好地彰显个人的社会价值？

刘少奇的两次广州之行

扫二维码
听音频

“今天，我们学习刘少奇同志，就要坚持党的原则第一、党的事业第一、人民利益第一，面对大是大非敢于亮剑，面对矛盾敢于迎难而上，面对危机敢于挺身而出，面对失误敢于承担责任，面对歪风邪气敢于坚决斗争。每一个共产党员都要以强烈的使命感，担当起该担当的责任，跟上时代要求，跟上实践要求，跟上人民要求，创造性开展工作，坚定不移贯彻落实党的路线方针政策。”

——2018年11月23日习近平总书记在纪念刘少奇同志诞辰120周年座谈会上的讲话

刘少奇是中国人民家喻户晓的领袖，他曾告诫青年说：“年轻人要勇敢地走自己的路，许许多多的革命前辈就是从无数的坎坷中锻炼出来的。”刘少奇不仅是这样说的，而且是这样做的。大革命时期，他曾经先后两次来到广州，在广州这片红色土地上，勇敢地战胜了很多困难，留下了光辉的足迹和很多感人至深的故事。

刘少奇两次来广州，都肩负着中国共产党的重要使命。当时，共产党成立不久，很需要统一号令领导全国各地的工人联合起来，进行各种罢工和斗争。经过运作与筹划，决定由中华全国铁路总工会、汉冶萍总工会、中华海员工业联合总会和广州工人代表会这四大工会共同公开召集劳动大会。作为汉冶萍总工会的领袖，刘少奇于1925年3月带着筹备第二次全国劳动大会的任务来到广州。当时会议经费预定为4500元，四大工会各出500元，经费严重不足。刘少奇想方设法，积极筹款，他劝说工农部部长廖仲恺认捐1500元，广东革命政府的工人部捐助1500元。在刘少奇的努力下，会议经费的筹备工作圆满完成。

为了让香港工会支持这次会议，刘少奇于1925年4月13日专门到香港，与各工团接洽，15日偕当时的香港海员工会会长回到广州。大会筹备处还电函请太平洋工会秘书处与赤色职工国际派员参加。刘少奇在会前主持起草了《中华

刘少奇在办公

全国总工会章程》《工人阶级与政治斗争决议案》《组织问题决议案》等30多个文件。由于刘少奇具有丰富的斗争经验，加上深厚的马克思主义理论功底，这些文件写得既有深度又有指导意义。一切准备就绪后，大会于1925年5月1日成功开幕了。由于刘少奇在工运中的卓著成绩和崇高声望，代表们一致推举他为新成立的中华全国总工会副委员长。此时，他还不到27岁。

第二次全国劳动大会刚闭幕，刘少奇就受中华全国总工会的委派离开广州到上海工作，建立中华全国总工会上海办事处，并参与领导五卅运动。1925年冬，刘少奇因劳累过度患病，回湖南老家疗养。其间，被湖南军阀赵恒惕逮捕。在各界的压力下，赵恒惕不得不于次年1月将刘少奇释放。1926年2月，刘少奇第二次到广州。那时，他刚脱囹圄、患病未愈，带病来到中华全国总工会主持工作，并被任命为中华全国总工会代委员长。他在广州的职责就是将省港大罢工推向最后的胜利，并肩负着一项更重大的使命——筹备召开第三次全国劳动大会。

1926年5月1日，在第三次全国劳动大会上，刘少奇作了《一年来中国职工运动的发展》报告，旗帜鲜明地指出工人阶级的领导权问题，阐明了将政治斗争与经济斗争密切结合的正确方针，强调工人阶级应加强自身与社会各界的联合和与世界工人阶级的联合。刘少奇特别指出工农联盟问题，他的精辟论述与同一时期毛泽东的观点完全一致，成为中国新民主主义革命的重要理论基础。在这次大会上，刘少奇当选为中华全国总工会秘书长，当时他尚不足28岁。

刘少奇简介

刘少奇（1898—1969），湖南宁乡人，中共党员，伟大的马克思主义者，伟大的无产阶级革命家、政治家、理论家，党和国家主要领导人之一，中华人民共和国开国元勋，是以毛泽东同志为核心的党的第一代中央领导集体的重要成员，为党和国家事业建立了卓著功勋，受到全党全军全国各族人民的衷心爱戴。

1921年，加入中国共产党。1925年，在第二次全国劳动大会上当选为中华全国总工会副委员长。大革命失败后，先后在上海、北平等地从事党的秘密工作。1934年10月，参加长征。抗日战争爆发后，领导开创华北敌后抗日根据地。皖南事变后被任命为新四军政治委员和中共中央华中局书记。1945年，在党的七大上对毛泽东思想作了完整概括和系统论述。重庆谈判时代理中共中央主席职务。中华人民共和国成立后，先后担任中央人民政府副主席、全国人民代表大会常务委员会委员长、中华人民共和国主席等职务。在“文化大革命”中受到错误批判。1969年11月12日病逝。1980年，党恢复了他的名誉。主要著作收入《刘少奇选集》。

学思之窗

1. 很多像刘少奇一样的共产党人，在青年时代就为党的事业作出了重大贡献，请思考：我们应该从刘少奇等共产党人身上汲取什么样的青春力量？

2. 刘少奇是中国工人运动的卓越领袖，请试着回答：他对中国工人运动的贡献有哪些？

工人群众的“殷叔”

“实现中华民族伟大复兴的中国梦，根本上要靠包括工人阶级在内的全体人民的劳动、创造、奉献。要使中国梦真正同每个职工的个人理想和工作生活紧密结合起来，真正落实到实际行动之中。要把广大职工群众充分调动起来，满怀信心投身于为实现中国梦而奋斗的火热实践，形成万众一心、众志成城的磅礴力量。”

——2013年10月23日习近平总书记在同中华全国总工会新一届领导班子集体谈话时的讲话

在中国共产党军校发展史上，曾经有7所以彭湃、杨殷名字命名的“彭杨军事政治学校”。这些学校为红军和地方游击队培养了一大批优秀的军事政治干部，为我党夺取革命战争的胜利作出了重要贡献。杨殷与彭湃，一个从事工人运动，一个从事农民运动，二人并称“工农两巨星”。今天，我们就来了解一下杨殷从事工人运动的故事。

1923年夏，杨殷从苏联学习回国后，根据党组织的安排，任国民党广州市第四区分部执委兼秘书。后来，党组织考虑到他和工人之间关系密切，便计划让他在广州开展工人运动，组织宣传活动、发展进步工人等。

1923年，二七惨案发生后，铁路工人运动处于低潮。为了发动工人，杨殷深入到粤汉、广九、广三这三条铁路线的工人中去，帮助工人提高觉悟、重树信心。当时，广东铁路工人中行帮关系严重，他们按工种组织工会，彼此之间常闹纠纷。杨殷到铁路后，同工人打成一片，逐渐把工人组织起来。为了方便工作，他把家搬到了铁路附近，还把两个堂弟派进铁路做工，加强同工人的联系。他的家成了一个不挂牌的工人俱乐部。杨殷在工人群众中十分有威信，具有较高的影响力，大家都亲切地称呼他为“殷叔”。在广州期间，杨殷还同刘尔崧等人一道，把当时广州城内互相对立、矛盾重重的所有工会都组织了起来，变成了一个接受中国共产党领导的坚强统一整体。

1924年9月，由英国人在上海开办的南洋兄弟烟草公司工人举行罢工。中共广东区委派杨殷立即在广州、香港成立罢工后援会，并作为罢工后援会的赴沪代表，由广东到上海慰问罢工工人。杨殷到上海后，南洋兄弟烟草公司的老板妄图用金钱和礼物贿赂、收买他，未能得逞，又收买亡命之徒妄图谋害他。幸亏杨殷曾学过少林武术，把几个亡命之徒打得抱头鼠窜。

1925年春，杨殷到香港开展工人运动。他深入到工人群众中，建立工会，吸收了一大批积极分子加入共产党、共青团组织，壮大了革命队伍。5月，英帝国主义在上海制造了骇人听闻的五卅惨案。中共广东区委派邓中夏、杨殷等到香港、广州租界沙面，发动工人罢工，以反抗帝国主义的野蛮大屠杀。杨殷与苏兆征一起，组织成立了中国共产党香港党团，作为领导罢工的核心力量。随后，又成立了罢工的领导机构——全港工团联合会。罢工前，杨殷还以同盟会老大哥的身份深入到基层工会中开展工作，教育当地的党团组织、工会、三合会等会社，要以民族大义为重，消除帮派界限，团结一致，共同对敌。1925年6月19日，省港大罢工爆发。21日，广州沙面工人也举行了大罢工。两股力量汇合后共有25万人。杨殷作为省港大罢工的组织者和领导者之一，积极为罢工献计献策，并亲自参与到罢工中去，为罢工的最终胜利作出了巨大贡献。由于斗争需要，杨殷没有担任省港大罢工的公开领导职务，但他在这次罢工中发挥的重要作用受到组织肯定。党中央后来称他是“中国历史上最有名之广东省港大罢工的领导者”。

杨殷简介

杨殷（1892—1929），广东香山（今中山）人，著名工人运动领袖，党的早期军事工作重要领导者，党的情报保卫工作重要开拓者之一。1922年秋，加入中国共产党。1923年，在广东从事工人运动。1925年3月起，任全国铁路总工会广州办事处顾问，参与组织和领导省港工人大罢工。八七会议后，任中共广东省委常委兼省革命军事委员会主任、中共中央南方局委员等职务。同年12月，参与领导广州起义，负责总指挥部参谋团的工作，任广州苏维埃政府人民肃反委员。张太雷牺牲后，被任命为广州苏维埃政府代主席。1928年7月，在中共六届一中全会上当选为中共中央政治局候补委员、候补常委，任中共中央军事部部长。会后，从苏联回到上海。同年11月起任中共中央政治局委员、常委。1929年1月起，任中共中央军委委员、中共中央军事部部长、中共中央军委主任兼中共江苏省委军事部部长。8月24日，由于叛徒告密，与彭湃等人在上海被捕。敌人软硬兼施，但他不为所动。8月30日，被秘密杀害于上海龙华，时年37岁。2009年9月被评选为“100位为新中国成立作出突出贡献的英雄模范人物”之一。

学思之窗

1. 杨殷热心关注工人群众的切实利益，被工人群众亲切地称为“殷叔”，从这一点中，我们能学到什么？

2. 为实现梦想而奋斗的过程中，往往会遇到各种各样的困难，从杨殷领导开展工人运动的实践中，我们应该汲取什么样的智慧和力量？

工运先锋冯菊坡

“我国是人民当家作主的社会主义国家，党和国家始终坚持全心全意依靠工人阶级方针，始终高度重视工人阶级和广大劳动群众在党和国家事业发展中的重要地位，始终高度重视发挥劳动模范和先进工作者的重要作用。”

——2020年11月24日习近平总书记在全国劳动模范和先进工作者表彰大会上的讲话

冯菊坡这个名字，对如今大多数人来说已经比较陌生，而现存于台北国民党中央党史馆的档案中，关于冯菊坡任职国民党工人部秘书时的相关档案信息达108条之多，他在大革命时期的重要地位由此可见一斑。他对中国早期工人运动，作出了如下重要贡献。

贡献之一：统一工会。20世纪20年代的广东，近代工业并不多，产业工人也较少，大部分工人是手工业者、苦力和店员。因此，广州的工会大多带有行会色彩，并受到无政府党派、帮派、会党的影响。当时广东共有大大小小160多个工会组织，它们各自为政，彼此间成见极深，冲突械斗、流血事件时有发生。冯菊坡深入分析了这一状况，认准当时最重要的任务就是要把四分五裂、性质复杂的各种工会统一起来，组成“广州工人代表会”。为此，他深入到工人中去，首先吸收了粤汉铁路、广三铁路、广九铁路、海员工会、洋务工会和印务工会的一些工人积极分子加入中国共产党，将这些工会争取过来；然后再向无政府主义者控制的酒楼、茶室、理发、汽车等工会的负责人提出合作建议。经过冯菊坡的多方努力，1924年3月5日，国民党工人部召集各工会的1000多名骨干在广州太平戏院举行筹备会议，工人组织形成了合力，并推举冯菊坡起草组织章程。同年5月1日，“广州工人代表会”在广州西瓜园正式召开，参加会议的160多名代表，分别代表着70多个工会和10多万工人，入场旁听的工人多达2000余人。孙中山也应邀到会，发表了题为《中国工人所受不平等条约之害》的演说。可以说，冯菊坡是广州工人组织初步统一的奠基人。

贡献之二：组织罢工。冯菊坡身兼国共两党工人领导机关要职，对工人运动满怀热情，将工人运动开展得有声有色。1925年，五卅运动爆发后，冯菊坡负责广州沙面、东山等地洋务工人罢工的组织工作。他领导发动粤汉、广九、广三铁路的工人罢工，不为叛军运送军队和枪支弹药，协助革命军迅速平定叛乱。省港大罢工全面爆发后，他负责中华全国总工会招待部的工作，在广州、深圳、江门、石岐分设接待站，借用各家会馆，启用被查封的烟赌馆等场地，拨给工人住宿，妥善地安排好数万罢工工人的食宿和医疗卫生问题。在省港大罢工中，他协助邓中夏、苏兆征做了很多工作。

贡献之三：培养人才。为了培养罢工宣传人才，中华全国总工会省港罢工委员会成立了宣传学校，邓中夏亲自提名冯菊坡任校长。不久，邓中夏创办了中国第一所工人大学——劳动学院，聘请冯菊坡讲授“广东工会问题”一课。冯菊坡的讲课联系实际、深入浅出，深受工人学员的欢迎。冯菊坡为培养工人运动人才作出了重要贡献。

冯菊坡简介

冯菊坡（1899—1954），中国共产党广东地方组织、中国社会主义青年团领导人，工人运动领袖之一。1921年8月，加入中国共产党。1922年5月至1923年8月，任中国社会主义青年团第一届中央执行委员会候补委员。1922年5月，参加第一次全国劳动大会，并负责中共广东支部工作。6月，任中国劳动组合书记部南方（广东）分部主任。同年夏至1923年春，任中共广东区执行委员会负责人。1922年秋，任广州工团总会负责人之一、爱群通讯社负责人之一。1923年6月，出席中共三大。1924年初至10月，任中共广州地方执行委员会负责人。1924年，任省港大罢工委员会宣传学校校长。1925年春，任中共广东区执行委员会委员、职工运动委员会书记，参与组织省港大罢工。1928年，任中华全国铁路总工会委员长。1929年被捕，后出狱。1930年，到北方工作。抗日战争时期，任教于西南联合大学。中华人民共和国成立后，任教于重庆南开学校和广东华南联合大学附中，任职于广东省政协。1954年逝世。

学思之窗

1. 在帮派、会党林立的背景下，冯菊坡能够把工人紧密地团结起来，靠的是什么精神动力？

2. 中国革命的成功是无数像冯菊坡一样的革命先锋奋斗出来的，新时代，我们应该怎么样在自己的本职岗位中当好先锋、做好模范？

“红色炮台”的总指挥

扫二维码
听音频

“要把竭诚为职工群众服务作为工会一切工作的出发点和落脚点，全心全意为广大职工群众服务，认真倾听职工群众呼声，维护好广大职工群众包括农民工合法权益，扎扎实实为职工群众做好事、办实事、解难事，不断促进社会主义和谐劳动关系。要高度重视广大职工的多样化需求，不断拓展职工成长成才空间，着力培养造就一大批知识型、技术型、创新型的高素质职工。”

——2013年4月28日习近平总书记在同全国劳动模范代表座谈时的讲话

邓中夏出生于一个封建官僚地主家庭。他的父亲是晚清举人，一生大部分时间都捧着政府的饭碗。1920年夏，邓中夏大学还没毕业，父亲就帮他在北洋政府里找了一份好差事，可他非要冒险干革命。他说：“做官的人都是对老百姓敲骨吸髓的。我不做官，我要做人民的公仆。公仆就是大众的长工……开创一个人人有饭吃、人人有衣穿的新天地。”

1925年5月中华全国总工会成立后，决定创办《工人之路》周报，由中华全国总工会秘书长兼宣传部部长邓中夏任主编。6月，邓中夏和苏兆征等人组织领导省港大罢工。为及时向工人群众详细报道罢工消息，揭露帝国主义罪行，中共广东区委和中华全国总工会宣传部决定把《工人之路》作为特号出版。

6月23日晚，邓中夏的办公室彻夜灯火通明。从确定出版机构名称、版面设计、报头题字到撰写重要文章、审核校对稿件等，邓中夏都亲自动手，确保了

邓中夏主编《工人之路》

《工人之路》办报质量。《工人之路》的政论文章，多由邓中夏执笔，其余文章也大多经他审定后才发出。罢工进行了一个月后，英帝国主义在香港的经济利益受到重大冲击，罢工效果初显，邓中夏兴奋地为《工人之路》写了一篇题为《香港帝国主义损失一万万余元了》的短评，以鼓励罢工工人，他还嘱咐编辑："以后，每天把英帝国主义损失的钱数，用大号字登在报上，让每个罢工工人都知道，我们多坚持一天，英帝国主义就多损失四百万元。"罢工高潮时，邓中夏几乎每天下午都会撰写《工人之路》文稿，并就评论文章、印刷数量等与编辑进行讨论，非常辛苦。

邓中夏十分注重将广大工人群众的知识水平、兴趣爱好和中国革命的具体实际相结合。除政论文章、重要文告、国内外新闻外，他还指导《工人之路》开设演讲、小言、歌曲、小说等栏目，综合运用小说、漫画、歌曲、民谣、独幕剧、白话剧、标语口号等多种形式，力求最大限度发挥《工人之路》在传播革命理论和基本常识方面的重要作用。邓中夏经常对编辑们说："《工人之路》是办给工人看的，他们文化较低，文章要尽量写得通俗易懂。"他提出，文字编辑"来不得半点粗心大意，在某种程度上还要求更精细。深奥的文章工人看不懂，有错字的文章工人也会看不懂，甚至还会歪曲原意，从而造成他们思想上的混乱。我们的报纸是宣传的工具，战斗的武器，一字一句，甚至一个标点都马虎不得，忽视不得”。

如果说《工人之路》是省港大罢工“红色炮台”的一门猛烈大炮，那么邓中夏就是这门利炮的总指挥。《工人之路》从创刊到停刊，前后历时近2年，是大革命时期工人报刊中出版时间最长的一份报纸。在此期间，邓中夏通过《工人之路》，以人民公仆、大众长工的奉献精神，高扬反帝反封建旗帜，积极配合党在罢工各阶段的宣传教育方针，加强对工人阶级的教育，有力推动了工人运动的开展。

邓中夏简介

邓中夏（1894—1933），湖南宜章人。中国共产党最早的党员之一、五四运动时北京学联领导人之一、工人运动先驱，中共第二届、第五届中央委员，第三届、第六届中央候补委员，八七会议上当选中央临时政治局候补委员。马克思主义理论家，工人运动领袖。

1917年，入北京大学学习。1920年3月，与高君宇等人秘密组织北京大学马克思学说研究会。1920年10月，参加中国共产党北京早期组织。1923年，参与创办上海大学，任总务长。1925年，中华全国总工会成立后，任秘书长兼宣传部部长，参与组织领导省港大罢工。大革命失败后，参加八七会议，被选为中央临时政治局候补委员。1928年，赴莫斯科，任中华全国总工会驻赤色职工国际代表。1930年，回国后被任命为中央代表赴湘鄂西根据地，任湘鄂西特委书记及红二军团、红三军政委、前敌委员会书记、中央革命军事委员会委员。1932年，到上海，后任全国赤色互济会总会主任兼党团书记。1933年5月被捕。同年9月21日，英勇就义，时年39岁。

学思之窗

1. 中国共产党的革命队伍中有很多像邓中夏这样的富家子弟，他们毅然放弃优渥生活，奔向革命战场。请思考一下，他们的理想追求是什么？

2. 请思考：为什么说中国共产党领导的工会的一切工作的出发点和落脚点，都是为职工群众服务？

铁面无私“刘青天”

扫二维码
听音频

“我们党历来提倡团结，但团结是通过积极健康的思想斗争达成的，不是无原则的一团和气。共产党人讲党性、讲原则，就要讲斗争。在原则问题上决不能含糊、决不能退让，否则就是对党和人民不负责任，甚至是犯罪。”

——2021年9月1日习近平总书记在2021年秋季学期中央党校（国家行政学院）中青年干部培训班开班式上的讲话

1927年4月，一位31岁的河源人，指挥了一场震惊全国的武装暴动——紫金四二六武装暴动；在汕尾整顿治安时，被群众亲切地称为“刘青天”。他就是名冠广东大地的革命英雄——刘琴西。

1925年春天，广东革命政府进行第一次东征，讨伐盘踞在东江的军阀陈炯明。东征军攻占海丰后，刘琴西被周恩来委任为海丰县汕尾市市政局局长。饱读马列主义书籍的刘琴西，深知人民是社会的主人，必须依靠群众，才能治理好市政。于是，他上任后，经常穿着粗布衣裳，脚踏当地老百姓常穿的木履，挨家挨户访问群众、宣传群众、发动群众，积极倾听群众意见和呼声，并向他们讲述革命道理，以唤醒群众起来斗争。老百姓看到新来的市政局局长与昔日的达官贵人迥然不同，从心里喜欢，都愿意与他交谈，向他反映情况，诉说自己的苦难。刘琴西总是留心倾听，像老朋友一样，帮助他们出主意、想办法，鼓励工人农民组织起来，使“反对压迫，提高工资”“打倒帝国主义”“打倒军阀”的口号深入人心。两三个月的时间，刘琴西走遍了汕尾市将近三分之一的人家。通过宣传发动，搬运工、理发工首先响应号召，在刘琴西的指导下建立了工会。接着，店员、木匠、盐田工会也相继成立。1925年6月上旬，汕尾总工会成立。在刘琴西的领导下，汕尾的工人运动和市政工作陆续开展起来了。

有了群众基础，刘琴西立即着手整顿治安，取缔“三馆”——赌馆、烟馆、妓馆。当地百姓对“三馆”早就深恶痛绝。刘琴西一面通过工会、农会组织，加强对工人和农民的教育，要求他们远离“三馆”；一面发出禁令，对开设“三馆”的土豪劣绅给予坚决打击，限期取缔“三馆”。刘琴西取缔“三馆”的做法，群众无不拍手称快。那些靠“三馆”为生的社会渣滓，急如热锅上的蚂蚁，但慑于东征军的声威，又不敢来硬的，只好使出阴谋诡计。他们认为“有钱能使鬼推磨”，便叫一个姓林的恶棍，带上白花花的两百块大洋去见刘琴西。姓林的说：“这小小意思，孝敬市政局长大人，万望收回禁令，让我们有条生路。”刘琴西一拍桌子，厉声痛斥：“这是什么意思？不执行革命政府的禁令，还敢贿赂工作人员，这是罪上加罪！”立即将其拘捕起来，将他与盗贼流氓押在一起，戴上高帽子游街示众。这个平时胆大包天的恶棍，在人们的唾

刘琴西痛斥行贿者

骂声中，不得不低下了头。刘琴西铁面无私、雷厉风行的作风，震慑了坏人。

为了强化取缔“三馆”的效果，刘琴西积极部署市政工作人员和警员进行明察暗访，发动广大市民检举揭发，发现一起严惩一起。经过一个多月的严厉惩治，长期横行街市的“三馆”都收档改行，社会秩序明显好转，治安面貌迅速改观，汕尾“雨过天晴”了。没收自“三馆”的财物，刘琴西除留部分作为政府部门经费外，其余都分给穷苦市民。群众称赞说，刘琴西是活包公，是“刘青天”。

刘琴西简介

刘琴西（1896—1933），广东紫金人，刘尔崧胞兄，紫金县党组织创建人，东江地区和粤赣边区革命运动领导人之一。1922年7月，加入中国共产党。1924年1月，调广州市从事工人运动。1925年3月，第一次东征军攻占海丰后，任海丰县汕尾市市政局长。6月，调任陆丰县县长。1926年，调省港罢工委员会汕头办事处主持工作。1927年4月底，紫金武装暴动后，任县人民政府主席兼工农革命军紫金县总指挥部总指挥，后参与建立东江革命根据地。9月，恢复海丰县临时人民政府，后任中共东江特委委员和东江革命委员会主席。1928年3月，建立和发展五（华）兴（宁）龙（川）、蕉（岭）平（远）寻（邬）革命根据地。1930年12月，调任中共闽粤赣边西北分委书记。1931年8月后，调上海开展地下工作。因长期紧张艰苦斗争，积劳成疾。1932年，组织上安排他到香港治病，被港英当局逮捕，押解广州监禁。1933年春，在广州被秘密杀害，时年37岁。

学思之窗

1. 刘琴西在整顿治安和取缔“三馆”的工作中，铁面无私、雷厉风行的作风，展现出中国共产党人什么样的精神品质？

2. 党的群众路线是“一切为了群众，一切依靠群众，从群众中来，到群众中去，把党的正确主张变为群众的自觉行动”，我们应该如何正确理解党的这一工作方法和思想认识路线？

震惊中外的沙基惨案

扫二维码
听音频

“一切向前走，都不能忘记走过的路；走得再远、走到再光辉的未来，也不能忘记走过的过去，不能忘记为什么出发。面向未来，面对挑战，全党同志一定要不忘初心、继续前进。”

——2016年7月1日习近平总书记在庆祝中国共产党成立95周年大会上的讲话

近代以来，中国人民饱受帝国主义的残酷侵略和压榨。帝国主义势力在中国大地上横行无阻、罪恶滔天，给中国人民制造了数不清的苦难。对于这段历史，中国人都会听者伤心、闻者流泪。广州荔湾区沿江西路人民桥东侧的江畔小广场上，就真实记录着帝国主义肆意侵略中国时欠下的一笔恶债。在这个小广场上，矗立着一座花岗岩石碑，坐西朝东，呈方锥形，上小下大，碑上正面镌刻着“毋忘此日”四个大字，上款为“中华民国十四年六月廿三日”，下款为“中华民国十五年六月廿三日广州市政府立”。它就是为纪念沙基惨案而立的纪念碑。

1925年5月，上海发生五卅惨案。为声援上海五卅运动，6月19日，香港的海员、电车、印务等工会首先宣布罢工，其他工会随即响应。罢工工人不顾英帝国主义者的阻挠和威胁，回到广东各地。21日，广州沙面洋务工人开始罢工，市内其他洋务工人也加入罢工行列。23日，香港罢工工人和广州市的工人、农民、学生、青年军人及其他群众10万余人，在广州举行追悼大会，悼念死于五卅惨案的学生。上午11时，各界群众在东教场集合，随后依工、

沙基惨案纪念碑

农、商、学、军的次序出发，每人手执写有“打倒帝国主义”“废除不平等条约”“为死难者报仇”等口号的旗帜，沿途一路高呼，情绪十分激昂。

下午3时，当游行队伍行经沙基西桥口时，驻在沙面的英国军警突然用步枪向游行群众射击，接着以机枪扫射。同时，停泊在白鹅潭（今白天鹅宾馆附近）的英、法、葡等国军舰，也以机关枪、大炮向人群射击，顿时弹如雨注。当时，游行队伍正密集在沙面对岸的街道上，面前是河流，背后是高楼，路狭人挤，根本来不及防备，甚至连躲避的地方都没有。枪林弹雨中，群众纷纷中弹倒地，当场死亡的达50多人，重伤的170多人，轻伤者无数。其中，黄埔军校的学生和士兵死难的有23人，受伤的有53人。这就是震惊中外的沙基惨案，又称六二三事件。沙基惨案是全副武装的帝国主义军队对和平示威的中国人民的疯狂大屠杀，是帝国主义欠中国人民的一笔血债。

沙基惨案发生后，人民群众强烈愤慨，社会各界群众团体、国民党中央执行委员会、广东革命政府纷纷谴责帝国主义的恶行。广东革命政府立即以广东省省长胡汉民的名义向英、法、葡驻广州总领事提出最严重的抗议。6月26日，又再次提交抗议，提出各国派大员向广东革命政府谢罪、惩办相关军事长官、各国军舰撤离、沙面租界交由广东革命政府接管、赔偿死伤人员以抚恤金等要求，但遭到拒绝。29日，广州各团体提出对英实施经济绝交，同时封锁出海口的要求。同日，香港25万工人开始举行全面总罢工，并有13万人陆续撤回广州。7月11日，广州市民公祭死亡的烈士。

1925年6月28日，在国民党广州市特别党部大会上，国民党左派人士提议市政府将沙基路改筑为马路，并改名为“六月二三路”，此提议获全体一致通过。1926年，广东革命政府把沙基路改筑为马路，命名为“六月二三马路”，后改名为“六二三路”。并在当时的人民桥东侧、珠江河畔，竖立了刻有“毋忘此日”的石碑，以让国人永远铭记那个曾令中华民族遭受耻辱的日子。

五卅运动简介

1925年5月，上海、青岛的日本纱厂先后发生工人罢工，遭到日本帝国主义和北洋军阀镇压。5月15日，上海内外棉七厂日籍职员枪杀共产党员、工人领袖顾正红，并打伤工人10余人。29日，青岛8名工人被反动政府屠杀。为支援工人罢工，5月30日，上海2000余名学生在公共租界各马路进行宣传讲演，一百余名学生遭巡捕逮捕，引起学生和市民极大愤慨，有近万人聚集在巡捕房门口，要求释放被捕学生。英国巡捕向群众开枪，打死打伤多人，这就是震惊中外的五卅惨案。6月，英、日等帝国主义在上海和其他地方继续屠杀群众，激起全国人民公愤。广大工人、学生和部分工商业者，在许多城市和县镇举行游行示威和罢工、罢课、罢市，形成全国大规模的反帝爱国运动高潮。五卅运动是中国共产党领导下的群众性反帝爱国运动，对中华民族的觉醒和国民革命运动的发展起了巨大推动作用，揭开了大革命高潮的序幕。

学思之窗

1. 五卅运动虽然发生在上海，但是却引起了包括广州在内的很多城市的工人、学生等群众的支持，这说明了什么问题？

2. 近代以来，没有哪一个国家和民族像中华民族这样遭受了如此多的苦难。请思考：近代以来中华民族被动挨打的根本原因是什么？

第四章

中共三大：克敌制胜有法宝

中共中央机关迁驻广州

扫二维码
听音频

“我们要把党和人民90多年的实践及其经验，当做时刻不能忘、须臾不能丢的立身之本，既不妄自菲薄、也不妄自尊大，毫不动摇走党和人民在长期实践探索中开辟出来的正确道路。”

——2013年12月26日习近平总书记在纪念毛泽东同志诞辰120周年座谈会上的讲话

地处南国的广州，因历史提供的特殊机遇，曾一度成为中共中央机关所在地。1923年4月，中共三大召开前，中共中央机关从上海迁驻广州，至9月，中央机关均以新河浦路24号（春园）为主要办公场所，在这里指导着全国革命事业。

中国共产党成立初期，中共中央机关设在上海，为什么会在此时迁驻广州呢？

原来，中国共产党成立之后，共产国际对中国共产党的地位和力量估计过低，且认为国民党有长期从事革命的经验，相对于中国共产党来说，有比较充足的革命力量。出于苏俄安全的考虑，共产国际希望中国革命能在帝国主义的包围圈中打下一个缺口，因此，共产国际希望中国共产党能跟在广州的国民党合作。1922年7月11日，共产国际代表马林在返回莫斯科后向共产国际执委会报告：“关于中国的运动及其前途，上海给了我一个悲观的印象。到了南

中共中央机关旧址——春园

方我体验到，有可能进行有益的工作，而且工作定会卓有成效的。”因此，他提出“我还向我们党的领导机关建议把驻地移往广州，在那里至少可以公开工作”，因为“在远东，广州是唯一勿需打扰当局就可以建立常设代表处的城市”。共产国际执委会接受了马林的建议。

然而，此时适逢陈炯明炮轰总统府，孙中山被迫离粤赴沪，广东局势一度出现了动荡。时局突变，决策也随之调整，中共中央局南迁之事，暂时放缓。1922年8月29—30日，应马林的要求，中共中央执行委员会在杭州西湖召开特别会议（史称“西湖会议”），讨论国共合作问题。此次会议未留下任何文字材料。会议最终通过了陈独秀提出的国民党必须取消“打手模”以及向个人宣誓之后，共产党的少数负责同志可以根据指示加入国民党的决定，为实现国共合作迈出了重要一步。会后不久，李大钊、陈独秀、蔡和森等首先以个人身份加入国民党。但是党内大多数人对于这种做法仍有疑虑。

1923年初，孙中山由沪返粤，成立陆海军大元帅大本营，重建广东革命基地，广东形势逐渐好转。马林随即再次提出中共中央局南迁广州的建议。恰好此时中共中央正在积极准备召开党的第三次全国代表大会，考虑到广州的政治环境和各方面的条件，有利于筹备和召开党的三大，而且又便于与孙中山、国民党的联系、接触，推进国共合作，因而中共中央局也决定迁往广州。

中共中央局机关迁驻广州前后，中国共产党的主要领导干部陈独秀、李大钊、张国焘（后叛党）、瞿秋白、蔡和森、向警予、张太雷、毛泽东、邓中夏等也相继到了广州。在中共中央机关迁驻广州办公期间，党的理论刊物《新青年》移至广州出版，中共中央的机关刊物《前锋》也在广州创刊。

中共三大结束不久，陈独秀等人认为，当前的主要任务是推动国民会议的召开，党的工作重心应当放在舆论宣传方面。而当时全国舆论宣传的重心是上海，加上广州地僻南隅，不利于指导全国的革命斗争，党的工作“不能囿于一方的工作而忽视全国的工作”，因此，中共中央考虑并决定将中央机关迁回上海。1923年9月，中共中央机关完成了在广州的历史使命，迁回上海。

共产国际简介

共产国际亦称“第三国际”，是全世界共产党和共产主义组织的国际联合组织，存在于1919—1943年。第三国际以马克思列宁主义作为理论基础，任务是宣传马克思主义，团结各国工人阶级和劳动群众，推翻资本主义和帝国主义统治，建立世界范围的无产阶级专政，建立世界苏维埃社会主义共和国联盟，彻底消灭阶级，实现社会主义和共产主义。共产国际成立后，积极支持和指导各国无产阶级革命，在中国共产党建立和中国革命发展中起到重要作用，主要体现在：直接帮助和指导中国共产党的组建工作，帮助和指导制定了适合中国国情的革命纲领，推动和促进第一次国共合作的形成等。共产国际虽然做过许多有益的工作，但也做过不少错误决定：过分强调集中统一领导，忽视各国革命斗争的民族特点，将一国经验和国际领导机构的决议教条化，有时要求各国共产党的工作以某一国共产党的活动为转移。在反倾向斗争若干问题上混淆甚至颠倒敌我界限和是非界限等，是它比较突出的缺点和错误。

学思之窗

1. 中国革命与共产国际有着千丝万缕的联系，我们应该如何评价共产国际对中国革命作出的贡献？

2. 中央机关迁驻广州，中间经历了不少波折，从这些波折中，我们能感悟到中国共产党什么样的精神品质？

中共三大胜利召开

扫二维码
听音频

“当年，毛泽东同志总结革命斗争经验，把统一战线、武装斗争、党的建设概括为克敌制胜的‘三大法宝’，为我们党取得新民主主义革命胜利发挥了重要作用，至今依然发挥着重要作用。”

——2021年2月20日习近平总书记在党史学习教育动员大会上的讲话

经过紧张的筹备，1923年6月12日至20日，中国共产党第三次全国代表大会在广州东山恤孤院后街31号（现恤孤院路3号）召开。陈独秀、李大钊、毛泽东、蔡和森、陈潭秋、恽代英、瞿秋白、张国焘（后叛党）、李立三、项英等来自全国各地及莫斯科的代表不少于40人出席大会，他们代表了全国420名党员。共产国际代表马林参加了会议。

大会的议程主要有三项：一、讨论党纲草案；二、讨论同国民党建立革命统一战线问题；三、选举党的中央执行委员会。会议的中心议题是讨论国共两党合作、建立革命统一战线的问题。

陈独秀主持会议并代表第二届中央执行委员会作报告，总结中共二大以来的工作情况，特别是京汉铁路工人大罢工的经验教训，着重阐明中国共产党同国民党建立联合战线的必要性。马林作了关于国际形势与国际工人运动的报告，瞿秋白作了关于出席共产国际第四次代表大会的报告，各地区代表报告了本地区的工作情况。代表们就共产党员以个人身份加入国民党、建立革命统一战线的问题进行了热烈的讨论。陈独秀、马林认为全体共产党员和产业工人都应参加国民党，并主张“一切工作归国民党”，以此推动国民革命运动。张国焘、蔡和森等强调保持共产党的独立性和加强党对工人运动的领导，反对全体共产党员特别是产业工人加入国民党。经过激烈争论，大会接受共产国际关于共产党同国民党合作的指示，决定采取党内合作的形式同国民党建立联合战线，同时规定了保持党在政治上的独立性的一些原则。大会通过了《关于国民运动及国民党问题的议决案》《中国共产党第三次全国代表大会宣言》等文件。

大会选举陈独秀、蔡和森、李大钊、谭平山、王荷波、毛泽东、朱少连、项英、罗章龙等9人为中央委员，邓培、张连光、徐梅坤、李汉俊、邓中夏5人为候补中央委员。由陈独秀、蔡和森、毛泽东、罗章龙、谭平山（后由于谭调职，改为王荷波）5人组成中央局，陈独秀为委员长，毛泽东为秘书，罗章龙担任会计，负责中央日常工作。

中国共产党第三次全国代表大会在广州召开

中共三大根据马克思列宁主义的策略原则和共产国际的指示，结合中国革命的具体情况，充分发扬民主，在分析中国社会矛盾和明确中国革命性质的基础上，正确解决了建党初期党内在国共合作问题上存在的重大分歧，统一了全党的认识，正式确定了共产党员以个人身份加入国民党，与国民党进行党内合作的策略方针，使共产党能够团结一切可以联合的力量，共同完成反帝反封建的民主革命任务，为国共合作的建立和大革命的到来，做了思想上、理论上和策略上的重要准备。

中共三大背景简介

党成立初期，决定“不同其他党派建立任何联系”。共产国际出于苏俄安全考虑，希望国共实现合作。1922年4月，参加远东各国共产党及民族革命团体第一次代表大会的代表回国后，向中共中央汇报了此次大会的精神，促使党初步认识到建立革命联合战线的必要性。6月15日，中共中央发表第一次《中国共产党对于时局的主张》，表示愿与国民党等革命的民主党派建立联合战线。7月，中共二大通过《关于“民主的联合战线”的决议案》，改变党的一大不同其他党派建立联系的主张，决定和其他党派建立民主革命联合战线。8月29日至30日的西湖会议，进一步加深了党对与国民党合作的认识。此后，李大钊、陈独秀、张太雷等少数党员先后加入国民党。1923年初，二七惨案发生，京汉铁路工人大罢工爆发，促使党认识到，反帝反封建必须团结一切可以团结的力量，联合孙中山领导的国民党。在这样的背景下，为尽快确立国共合作的革命联合战线，中共中央决定召开第三次全国代表大会。

学思之窗

1. 中共三大是中国共产党历史上非常重要的一次大会，我们应该如何认识这次大会的主要贡献？

2. 一百多年过去了，中共三大为当前我们以中国式现代化全面推进中华民族伟大复兴带来哪些有益的现实启示？

毛泽东第一次进入中国共产党的领导核心

扫二维码听音频

“讲政治是具体的，‘两个维护’要体现在坚决贯彻党中央决策部署的行动上，体现在履职尽责、做好本职工作的实效上，体现在党员、干部的日常言行上。战争年代，党中央和毛主席用电台指挥全党全军，‘嘀嗒、嘀嗒’就是党中央和毛主席的声音，全党全军都无条件执行。”

——2019年7月9日习近平总书记在中央和国家机关党的建设工作会议上的讲话

毛泽东是中国人民衷心爱戴的党和国家的卓越领袖，他的崇高地位是在历史和实践的检验中逐渐确立起来的。早在1923年6月的中共三大上，他就以卓越的工作能力和领导才华进入了中国共产党的领导核心。

1921年8月，参加完中共一大的毛泽东回到长沙后，一面着力发展和培养党员、建立湖南党组织，一面又着力发动工人运动。到1923年初，经过一年多工人运动的锻炼，毛泽东已经成长为一个老练的革命家，他在领导和发动工人运动中的出色表现，引起了党的领导人陈独秀的重视。1923年1月，陈独秀在着手筹备党的三大时，便决定调毛泽东到中共中央工作。1923年4月，毛泽东安排好湖南党组织的工作以后，离开湖南赶赴上海。

不久，由于工作需要，毛泽东又会同共产国际代表马林等先期到达广州，和陈独秀、李大钊、张国焘（后叛党）、谭平山等人为中共三大做准备工作。这是毛泽东第一次来广州。

中共三大的中心议题是讨论国共两党合作、建立革命统一战线的问题。对于这一点，毛泽东是有思想准备的。4月离开长沙时，他在湖南自修大学举办的《新时代》创刊号上发表文章，提出共产党和一些“非革命的民主派”都将同“革命的民主派”国民党合作，以“成功一个大的民主派”。到广州后，他在《向导》上发表文章，又提出对中国革命的基本看法，强调“只有建立严密的联合阵线，这个革命才可以成功”。可见，毛泽东是主张国共两党建立革命联合战线的。

青年毛泽东

在中共三大上，各与会代表对国共要不要合作并没有什么异议，但围绕合作的具体组织形式发生了激烈争论。张国焘认为，工人阶级只能在自己政党的旗帜下进行革命，不同意全体共产党员特别是产业工人加入国民党，认为这一行动将消除共产党的独立性，也不同意在劳动群众中发展国民党组织。张国焘的这一观点成为会议争论的焦点。

毛泽东在发言中依据湖南工人运动经验，论证了工人加入革命统一战线的重要性，认为：大批工农加入国民党，正可以改造它的阶级成分，和资产阶级建立联合阵线，共同完成民族民主革命。毛泽东还指出，湖南工人数量很少，国民党员和共产党员更少，可是漫山遍野都是农民，因而任何革命，农民问题都是最重要的，应该把广大农民发动起来。毛泽东的这番话，给与会代表留下了深刻印象。据中共三大代表、当时被选为中央候补执委的徐梅坤生前回忆："毛泽东坚持了党的独立自主原则，又坚决主张实行国共合作，建立统一战线……毛泽东态度是严肃的，斗争最激烈时，毛泽东还站起来发言。"

经过讨论，会议通过了以党内合作的方式，确定共产党员以个人身份加入国民党，但保持组织的独立性。大会通过了毛泽东负责起草的《农民问题决议案》等文件，选举陈独秀、蔡和森、毛泽东、罗章龙、谭平山为中央局成员，陈独秀为中央局委员长，毛泽东为中央局秘书。根据规定，"秘书负责本党内外文书及通信及开会之责任，并管理本党文件。本党一切函件须由委员长及秘书签字"。这是毛泽东第一次进入中国共产党的领导核心，这时他30岁，刚好是而立之年。

民主革命时期毛泽东三次到广州情况简介

民主革命时期，毛泽东曾三次到广州，总共在广州生活工作了18个月左右。第一次是1923年到广州出席中共三大，时间约3个月。1923年4月，毛泽东经上海来到广州，参与筹备中共三大。同年7月底（至迟8月初），因中央机关迁回上海，遂离开广州前往上海；第二次是1924年到广州出席国民党一大，时间约1个月。1924年1月，毛泽东在广州出席国民党一大。2月中旬，在参加国民党一届一中全会后，被派赴上海国民党执行部任职；第三次是1925年9月中旬至1926年11月上旬，在广州国民党中央党部任职，时间约1年零2个月。这次在广州，毛泽东的活动主要有：作为广州国民党中央的候补执行委员，坚决反击西山会议派分裂活动，筹备国民党二大；代理国民党中央宣传部部长，大力整顿部务，推进国民革命的宣传工作，创办《政治周报》，批驳戴季陶主义；担任第六期广州农民运动讲习所所长，为培养农运干部、领导全国农民运动、推进北伐战争做了大量工作，为后来开辟农村包围城市的革命道路准备了条件。

学思之窗

1. 虽然中共三大在与国民党合作的方式上有争论，但是当中共中央作出决议后，全体党员都坚决执行，说明中国共产党具有什么样的宝贵优点？

2. 从毛泽东领导湖南运动的出色成绩和中共三大上的令人印象深刻的发言中，我们可以领悟到青年毛泽东哪些人格魅力？

中共三大代表高唱《国际歌》

扫二维码
听音频

“一百年前，中国共产党的先驱们创建了中国共产党，形成了坚持真理、坚守理想，践行初心、担当使命，不怕牺牲、英勇斗争，对党忠诚、不负人民的伟大建党精神，这是中国共产党的精神之源。”

——2021年7月1日习近平总书记在庆祝中国共产党成立100周年大会上的讲话

“这是最后的斗争，团结起来到明天，英特纳雄耐尔，就一定要实现！”这是《国际歌》的一句中文歌词，很多人耳熟能详。这首歌曲的中文歌词译者，是中国共产党早期著名领袖瞿秋白。

1920年9月，已在北京俄文专修馆学习了3年的瞿秋白未及毕业就谋到了一份差事——以北京《晨报》和上海《时事新报》特约记者的身份担任驻莫斯科记者。瞿秋白告别了亲友，和两位同伴踏上了北去的列车。到达哈尔滨后，由于战事激烈，列车受阻，瞿秋白一行滞留在哈尔滨。11月7日这天，瞿秋白应邀参加庆祝活动，第一次听到苏俄朋友们唱《国际歌》：“满腔热血沸腾，拼死一战决矣。”“写得太好了！”瞿秋白心中暗暗赞叹。1923年初，瞿秋白结束在苏俄的考察，回国后主要从事党的宣传工作，并协助编辑中央机关刊物《向导》。工作之余，他就时常想起在苏俄时无处不闻的《国际歌》。当时

《国际歌》的歌词在中国已有3种译文，但都不大确切，不能上口歌唱。为了使《国际歌》能成为中国广大劳苦群众的歌曲，瞿秋白决定根据《国际歌》曲谱重新配译中文歌词。

为翻译这首歌，在北京的寓所，瞿秋白终日守着一架风琴，以便弹奏。他对照原文，一字一句地推敲。为了使词曲完美配合，瞿秋白没有意译。他直接将原文写到谱子上，尽可能使词曲和谐地融为一体。他一边翻译，一边弹唱，苦心斟酌，但译到法文“国际”一词时，遇到了难题。“国际”在汉语中只有两个字，而外文却是长长一串音节。最终，他用音译的办法，解决了这一难题：“英特纳雄耐尔就一定要实现！”《国际歌》译成后，他对朋友曹靖华说过：“‘国际（英特纳雄耐尔）’这个词，在西欧各国文字里几乎是同音的，现在汉语用了音译，不但能唱了，更重要的是唱时可以和各国的音相一致，使中国劳动人民和世界无产者得以同声相应，达到万口同声、情感交融的效果。”几经修改，《国际歌》歌词就这样第一次被完整、准确地翻译了出来并与曲谱相得益彰。这是瞿秋白对《国际歌》的创造和贡献，从此以后，《国际歌》在中国社会上传唱起来，直到今天，我们还是唱“英特纳雄耐尔就一定要实现”。

1923年6月20日，中共三大最后一天，与会代表到黄花岗烈士墓举行悼念活动。在七十二烈士墓前，由瞿秋白指挥，大家高唱会议期间刚学会的《国际歌》。这样，中共三大就在《国际歌》的歌声中胜利闭幕。从此，在党的全国代表大会闭幕式上唱《国际歌》，成为传统，一直延续到今天。在这首歌的激昂旋律的鼓舞下，中国共产党冲破千难万险，不断发展壮大，阔步走向胜利。瞿秋白留下的《国际歌》中文歌词以及他为中国革命作出的重大贡献，在我们心中留下了永久的记忆，闪耀着永恒的光辉。

瞿秋白简介

瞿秋白（1899—1935），生于江苏常州，中国共产党早期主要领导人之一，伟大的马克思主义者，卓越的无产阶级革命家、理论家、文学家和宣传家，中国革命

中共三大代表高唱《国际歌》

文学事业的奠基者之一。1922年春，加入中国共产党。1923年，主编中共中央机关刊物《前锋》，参加编辑《向导》。1925年1月，当选为中共中央局委员。1927年5月，当选为中共中央政治局委员。同年6月，任中共中央政治局常委。大革命失败后，1927年8月至1928年7月，任中共中央临时政治局委员、常委、主席。1928年7月，在六届一中全会上当选为中共中央政治局委员。1934年，任中华苏维埃共和国第二届中央执委会委员、中央执委会主席团成员、人民教育委员会委员、中华苏维埃共和国中央办事处教育部部长等职。1935年2月，在福建省长汀县被国民党逮捕。6月18日，在福建长汀西门外罗汉岭下，从容就义，年仅36岁。牺牲前，用俄文高唱《国际歌》，高呼：“中国共产党万岁！中国革命胜利万岁！共产主义万岁！”在刑场对刽子手微笑点头说：“此地甚好！”随即饮弹洒血。

学思之窗

1. 瞿秋白即将被敌人杀害之时，高唱《国际歌》走向刑场，展现出中国共产党人什么样的气概？

2. 《国际歌》的歌词，是无产阶级火热斗争的生动写照，其中“英特纳雄耐尔”一词，我们应该如何正确理解？

开启党内民主集中制新风

“民主集中制是我们党的根本组织原则和领导制度，是马克思主义政党区别于其他政党的重要标志。这项制度把充分发扬党内民主和正确实行集中有机结合起来，既可以最大限度激发全党创造活力，又可以统一全党思想和行动，有效防止和克服议而不决、决而不行的分散主义，是科学合理而又有效率的制度。”

——2018年12月25至26日习近平总书记在中央政治局民主生活会上的讲话

“民主”“自由”等很多青年人今天热衷讨论的词语，早已不是什么新鲜的事物。可是，究竟什么是“民主”，什么是“自由”？恐怕有些人就认识不清楚了。早在中国共产党诞生的那个年代，就已经对“民主”“自由”这些话题有过很激烈的争论。中国共产党的一个伟大之处，就在于能够博采众长，创造性地发展出建立在“民主”“自由”基础上的民主集中制，形成了“又有集中又有民主，又有纪律又有自由，又有统一意志又有个人心情舒畅生动活泼”的局面。民主集中制的最早实践，就出现在中共三大上。

中共三大共持续9天，大会鲜明地展现出党的优良作风，体现了党的民主集中制原则，这是中共三大带给我们至今看来都非常重要的启示。

中共三大的代表具有广泛代表性。当年参会的代表中，有来自各地的工人、知识分子、军人，首次有女性代表参会。正是参会代表具有广泛代表性，为代表们充分表达各自的观点、发扬党内民主团结、最终制定对党的建设意义深远的决策奠定了基础。

批评与自我批评是中国共产党的三大作风之一。中共三大开幕当天，陈独秀代表第二届中央执委会作报告。作为党的最高领导人，他承认自己“由于对时局的看法不清楚”“犯了很多错误”，并在会上带头检讨缺点，反思原因。这在当时的历史条件下是十分难得的。

在讨论共产党人加入国民党的问题上，各位代表各抒己见。虽然共产国际和马林、陈独秀等人已经明确主张必须实行国共合作，但大会并没有把这些指示和意见强加于人，而是展开了认真讨论。代表们充分发表看法，甚至发生了争论，这在党史上是少有的。讨论的结果严格贯彻了少数服从多数的原则，

中国共产党第三次全国代表大会会址

以21票赞成、16票反对、3票弃权，决定共产党员以个人身份加入国民党。同时，通过了《中国共产党第三次全国大会宣言》《关于妇女运动的决议案》《关于青年运动的决议案》《关于农民问题的决议案》《关于国民运动及国民党问题的议决案》《中央执行委员会组织法》《中国共产党党纲草案》等多个文件和决议。这些文件进一步完善了党的制度建设，为党的迅速发展壮大和扩大影响创造了条件，在党的建设和发展史上具有重要地位，如中共三大通过的《中国共产党中央执行委员会组织法》，是党成立后的第一部中央组织法，首次以法规条文的形式规定中共中央的组织结构、职权分工和工作制度。其中明确规定“执行委员会之一切会议，须由委员长与秘书召集之”“中央执行委员会及中央局之一切决定，以多数取决，但召集临时全党大会之议决，须以三分之二的多数取决”。这些规章鲜明地体现了党的民主集中制原则。直到今天，党的重要会议仍然坚持着这些制度，其科学性日益显示出来。

大会在选举中央执行委员会时，代表们充分发扬民主团结的作风，实事求是作出了选择。蔡和森在会上坚决反对陈独秀的意见和共产国际代表的指示，但在选举中央执行委员会时，仍以37票高票（总计40票）当选。这说明，与共产国际代表和党内最高领导人“唱反调”，并没使他受到打击和排斥，与会代表也没有因为意见不同而排斥和反对他人。

中共三大展现出党的优良作风，开启了党内民主集中制新风，对中国共产党的发展、中国革命的发展、中国近现代历史的发展都产生了深远影响，有着不可磨灭的历史功绩。

民主集中制简介

《中国共产党章程》规定，民主集中制是民主基础上的集中和集中指导下的民主相结合，基本原则包括：（1）党员个人服从党的组织，少数服从多数，下级组织服从上级组织，全党各个组织和全体党员服从党的全国代表大会和中央委员会。（2）党的各级领导机关，除它们派出的代表机关和在非党组织中的党组外，都由选举产生。（3）党的最高领导机关，是党的全国代表大会和它所产生的中央委员会。党的地方各级领导机关，是党的地方各级代表大会和它们所产生的委员会。党的各级委员会向同级的代表大会负责并报告工作。（4）党的上级组织要经常听取下级组织和党员群众的意见，及时解决他们提出的问题。党的下级组织既要向上级组织请示和报告工作，又要独立负责地解决自己职责范围内的问题。上下级组织之间要互通情报、互相支持和互相监督。党的各级组织要按规定实行党务公开，使党员对党内事务有更多的了解和参与。（5）党的各级委员会实行集体领导和个人分工负责相结合的制度。凡属重大问题都要按照集体领导、民主集中、个别酝酿、会议决定的原则，由党的委员会集体讨论，作出决定；委员会成员要根据集体的决定和分工，切实履行自己的职责。（6）党禁止任何形式的个人崇拜。要保证党的领导人的活动处于党和人民的监督之下，同时维护一切代表党和人民利益的领导人的威信。

学思之窗

1. 代表们通过激烈争论，最终确立了共产党员以个人身份加入国民党的决定。请思考：为什么采取这种合作方式？

2. 民主集中制是我们党的根本组织原则和领导制度，我们应该如何正确理解“根本”二字的深刻涵义？

帮助国民党改组的俄国人

“基层党组织是贯彻落实党中央决策部署的‘最后一公里’，要坚持大抓基层的鲜明导向，抓紧补齐基层党组织领导基层治理的各种短板，把各领域基层党组织建设成为实现党的领导的坚强战斗堡垒，充分发挥广大党员在改革发展稳定中的先锋模范作用。各级党组织要提高政治领导力、思想引领力、群众组织力、社会号召力，把广大人民群众紧紧团结在党的周围。”

——2020年6月29日习近平总书记在主持十九届中央政治局第二十一次集体学习时的讲话

人们在学习和研究中国共产党早期革命时，总是会提到共产国际。1919年3月，共产国际在莫斯科正式成立，它在指导欧美各国无产阶级政党进行革命斗争的同时，也密切关注中国等亚洲国家的革命运动情况。从1920年春开始，共产国际曾先后派出一些代表到中国指导革命，其中就包括在帮助国民党改组方面作出一定贡献的鲍罗廷。

中共三大结束之后，为使国民党能适应国民革命运动发展的需要，必须尽快对其进行改组。改组前，国民党活动范围基本局限在狭小的上层社会，缺乏下层群众工作的开展；另外，国民党组织只在广东、上海、四川、山东等少数省、区和海外存在，影响非常有限。

国民党改组是一个十分复杂的问题，它涉及整顿组织、制定党的纲领、确定党的奋斗目标、明确与共产党合作的政治基础等问题。直到1923年下半年，国民党还没有制定出一个明确的革命纲领。如果这些问题解决不好，国民党的改组和国共合作就是一句空话。孙中山对此也十分焦虑。恰在此时，莫斯科和共产国际派来了鲍罗廷。

1923年10月6日，鲍罗廷到达广州后与孙中山会面。初次会见，鲍罗廷对孙中山说："我们的政策是促进国民革命，我们已指示中国共产党去集中地搞国民革命，而不是共产主义。"鲍罗廷这番话，让孙中山吃了一颗定心丸。鲍罗廷还分析了孙中山多年屡战屡败、党务不能发展的原因：一是党内缺乏组织；二是党军分离；三是党的基础不稳。他向孙中山提出要以党治军，加强军队政治宣传等建议。孙中山频频点头，心悦诚服，当即表示愿与苏联合作。鲍罗廷表示支持，并允诺给予武器、军需的优惠及军事、政治专家的支持。孙中山非常满意。

米哈伊尔·鲍罗廷

鲍罗廷第一次会见孙中山就获得孙中山的完全信任，为其以后工作的开展打下了良好基础。不久后，孙中山任命鲍罗廷为国民党组织教练员，令他协助自己完成国民党改组事宜。鲍罗廷在充分听取各方意见的基础上，提出改组国民党的五项建议：一是按国民党党纲改组；二是制订党章；三是组织坚强的领导核心；四是尽快召开国民党全国代表大会；五是必须使每个代表懂得该做什么和怎样做。这五项建议最终要达到三个目的：一是参酌俄共经验帮助孙中山改组国民党；二是使国共发生组织上的关系，即促成国民党容纳共产党；三是鼓励国民党从事反帝斗争。

孙中山对鲍罗廷的建议很赞赏。不久，鲍罗廷就受命起草国民党组织法及党纲、党章等重要文件。1924年1月初，中共中央和中国社会主义青年团中央举行联席会议，商定了关于国民党改组的几个基本原则，决定力劝孙中山召开改组国民党的会议。1月14日，国民党中央对一大宣言草案进行讨论，鲍罗廷解释了宣言内容。尽管这个宣言还不完全令人满意，但总算有了一个大家可以接受的文件。

1924年1月中旬，作为国民党一大“精神生命”的《中国国民党第一次全国代表大会宣言》草案基本拟定。大会通过了由鲍罗廷起草、共产党人修改、孙中山审定的以反帝反封建为主要内容的宣言，重新解释了三民主义，确定了联俄、联共、扶助农工三大政策。鲍罗廷和中国共产党人为国民党一大宣言的产生作出了重要贡献，它标志着国共两党合作正式建立。

鲍罗廷简介

米哈伊尔·鲍罗廷（1884—1951），俄国布尔什维克党最早的党员之一。1923年9月，被派到广州，任共产国际驻中国代表及苏联驻广州政府全权代表，被孙中山任命为国民党组织教练员，之后任国民党中央执行委员会、政治委员会顾问，为孙中山的得力助手。1925年，国民政府在广州成立，鲍罗廷被任命为政治顾问。1926年12月，随国民政府迁往武汉，大力推动反英运动，指责“农民运动过火”。1927年，四一二反革命政变之后，遭到国民党南京政府通缉。7月，离开武汉。10月，经蒙古回苏联。之后曾任苏维埃劳动人民委员、英文《莫斯科新闻》主编，多次发表有关中国革命的演说和文章。1949年，受美国记者安娜·路易斯·斯特朗间谍案牵连入狱，被指为苏维埃政权的敌人，流放到西伯利亚。1951年5月，屈死于西伯利亚一个劳改营中。后来苏联为他恢复了名誉。鲍罗廷在促成国共合作、推动国民党改组方面作出了重要贡献，同时也由于实行妥协退让的右倾政策，给中国革命造成过严重伤害。

学思之窗

1. 不可否认，苏联派出的代表为中国共产党早期革命作出了一定的贡献。请思考：苏联为什么帮助中国开展革命？

2. 每个党员都必须编入党的一个支部、小组或者其他特定组织。如果我们是共产党员，我们应该为我们这个组织的建设作出哪些有益的工作？

第五章

统一战线：在斗争中求团结

国民党一大上的争锋

“中国共产党成立后，孙中山先生同中国共产党人真诚合作，在中国共产党帮助下，把旧三民主义发展为新三民主义，实行联俄、联共、扶助农工三大政策，改组中国国民党，推动北伐战争取得胜利，把反帝反封建的民主革命推向前进。毛泽东同志把三民主义纲领、统一战线政策、艰苦奋斗精神并称为孙中山先生‘留给我们的最中心最本质最伟大的遗产’，是‘对于中华民族最伟大的贡献’。”

——2016年11月11日习近平总书记在纪念孙中山先生诞辰150周年大会上的讲话

在国共两党共同推动下，1924年1月，国民党一大在广州召开。毛泽东作为湘区代表参加了大会。会议期间，他被指定为章程审查委员之一。在会上，毛泽东多次发言，除了就组织国民政府出版及宣传等问题发表意见外，针对国民党右派的观点，毛泽东及时声明了自己的主张，对维护革命联合战线起到重要作用。

实际上，国共建立党内合作关系，不仅在共产国际和共产党内一直有不同意见，国民党内的反对之声也从一开始就存在。在1923年11月，孙中山宣布解散上海国民党本部、听候改组决定时，国民党上海本部负责人谢持、张继等人就对改组国民党和联共表示反感。谢持甚至宣称“党中不可有党”。与此同时，广州的国民党元老也对国共合作表示不满。在孙中山发表《国民党改组宣言》不到几日的11月29日，国民党广东支部负责人邓泽如与林直勉等11人上书孙中山，“弹劾”共产党，反对国共合作。孙中山对这些言论作出批示加以说明，并对其进行劝解。

国民党一大召开时，右派元老们更是利用一切机会，反对国共合作。为了改变国民党长期以来存在的自由散漫的无组织状态，由鲍罗廷主持起草了《中国国民党章程》草案并提交大会审议。该章程草案共有12章86节，是国民党有史以来最为完备和严密的章程。章程专门写了“纪律”一章，规定凡是党员必须“恪守纪律”“遵守党章”“服从党义”。国民党一大在讨论该章程草案时，先是上海代表何世祯提出要在章程中增加禁止国民党党员加入其他政党的条文（1924年1月24日），继而在大会再次讨论章程草案时（1月28日），广州特别区代表方瑞麟旧话重提，要求在章程中加入“本党党员不得加入他党”的条文。

显然，广州代表方瑞麟是针对共产党、反对孙中山联共政策的。李大钊率先驳斥方瑞麟的谬论，诚恳地解释了共产党的做法，得到了廖仲恺等人的支持。在大会气氛有利于国共合作的情况下，毛泽东趁机发言说：“主席！主席！39号发言，本席主张停止讨论，即付表决。”结果，方瑞麟的提案被轻易否决了。29日，针对有人提出维护国民党右派比例的提案，毛泽东发言反驳说：“本党为革命党，凡利于革命的可采取，有害于革命的应摒弃。……本席根本反对备案，因为不能讨论，不能表决。”多数代表同意毛泽东的意见，大会没有通过这个提案。毛泽东在国民党一大上的表现，受到孙中山和一些国民党人士的赏识和注意。30日上午，在选举国民党中央执行委员和候补委员时，孙中山亲自拟定了一个候选人名单，交付大会表决，其中就有毛泽东。通过选举，毛泽东成为国民党中央候补执行委员。

中国国民党第一次全国代表大会简介

中国国民党第一次全国代表大会于1924年1月20日至30日在广州举行，共产党员李大钊、谭平山、毛泽东、瞿秋白等20多人参加了会议。大会审议并通过了《中国国民党第一次全国代表大会宣言》草案，对三民主义作出新解释，确定了联俄、联共、扶助农工的三大政策，成为国共合作的共同纲领。会议通过了《中国国民党章程》，确认了共产党员以个人身份加入国民党的原则。大会选举产生了中国国民党中央执行委员会，共产党员约占委员总数的四分之一。在随后召开的国民党一届一中全会上，廖仲恺、谭平山、戴季陶被推选为中央执行委员会常务委员，并决定成立国民党中央党部。在中央党部各部门任重要职务的共产党员有：组织部部长谭平山，农民部部长林伯渠，工人部秘书冯菊坡，农民部秘书彭湃，组织部秘书杨匏安。中国国民党第一次全国代表大会的召开，标志着国民党改组的完成和第一次国共合作的正式形成。

学思之窗

1. 作为国民党的领袖，孙中山在中国革命中发挥了什么样的作用？

2. 在国民党一大上，面对国民党右派的进攻，共产党人李大钊、毛泽东等进行了积极的反击。我们能够从中学习到什么样的斗争艺术？

廖仲恺遇刺案

“在百年奋斗历程中，中国共产党高举大团结大联合的旗帜，不断巩固和发展最广泛的统一战线，团结一切可以团结的力量，调动一切可以调动的积极因素，发挥统一战线重要法宝作用，逐步确立‘长期共存、互相监督、肝胆相照、荣辱与共’的多党合作方针，发展社会主义协商民主制度和新型政党制度，领导和帮助各民主党派和无党派人士在坚持中国特色社会主义政治发展道路上积极发挥作用、不断发展进步。”

——2021年9月10日习近平总书记在党外人士座谈会上的讲话

民主主义革命时期，曾经发生过两次国民党著名领袖遇刺案，分别是1913年3月发生在上海的宋教仁遇刺案和1925年8月发生在广州的廖仲恺遇刺案。这两次事件的发生，都严重影响了中国革命局势的走向。在这里，让我们来了解一下廖仲恺遇刺案。

廖仲恺是孙中山革命事业的忠实追随者，在国民党内的威望一直很高。孙中山去世之后，廖仲恺忠实执行新三民主义，被国民党右派分子视为“亲共”“袒共”，对他极为敌视和排挤。国民党内“反共”的声音愈来愈强烈，右派分子阴谋除掉廖仲恺。

廖仲恺早有耳闻有人要刺杀他。在国民政府的一次会议上，有人给廖仲恺写了一张条子，告诉他有人将对他不利。廖仲恺当即表示：“为党为国而牺牲，是革命家的夙愿，何事顾忌！”被刺前一天，又有人以确切消息报告他，廖仲恺慨然道：“际此党国多难之秋，个人生死早置之度外，所终日不能忘怀者，为罢工运动及统一广东运动两问题尚未解决！”

1925年8月20日，早上8点多的时候，廖仲恺刚忙完一些公务，匆匆吃了点早餐，打算去参加9点在国民党中央党部（今广州市越秀区越秀南路89号中华全国总工会旧址纪念馆，当时叫惠州会馆）召开的国民党中央执行委员会会议。与他一同去的，还有国民党中央监察委员陈秋霖——二人是在路上遇到的，于是便让陈秋霖搭了顺风车。不久之后，廖仲恺、何香凝夫妇便与陈秋霖到了惠州会馆，并一同下车。何香凝是国民党中央妇女部部长，正巧在这里遇到了同是妇女部的刘家桐，便与对方攀谈了几句。在她们攀谈的时候，廖仲恺与陈秋霖一同向会馆里走去。

正当廖仲恺与陈秋霖走上会馆台阶的时候，两名刺客突然现身，举枪射向廖仲恺，几乎同一时刻，会馆内又跳出两名刺客。“砰砰砰”几声枪响后，廖仲恺身中数弹，与他同行的陈秋霖也中了一弹，倒在了地上。

一瞬间，何香凝有些恍惚，直到她身边的卫士也中枪倒下时，她才反应过来：“是刺客！”

何香凝大声呼救叫人，可没有一个人前来帮忙。她这才发现这天的党部有些不寻常：平常党部门前警卫森严，可是这天却空空如也，看不到警卫，何香凝只能眼睁睁地看着身边的卫士与刺客搏斗。

几番搏斗之后，有两名刺客还是逃跑了，另外两名刺客，一名当场被打死，还有一名被卫士抓到了。廖仲恺身中4弹，还没到医院便气绝身亡。他身边的陈秋霖在医院没过两天，也不治身亡了。

廖仲恺被刺身亡后，国民党左派力量受到极大削弱，难以形成对右派势力的有效制衡，故右派的反共活动不断猖獗。廖仲恺的牺牲是中国民主革命的重大损失，不仅使中国无产阶级失去了好朋友，也对国民党的联共政策和国共关系的走向产生了深远影响。

廖仲恺简介

廖仲恺（1877—1925），广东归善（今广东惠州）人，中国国民党左派领袖、中国近代民主革命家、中国伟大的爱国主义者、中国民主主义革命先驱、国民党左派的光辉旗帜、中国共产党的挚友。

早年留学日本，是最早介绍和探索社会主义问题的中国人之一。1914年，协助孙中山组织中华革命党。1919年10月，任中国国民党财政主任。1921年5月，任中华民国政府财政部代理总长，支持孙中山出兵讨桂和北伐。在1924年1月召开的国民党一大上，当选为海陆军大元帅大本营秘书长、国民党一大中央执行委员等职务，协助孙中山筹建黄埔军校，任该校党代表，被誉为“黄埔的慈母”。1923年3月，任陆海军大元帅大本营财政部部长。5月，任广东省省长。在平定商团叛乱、杨刘叛乱、北伐、东征等战役中起到重要作用，为巩固广东革命政权作出了巨大贡献。1925年，孙中山逝世后，坚定不移地贯彻执行三大政策，同年7月，中华民国国民政府成立，任财政部部长等职务。

学思之窗

1. 中国革命的伟大胜利是中国共产党和各革命阶级共同创造的。如何评价像廖仲恺这样的国民党左派对中国革命作出的贡献？

2. 实现中华民族伟大复兴是全体中华儿女的共同期盼，如何正确认识统一战线在凝聚民族力量中的重要作用？

周恩来惊险脱难

“此时此刻，我们深切怀念为中国革命、建设、改革，为中国共产党建立、巩固、发展作出重大贡献的毛泽东、周恩来、刘少奇、朱德、邓小平、陈云同志等老一辈革命家，深切怀念为建立、捍卫、建设新中国英勇牺牲的革命先烈，深切怀念为改革开放和社会主义现代化建设英勇献身的革命烈士，深切怀念近代以来为民族独立和人民解放顽强奋斗的所有仁人志士。他们为祖国和民族建立的丰功伟绩永载史册！他们的崇高精神永远铭记在人民心中！”

——2021年7月1日习近平总书记在庆祝中国共产党成立100周年大会上的讲话

廖仲恺遇刺后，在共产党人与各界群众的强烈要求下，汪精卫、许崇智、蒋介石组成“特别委员会”，全权应付时局。同时，成立了“廖案检查委员会”负责对案犯的侦辑与审讯工作。周恩来以共产党员的身份担任廖案检查委员会委员，亲自提审了被捕的刺客。

种种迹象表明，国民党右派与该案牵连甚大。鉴于国民党右派势力较大，国民政府想处理好此事，唯一可以依靠的就是刚组建的以共产党人为骨干的国民革命军第一军，该军的军长是蒋介石，并且他还担任黄埔军校校长、广州市卫戍司令及长洲要塞司令等职务。

1925年8月24日，蒋介石、周恩来、何应钦为“廖案”集会，并决定当天晚上进行戒严，组织兵力搜捕案犯，确定戒严的时间从晚上11时开始，还确定了内部联络口令。

晚上9时左右，周恩来匆忙赶回司令部，督察部队的戒严行动。给周恩来开车的司机，曾在洋人的工厂里做工，饱受洋人的歧视，自从给周恩来当司机后，周恩来的和蔼可亲深深打动了他。廖仲恺遇刺不久，他就对周恩来的安全十分负责，车与人同周恩来形影不离。

汽车在夜幕中疾驰在人影稀少的马路上，远处不时还传来枪声。当汽车驶达司令部所在地的街道，车灯照到司令部的大门时，门卫大声叫喊着“停车”。

开车的司机十分纳闷，明明是周恩来的汽车，怎么还让停下？汽车依然向大门驶去，这时门卫又大喊戒严的内部联络口令，周恩来的司机随即按原定口令作了回答，门卫听后便又大声喊叫起来：“不停车，就开枪了！”说着，门卫手中的机枪就响了起来。司机连中数弹，但还是赶紧把车调头开进一个小巷里，随即牺牲在驾驶座上。周恩来的随行卫兵也随着枪声倒下。周恩来在枪响的一瞬间，急忙把身子伏下去，才幸免于难。

汽车停下来后，周恩来才打开车门，一边大声高呼：“我是周恩来！”一边走下汽车。门卫们听到喊声后，才知道错打了政治部主任。他们一个个慌慌张张地涌向汽车，并急忙呼叫救护车。

这一次门卫的枪击，使周恩来差一点丢掉性命。事后才知道，原定当晚11时戒严，但后来蒋介石怕晚上的行动计划泄露，导致刺杀廖仲恺的凶犯逃跑，便急忙召集他的亲信，更改了原来的计划，将原定的时间提前了两个小时，同时又更改了内部联络口令。周恩来作为“廖案检查委员会”重要成员，蒋介石却没有通知他，也不知是不是故意的。时至今日，这仍然是个谜。

廖案处理情况介绍

廖仲恺被刺后，海内外为之震惊，各地纷纷举行追悼会。很多共产党人认为，这是国民党有计划的阴谋，这是反共的一个讯号。为给国民党右派有力的反击，共产党迅速展开了一场悼念廖仲恺、肃清内部反革命分子的群众运动。国民党也积极关注廖案的进展，发起了悼念廖仲恺的一系列活动，组织了有共产党员周恩来、杨匏安等人参加的“廖案检查委员会”，逮捕了林直勉、胡清瑞（胡汉民的哥哥）等暗杀廖仲恺的国民党右派主谋，驱逐了国民党右派分子胡汉民、许崇智等人，解除了粤军魏邦平、梁鸿楷部的武装，给国民党右派势力沉重的一击。但由于国民党在处理案件时的不彻底等各方面原因，导致国民党右派并未受到实质上的打击。这个时期的蒋介石，却借助廖案逼迫许崇智离粤赴沪，掌握了广东军权，进一步增加了军事实力，大大提升了在国民党中的地位。

学思之窗

1. 周恩来为中国革命作出了巨大贡献。请思考：大革命时期周恩来的贡献主要有哪些？

2. 老一辈革命家、革命烈士的崇高精神永远铭记在人民心中。这种崇高精神，对于激发青少年的爱国热情起到什么样的作用？

第一次国共合作破裂的前奏

“人格是一个人精神修养的集中体现。光明磊落、坦荡无私，是共产党人的光辉品格，也是干部应该锤炼的品质修养。要坚守精神追求，见贤思齐，见不贤而内自省，处理好公和私、义和利、是和非、正和邪、苦和乐关系。要立志做大事，不要立志做大官，保持平和心态，看淡个人进退得失，心无旁骛努力工作，为党和人民做事。”

——2019年3月1日习近平总书记在2019年春季学期中央党校（国家行政学院）中青年干部培训班开班式上的讲话

历史总是在曲折中艰难前进的，常常会发生一些难以预料的事情。1926年发生在广州的中山舰事件，是大革命时期国共关系发展中的一个转折点，对中国近代史的走向影响深远。

1926年3月，蒋介石制造了中山舰事件。事件发生后，毛泽东、周恩来、陈延年等共产党员主张有力回击。国民党左派汪精卫、李济深、邓演达等也对蒋介石的行为表示不满。3月21日，中共广东区委发出公开信，驳斥所谓“共产党有推翻国民党政府的阴谋”的谣言，并严正声明“共产党是努力于组织工农群众的，工农群众是国民政府的保障，是国民革命的基础”，强调“共产党绝不计因为敌人的造谣而放弃革命的工作”。3月30日，中共广东区委就中山舰事件发表《给国民党中央、国民政府、国民革命军及广东人民的一封公开信》，严厉驳斥帝国主义与反革命势力对共产党的种种造谣污蔑，揭露他们企图通过反共，达到“破坏联合阵线”的目的，并号召革命军人与群众“团结起来，共同奋斗，以达到我们的共同目的——打倒帝国主义与军阀，建立统一全国的国民政府”。在中国共产党的领导下，黄埔军校的革命学生在校内贴出措辞强烈的反对逮捕共产党员抗议书，并联络各方革命力量准备上街示威游行。

中山舰事件发生时，以布勃诺夫为团长的苏联使团正在广州考察。事件发生时，他们曾一度处于被软禁状态，但他们在事后既没有提出抗议，也没有打算进行反击，只是在3月20日下午派人去见蒋介石。蒋介石表示，发生的“一切都是违反他的心意的”，并“表示歉意”。3月22日上午，苏联驻广州领事馆派人去见蒋介石，询问这是个人问题还是对俄问题。蒋介石狡猾地回答说：“对人不对俄。”结果，在3月24日召开的会议上，苏联使团认为，中山舰事件发生的原因，是军事工作和总的政治领导方面的严重错误。因而提出要安抚蒋介石，要求中国共产党既必须维持统一战线，避免国共合作破裂，又不能越权，不能有任何过火行为。很明显，苏联代表团没有意识到中山舰事件的严重后果，对蒋介石采取了妥协退让的政策。

3月底，布勃诺夫在回国途中经过上海，向中共中央领导人陈独秀介绍了中山舰事件，暗示这一事件发生只是因听信谣言，并不是因为蒋介石反苏反共。在这一妥协退让方针的影响下，陈独秀也主张退让，并荒谬地认为中山舰事件的发生是由于“共产分子在国民党一切工作中都太过负责任”，他甚至称“蒋介石是中国民族革命运动中的一个柱石”。

苏联顾问团和陈独秀的意见，客观上刺激了蒋介石的野心，为后来国共合作破裂埋下了隐患。通过中山舰事件，蒋介石达到了一箭三雕的目的：第一，打击了中国共产党，把共产党员排挤出黄埔军校和国民革命军第一军，把第一军控制在自己手中；第二，打击了坚持孙中山三大政策的国民党左派；第三，向苏联施加了压力，迫使他们做出了让步。通过中山舰事件，蒋介石一跃成为国民党的铁腕人物，成为国民党党、政、军首脑人物。

中山舰事件简介

中山舰事件，又称“三二〇事件”，是蒋介石在广州制造的反共夺权事件。1926年3月18日，广州国民政府海军局代理局长、共产党员李之龙接命令派中山舰到黄埔听候派遣。当中山舰开到黄埔后，蒋介石却否认调舰命令。这时，又传出苏联顾问和共产党要劫持蒋介石的谣言。3月20日，蒋介石在广州实行紧急戒严，逮捕李之龙，监视和软禁大批共产党人，解除省港罢工委员会的工人纠察队武装，包围苏联领事馆，监视苏联顾问。

中山舰事件发生后，毛泽东、周恩来等提议对蒋介石采取强硬态度，中共广东区委负责人也主张给蒋介石以回击，但在广州的苏联布勃诺夫使团不赞成反击，认为左派力量不足以同蒋介石抗衡。陈独秀受其妥协态度影响，未能看清事件的本质和蒋介石的阴谋。在妥协政策的指导下，中共中央接受蒋介石的无理要求。

蒋介石通过中山舰事件，不仅打击了共产党，而且打击了国民党左派，大大加强了他在政治上、军事上的地位。这一事件成为大革命时期国共关系发展中的一个转折点。

学思之窗

1. 中山舰事件发生后，中国共产党没能及时识破蒋介石的阴谋，这说明了什么问题？

2. 人格是一个人精神修养的集中体现。蒋介石先阴谋制造中山舰事件，接着又“表示歉意”，促使我们不得不思考，我们应该陶冶什么样的人格修养？

言不由衷的表态

“勇于自我革命，是我们党最鲜明的品格，也是我们党最大的优势。我们党之所以有自我革命的勇气，是因为我们党除了国家、民族、人民的利益，没有任何自己的特殊利益。”

——2017年2月13日习近平总书记在省部级主要领导干部学习贯彻党的十八届六中全会精神专题研讨班上的讲话

第一次国共合作中，虽说国共两党共同的任务是反帝反封建，但由于中国共产党相对处于弱势地位，为了团结国民党，中国共产党不得不委曲求全地处理各种事情。

中山舰事件之后，为排挤共产党人、控制国民党，蒋介石在国民党二届二中全会上提出了《整理党务决议案》。国民党二届二中全会闭幕后，陈独秀才了解到《整理党务决议案》的具体内容，并且得知，根据规定，几位担任国民党中央党部部长的共产党员已经被迫辞职，他们的职位由已有明显右倾的国民党员接任，这一结果大大出乎陈独秀的预料。但由于共产国际代表鲍罗廷全权决定着对蒋介石的态度，陈独秀不得不对蒋介石妥协退让。

现实与思想认识的差距使陈独秀愕然、困惑。此时，他陷于深深的矛盾中。一方面，他意识到蒋介石接二连三对共产党进行打击，是因其有政治野心。随着共产党在国民党内的一步步削弱，国民党会逐渐右转，国共之间的矛盾和冲突也会越来越多。在这种情况下，他认为，共产党最好的选择就是退出国民党。另一方面，他又必须让共产党继续留在国民党内，而且还必须向以蒋介石为首的所谓“左派”让步，因为这是共产国际的明确要求。

在矛盾心态支配下，陈独秀在《给蒋介石的一封信》中，义正词严地驳斥了蒋介石污蔑共产党“阴谋”倒蒋，揭露了蒋介石想当国民党领袖的野心。但陈独秀又不得不表示，共产党绝没有倒蒋意图，对蒋介石仍然抱着“爱护”和“合作”的态度。同时，陈独秀指出，国共两党合作是必要的，至于两党合作的方式，或为党内合作，或为党外合作，原“无固定之必要”，以后也“可协商确定”。至于《整理党务决议案》，共产党则采取“无所干涉”态度。

这个发言是言不由衷的。一方面，《整理党务决议案》本来就是针对加入国民党的共产党人的，怎么能“无所干涉”呢？另一方面，党内合作是国共合作之初就确立的方式，怎么能说“可协商确定”“无固定之必要”呢？显然，陈独秀对国共合作产生了怀疑心理。

1926年5月23日，陈延年领导的中共广东区委发表了《对于中国国民党第二次中央全体会议宣言》，阐述了共产党的立场是“十分忠心于国民革命运动”，并认定“国民党是一个革命的党”，因而对其“十分爱护，而不使其受损失”。针对《整理党务决议案》，中共广东区委认为，由于“能减去国民党内疑虑与纠纷，而又于国民革命有所裨益”，故而未有异议。甚至对于《整理党务决议案》关于共产党员的决议，并不认为“包含着侮辱的含义”。

陈独秀与中共广东区委对于《整理党务决议案》的反应，反映着当时共产党人的态度。一方面，将帝国主义、军阀及其一切反动势力骂得狗血淋头，将国共之间的矛盾和纠纷归因于他们的挑拨、造谣、煽动；另一方面，极力表白共产党加入国民党的诚意，提出只要对国民革命有利、对革命团结有利，共产党可以做出牺牲和让步，对《整理党务决议案》没有异议。这种态度使不少共产党员无法及时正确认识蒋介石的反革命面目，为本来就乌云密布的国共合作增添了几抹阴云。

《整理党务决议案》简介

1926年5月15日，在召开的国民党二届二中全会上，蒋介石借口改善国共两党关系，扬言为避免“党内纠纷”，提出所谓消除误会的《整理党务决议案》，提出共产党员在国民党高级党部任执行委员的人数不得超过该党部全体执行委员的三分之一；共产党员不能担任国民党中央各部部长；加入国民党的共产党员名单须全部交出等要求。会前，蒋介石曾同鲍罗廷数次商谈，鲍罗廷根据联共（布）中央政治局的方针，在未同中共中央协商的情况下，同意了蒋介石的要求。出席国民党二届二中全会的中共党团成员，虽有意见，但受指导中共党团的张国焘（后叛党）的强迫，不得不接受，致使《整理党务决议案》顺利通过。于是，担任国民党中央部长和代理部长的共产党员谭平山、林伯渠、毛泽东等只得辞职。蒋介石当上国民党中央组织部部长兼军人部部长，随后又当上国民党中央常务委员会主席和国民革命军总司令。蒋介石的权力迅速膨胀，一手控制了国民党、国民政府和国民革命军的大权。

学思之窗

1. 陈独秀的右倾机会主义是大革命失败的主观原因，《整理党务决议案》被提出后，陈独秀妥协退让的原因是什么？

2. 阶级立场是中国共产党的根本立场。面对凶残的敌人，我们应该怎么做才能守护好党和人民的根本利益？

饮茶粤海未能忘

“统战工作是全党的工作，必须全党重视，大家共同来做。各级党委要把统战工作摆在重要位置，各级党政领导干部要带头学习宣传和贯彻落实统一战线政策法规，带头参加统一战线重要活动，带头广交深交党外朋友。”

——2015年5月18日至20日习近平总书记在中央统战工作会议上的讲话

毛泽东一生结交的党外朋友很多，著名诗人、民主人士柳亚子便是其中之一。柳亚子性格率真自然，喜怒哀乐从不加以掩饰，因此往往引人侧目，周边的人际关系也搞得非常紧张。然而，在毛泽东的眼里，柳亚子却是一个“有骨气的旧文人”，人格“屹然独立”，是“人中麟凤”。毛泽东与柳亚子之间的友谊深厚，他们曾经在广州留下过一段“饮茶粤海未能忘”的故事。

1926年5月15日至22日，国民党二届二中全会在广州召开。毛泽东以国民党中央候补执行委员的身份出席，柳亚子以国民党中央监察委员的身份出席。在这次会议上，蒋介石抛出旨在限制共产党、意图由国民党右派独揽党权的《整理党务决议案》。《整理党务决议案》通过后，柳亚子十分焦急，他怎么也想不通，共产党竟然会接受这个明显排挤共产党、只有利于国民党右派和蒋介石大权独揽的东西。

会后，柳亚子找到曾有过交往的恽代英，希望恽代英找一个枪手暗杀蒋介石，恽代英当即反对说：“共产党相信群众，不重视个人，搞群众运动，不搞阴谋。”

柳亚子见说不动恽代英，便又约见毛泽东。在柳亚子心中，毛泽东是一位坚决反击国民党右派的斗士。他想，毛泽东一定会同意他的看法，于是便约毛泽东到一家茶楼叙谈。

二人见面，寒暄过后，柳亚子就问毛泽东对《整理党务决议案》的看法。毛泽东坦诚相告，他并不赞成这个东西，他说：“以妥协求团结，则团结亡。3月20日事变（中山舰事件），我就主张联合你们左派和其他可以联合的力量，给蒋介石以回击。”

“你们这样一退再退，等到蒋介石羽翼丰满，你们是要吃苦头的。你们为何不找个枪手杀了蒋介石，以除后患。”柳亚子提出了曾向恽代英提出过的建议。毛泽东回答说：“我们共产党人从来不主张暗杀，不相信个人的力量。”柳亚子没想到，毛泽东的回答几乎与恽代英完全一样。毛泽东不等柳亚子反应，接着说：“不过，我们不希望你所顾忌的那个局面出现，但即使出现了，我想我们还是有办法的。谁反对革命，不管他一时多么猖狂，都免不了要灭亡。中国革命的成败并不在乎一两个人的革命或反革命。中国80%以上的人口是农民，中国革命的关键是解决农民问题。”毛泽东还说：“蒋介石他若背叛革命，就必然背叛农民。他也许能得逞一时，但最终吃苦头的是他，不是我们。”

柳亚子听了这一席话，回想起之前毛泽东发表的题为《中国社会各阶级的分析》的文章，一向自负的他都对带着浓重湖南口音、身材有些像北方人、比自己年轻6岁的毛泽东极为佩服，并被他对中国社会的透彻了解及其理论修养所折服。

这次茶楼会谈，毛泽东给柳亚子留下了极为深刻的印象。会谈结束后，两人在很长一段时间内没能再次见面。直到1945年和1949年，他们才第二次和第三次重逢，每次重逢时，柳亚子都提到这次会谈。在第三次重逢时，柳亚子作了《感事呈毛主席》诗，毛泽东以一首《七律·和柳亚子先生》回赠，第一句就以“饮茶粤海未能忘”回忆了两人首次见面的场景，描绘出朋友之间的美好情谊。

柳亚子简介

柳亚子（1887—1958），江苏吴江黎里镇人，中国近现代政治家、民主人士、诗人。坚定的国民党左派人士，中国共产党路线方针政策的积极拥护者。

1903年参加中国教育会，后入同盟会和光复会。1905年，创办《复报》。1909年，创办南社。曾与宋庆龄、何香凝等从事抗日民主活动。曾任中国国民党中央监察委员、上海通志馆馆长、中国国民党革命委员会中央常务委员兼监察委员会主席、三民主义同志联合会中央常务理事、中国民主同盟中央执行委员等职务。1949年，出席中国人民政治协商会议第一届全体会议。中华人民共和国成立后，曾任中央人民政府委员、全国人大常委会委员，此后任政务院文教委员、华东行政委员会副主席、中央文史馆副馆长等职。他写下了大量声情激越、意气风发的诗词，计有诗7000余首、词200首。著有《柳亚子自传年谱》《磨剑室诗词集》《磨剑室文集》《南社纪略》，编有《南社丛刻》《苏曼殊全集》《柳亚文集》等。

学思之窗

1. 中国共产党不搞阴谋暗杀，说明共产党人具有什么样的品质？

2. 俗话说，朋友多了路好走。请思考：朋友之间应该建立什么样的友谊，感情才能长久？

从“点头之交”到“革命战友”

“统一战线工作做得好不好，要看交到的朋友多不多、合格不合格、够不够铁。多不多是数量问题，合格不合格、够不够铁是质量问题。俗话说：‘一人为仇嫌太多，百人为友嫌太少。’交朋友的面要广，朋友越多越好，特别是要交一些能说心里话的挚友诤友。”

——2015年5月18日习近平总书记在中央统战工作会议上的讲话

郭沫若与毛泽东、瞿秋白等人关系非常密切，他们在广州还曾发生过很多有趣的故事。

1926年3月，郭沫若受瞿秋白、林伯渠的邀请，到广州的广东大学（今中山大学）担任文科学长。

一日，郭沫若前去拜访林伯渠，不巧林伯渠没在家。郭沫若没有料到的是，林伯渠家里还有另一位客人在等候着，那就是时任国民党中央代理宣传部部长的毛泽东。那个时候，毛泽东已在风起云涌的革命大潮中崭露头角，而郭沫若在文坛上也是人人皆知。此刻，这两位青年才俊在林伯渠书房会面，不能不说是一件快事。

初次会面，毛泽东的外貌给郭沫若留下了深刻印象，多年以后郭沫若在《创造十年续篇》中写道：“太史公对于留侯张良的赞语说：‘余以为其人计魁梧奇伟，至见其图，状貌如妇人好女。’吾于毛泽东亦云然。”郭沫若还对毛泽东的声音作了评价。在他看来，当时的中国革命党人大多心如烈火、声如洪钟，很少有人能够轻声细语地说话，而毛泽东操着一口湖南方言，用轻细声音与自己交谈，甚至让他有些听不清说话的内容。由于毛泽东的方言口音实在太重，郭沫若一句话里只能听懂两三个词汇。直到这次会面结束，郭沫若这才反应过来，毛泽东跟他谈的大概是广东地区农民运动现状。

其实，在这次见面过后，二人只能够算是“点头之交”。直到几天之后，二人再次见面，才进一步加深了革命友谊。

第二次见面，是毛泽东为了邀请郭沫若给农讲所的学员授课，亲自到郭沫若家中拜访。郭沫若爽快地答应了毛泽东的邀请。此后，他们两个人经常在一起讨论对革命形势的看法。

1926年7月9日，北伐战争正式开始。郭沫若也参加了北伐军。当北伐军攻占武汉三镇后，国民政府也迁都武汉。郭沫若时任北伐军总政治部副主任、秘

中山大学

书长。而毛泽东在武汉任全国农民协会总干事，主持中央农民运动讲习所的工作。由于当时政治部工作“偏重在农民运动方面”，因而他们之间不但在工作上密切配合，而且个人友谊也更加深厚了。

1927年4月12日，蒋介石在上海发动反革命政变，汪精卫紧随其后于同年7月15日在武汉发动反革命政变。一时间国民党反动派到处逮捕、屠杀共产党员和革命群众。毛泽东和郭沫若的处境变得十分危险，这对好朋友不得不在武汉依依惜别。

“润之，此次分别，我们不知道什么时候还会再次相见啊！”郭沫若握着毛泽东的手依依不舍地说道。

“鼎堂兄，我们的革命事业只是暂时进入了低谷期。我们的理论是先进的，我们的同志是勇敢的，就凭这两点，我们的革命就一定会成功！”许多年后，毛泽东在给郭沫若的书信中提及“武昌分手”之事，仍然难忘那段深厚的革命友谊。

郭沫若简介

郭沫若（1892—1978），四川乐山人，中国近现代作家、诗人、历史学家、考古学家、社会活动家。早年留学日本，先学医，后从文。1918年，开始新诗创作，五四运动时期发表新诗《女神》等，成为新诗奠基人。1924年后接触马克思主义理论，倡导革命文学。1926年参加北伐战争，任国民革命军总政治部副主任。1927年，参加南昌起义，在起义部队南下途中参加中国共产党。1928年，因受蒋介石通缉而旅居日本，从事中国古代史和古文字学的研究工作。1937年抗日战争全面爆发后，归国参加抗战，在上海主办《救亡日报》，组织文化宣传队、战地服务团赴前线劳军。这一时期创作了《屈原》《虎符》《孔雀胆》等历史剧和战斗诗篇《战声集》。中华人民共和国成立后，历任中央人民政府委员、政务院副总理、文化教育委员会主任、中国科学院院长、中国科学技术大学校长、中国文联主席、中日友好协会名誉会长等职。曾任中共第九至十一届中央委员，第一至五届全国人大常委会副委员长，第一、二、三、五届全国政协副主席。1978年6月12日，在北京逝世，终年86岁。有《郭沫若全集》行世。

学思之窗

1. “读不在三更五鼓，功只怕一曝十寒。”郭沫若曾用这句话来勉励自己加强学习，谈一谈郭沫若这句话对我们有什么启发？

2. 人生路上，我们避免不了要与形形色色的人打交道。我们应该多交一些什么样的朋友，才能促使我们更好地成长和进步？

南石头监狱中的“熊雄之火”

扫二维码
听音频

“敢于斗争是我们党的鲜明品格。我们党依靠斗争走到今天，也必然要依靠斗争赢得未来。开启全面建设社会主义现代化国家新征程，立足新发展阶段、贯彻新发展理念、构建新发展格局，面临的风险和考验一点也不会比过去少。年轻干部要自觉加强斗争历练，在斗争中学会斗争，在斗争中成长提高，努力成为敢于斗争、善于斗争的勇士。”

——2021年3月1日习近平总书记在2021年春季学期中央党校（国家行政学院）中青年干部培训班开班式上的讲话

1927年4月12日，蒋介石在上海发动反革命政变，向昔日的盟友共产党举起了屠刀。4月15日，广东国民党当局也发动了反革命政变，共产党员纷纷被捕，熊雄作为黄埔军校内最大的“共产分子”，处在了斗争的风口浪尖上。军校代校长方鼎英找熊雄谈话，一再劝其出国。熊雄义正词严地斥责蒋介石的反革命行为，表示“要将一腔热血洒在黄埔岛上”。他提出即使要走，行前也要与军校师生讲一次话，要“光明磊落地走”。

次日早晨，面对全校师生，熊雄勉励大家恪守孙中山遗嘱，将国民革命进行到底。会后，熊雄被大家送到码头，登上汽艇。汽艇驶至珠江江心时，忽然“机件失灵，停下检修”，国民党反动派随即登艇将熊雄秘密逮捕。

熊雄

熊雄一到南石头监狱，自觉时日无多，便争分夺秒继续斗争，为党工作。当时被关在南石头监狱的有黄埔军校学生、知识分子、工农活动分子等，大都是20岁左右的革命分子和进步青年，大家都有一种说不出来的不安和恐怖情绪，觉得年轻轻的就这样无声无息地死去，十分惋惜，同时对国民党反动派的野蛮屠杀表示非常愤慨，甚至有的人在睡梦中也会惊叫起来。

熊雄利用早晚放风的短暂时间，与被囚禁的黄埔军校学生交谈，告诉他们干革命总会有牺牲，要团结起来争取出狱，革命必将胜利，要学会与敌人作斗争。他把监狱看作“革命者的学校”，鼓励大家坚决斗争。他对难友们说：“现在要杀，他不会杀你们，要杀也是杀我这样的人，我都不怕死你们怕什么。”熊雄这种对党忠诚、顽强斗争的大无畏精神，极大地鼓舞了同狱难友的斗志和信心。有难友受到鼓舞，说道：“我们来到黄埔，干什么的呀？干革命的，干革命怕什么？团结好，活下去，与外面取得联系。”监狱内的不安情绪、恐怖情绪，甚至某些动摇情绪，逐步被消除。革命意志、坚持斗争意识和为革命而牺牲的信念逐步在加强。

5月17日晚上，点名提审时，熊雄被叫了名字，他意识到敌人要对他下毒手了，便镇定自若地对狱友们说：“好，我走了，我们永别了。”临行前，熊雄视死如归，高呼“打倒新军阀蒋介石！”“打倒国民党反动派！”“共产主义万岁！”

熊雄在南石头监狱被杀害后，他的遗体被国民党反动派用麻袋包裹，沉入珠江。但狱友们在他的鼓励下仍然坚持斗争。

熊雄虽然牺牲了，但他在黄埔军校点燃的熊熊革命之火永不熄灭，他在生命的最后时刻，仍坚持团结狱友与敌人进行斗争，不忘为党的革命事业贡献力量的精神永远值得我们学习。

熊雄简介

熊雄（1892—1927），江西宜丰人。早年参加辛亥革命，加入中华革命党。1919年，到法国勤工俭学。1920年，与友人赵世炎、李立三等人在巴黎组织劳动学会。1921年，参加旅法勤工俭学学生为争取工作、学习、生活等权利组织的“2月28日请愿活动”。1922年3月，离开法国，转赴德国留学。同年6月，加入旅欧中国少年共产党，不久转为中共党员。1923年3月，与赵世炎、王若飞、陈延年、陈乔年等人受中共旅欧支部派遣，到苏联莫斯科东方大学中国班学习。1925年9月回国，分配到黄埔军校任政治大队副队长。10月，参加讨伐陈炯明的第二次东征，任东征军指挥部政治部秘书长，协助政治部主任周恩来工作。1926年1月，调任黄埔军校政治部副主任，主持政治部工作，同时参加中共广东区委军委工作，是中国共产党在黄埔军校的主要负责人之一。1927年被捕后牺牲，终年35岁。1984年8月，聂荣臻元帅写下“熊雄烈士永远活在我们心中”条幅，以缅怀熊雄烈士。

学思之窗

1. “熊雄烈士永远活在我们心中。”我们应该怎么做，才能让熊雄烈士的英雄气概永续传承？

2. 理想信念犹如人生灯塔，我们应该树立什么样的理想信念，才能更好地战胜前进过程中的艰难险阻？

第六章

农民运动：星火燎原寻道路

点燃农民运动的星星之火

扫二维码
听音频

"要广泛依靠农民、教育引导农民、组织带动农民，激发广大农民群众积极性、主动性、创造性，投身乡村振兴，建设美好家园。"

——2020年12月28日习近平总书记在中央农村工作会议上的讲话

第一次国共合作开始后，从1924年7月到1926年9月，国民党中央农民部在广州举办了6届农民运动讲习所（以下简称"农讲所"）。虽然以国民党的名义举办，实际上这6届农讲所都是由中国共产党领导的，为中国革命培养了大批农民运动骨干，点燃了农民运动的星星之火。其中，1926年5月至9月举办的第六届农讲所，由毛泽东担任所长。在大革命时期国共合作的特殊历史条件下，毛泽东以国民党中央候补执行委员和国民党中央宣传部代理部长的身份，精心培养中国农民运动的骨干。与之前各届相比，第六届农讲所不仅在教师阵容上最强，而且在招生规模上也最大，培养的农民运动骨干最多，影响也最深远。

农民占中国人口的绝大多数，农民的向背关系着革命的成败。毛泽东是最早关心农民问题、最早提出农民问题重要性的党的领导人之一，他出生在农村，对农民的疾苦有切身体验和深刻了解。毛泽东从事农民运动，就是从在广州主持农民运动讲习所开始的。

在担任第六届农讲所所长期间，毛泽东聘任了萧楚女、彭湃、周恩来、

毛泽东同志主办农民运动讲习所旧址

阮啸仙、恽代英、赵自选等20多名教员，师资力量雄厚。学员来自全国20个省区。原定学生名额300人，后增收27人，中途因为疾病或其他原因退学的有9人，最后毕业学生为318人。

毛泽东为培养农民运动干部付出了大量心血，作出了重要贡献。一是亲自设计教学规划、拟定教学课程。确定课堂教学共13周、252课时，开设有中国农民问题、农村教育、帝国主义等25门课程，并编写《中国农民问题》《农村教育》两部讲义。二是亲自系统讲授革命理论、传播马克思主义。毛泽东亲自讲授农民问题、农村教育、地理3门课程，明确提出“农民问题乃国民革命的中心问题”等一系列重要观点，为后来的“农村包围城市”等战略思想打下坚实基础。在教学中，他善于采用通俗易懂、群众喜闻乐见的语言传授阶级分析的方法，运用中国的传统文化和民族语言宣传马克思主义理论。三是非常注重引导学员研究实际问题。毛泽东曾带领学员多次开展社会调查，亲自修改调查材料并将其编进《农民问题丛刊》，供全国各地从事农民运动的人员参考。四是重视提高学员的社会实践能力和政治素养。毛泽东曾亲自带领50名学员到韶关地区实习一个星期，考察当地农民运动的情况；还组织学员赴海丰实习两个星期，深入革命的农民群众中，考察当地农民的组织和生活。在毛泽东的推动下，第六届农讲所学员在广州还参加了五四运动纪念大会、马克思诞辰纪念大会、援助英国工人大罢工大会、纪念沙基惨案一周年反帝示威游行、北伐誓师大会等活动。毛泽东还非常重视培养学员的军事素养，经常组织他们去附近的东较场开展军训。

学员毕业后，奔赴全国各地、深入广大农村，以担任各级农民运动特派员、成立农民协会、建立农民自卫军、积极建立和发展党团基层组织等各种方式积极投身农民革命运动实践，领导农民开展反帝反封建斗争，点燃了农民运动的星星之火，推动着全国革命运动迅猛发展。许多学员在农讲所加入中国共产党、中国共产主义青年团或由团转党，极大地推进了马克思主义的中国化时代化，推动了中国革命的进程。农讲所在中国革命史、中共党史和党的干部教育史上具有重要意义。

广州农民运动讲习所介绍

1924年7月，为了培养农民运动骨干、开展全国性农民运动，在彭湃等人倡议下，农民运动讲习所应运而生。在广州农讲所共举办6届，第一、二届在惠州会馆（今越秀南路89号）举办，第三、四、五届在原东皋大道1号举办。彭湃担任第一届和第五届农讲所主任，罗绮园（后叛党）、阮啸仙、谭植棠分别担任第二、三、四届主任。1926年5月，第六届农讲所迁到番禺学宫（今中山四路42号）举办，毛泽东任所长，这届办学时间最长、规模最大、人数最多。由于第一届至第六届的农讲所地处广州，故这一时期的农讲所又被统称为“广州农民运动讲习所”。北伐军占领武汉后，1927年3月至6月，在毛泽东倡议下创办了武昌中央农民运动讲习所。广州农民运动讲习所共培养800多名学员，为中国革命培养出一批重要骨干，有力地促进了全国农民运动的发展。

学思之窗

1. 有人认为，广州农民运动讲习所的重要性堪比黄埔军校，没有它就没有井冈山革命根据地和红军。我们应该如何理解这种观点？

2. 要实现中华民族伟大复兴，最艰巨最繁重的任务依然在农村。作为新时代的青少年，我们应该怎样为农村发展作出自己的贡献？

农讲所学员的知心朋友

扫二维码
听音频

“思政课要在传播马克思主义立场、观点、方法的基础上用好批判的武器，直面各种错误观点和思潮，旗帜鲜明进行剖析和批判。任何社会任何时期都会有各种问题存在，要教育引导学生正确看待、辩证认识、理性分析现实问题，辨明大是大非、真假黑白，在对社会假恶丑现象的批判中弘扬真善美。要坚持问题导向，学生关注的、有疑惑的问题其实也就几大类，要把这些问题掰开了、揉碎了，深入研究解答，把事实和道理一条条讲清楚。”

——2019年3月18日习近平总书记在学校思想政治理论课教师座谈会上的讲话

在主持第六届农讲所期间，毛泽东非常重视学员的思想教育和军事技能培训。他一有空就同学员促膝谈心，了解学员思想情况。很多学员回忆，他既是学员的师长，又是学员的知心朋友，他有的是甘当小学生的谦虚态度，毫无架子，和蔼可亲，学员们都很乐意接近他。

为加深学员对武装斗争的深刻认识，毛泽东坚持以武装的革命反对武装的反革命的思想引导学员。他用通俗易懂的语言告诉学员，搞革命就要刀对刀、枪对枪，要推翻地主武装，必须建立农民自己的武装。他还说，农民占中国人口的大多数，但是现在他们没有武装，中国革命还不能成功，必须把农民组织起来，建立农民协会，建立农民武装。毛泽东关于搞革命就要刀对刀、枪对枪的武装斗争思想深刻影响着学员们。这对于日后学员们毕业回到各地，迅

毛泽东和农讲所学员

速组织农民建立革命武装，向着封建地主阶级及反革命武装展开刀对刀、枪对枪的斗争发挥着重要指引作用。

毛泽东知道，搞革命光靠思想觉悟是不够的，还必须让学员具备较高的军事素养。因此，为了使学员毕业后回到农村能文能武，成为农民武装斗争的组织者和指挥者，毛泽东坚持把军事训练作为学员的重要学习内容。在毛泽东的指导下，学员每天都会进行各种严格的训练。清晨，军号声一响，学员们就起床，在5分钟内穿好军装、戴好军帽、打好绑腿、背起“汉阳造”步枪，精神抖擞，歌声嘹亮，到东较场进行操练。学员还经常到附近的黄花岗、白云山等地进行徒手队列操练，学习射击、刺杀和各种战术动作。在军事演习时，不论是在沼泽地还是在荆棘丛中前进，只要一听到“卧倒”的命令，就要立即卧倒。学员们掌握基本动作以后，就到位于广州石井的广东兵工总厂进行实弹射击。通过严格的军事训练，学员的军事素养大大提升。

毛泽东还十分关心学员的生活问题。他有时在学员饭堂里和学员一起吃饭，了解学员的伙食情况。开始的时候，伙食不好，他发现是因为事务主任有贪污行为，就坚决把事务主任辞掉了，然后发动学员轮流值日外出采购，伙食大有改善。为了照顾南北方学员的不同饮食习惯，在毛泽东的倡议下，饭堂伙食分为吃面和吃大米两组。为了照顾少数民族学生的饮食习惯，饭堂还专设有回族学员用餐的桌席。

虽然毛泽东当时是中共中央执行委员会委员，在国民党中央也担负重要职务，但他的生活却非常简朴，身上穿的是粗布衫，住宿兼办公用的是一间小小的东耳房，睡的是用两条长凳架成的木板床，上面铺着陈旧的草席和白被单。床尾放着一对湖南式的方形竹箱，里面盛放衣物，上面堆放书报杂志。室内还有几把木椅和一张办公桌，桌上放着笔墨砚台之类的文具。就在这样一间陈设极其简陋的小小耳房里，毛泽东夜以继日、孜孜不倦地工作和学习。为了备课、批阅学员的习作，为了编写指导全国革命斗争的刊物，为了劳苦大众的解放事业，毛泽东在这里不知送走了多少个漫漫长夜，迎来多少个战斗的黎明。

毛泽东住宿兼办公用的房间

毛泽东简介

毛泽东（1893—1976），字润之，湖南湘潭人。中国人民的领袖，伟大的马克思主义者，伟大的无产阶级革命家、战略家、理论家，中国共产党、中国人民解放军和中华人民共和国的主要缔造者和领导人，马克思主义中国化的伟大开拓者，近代以来中国伟大的爱国者和民族英雄，是党的第一代中央领导集体的核心，是领导中国人民彻底改变自己命运和国家面貌的一代伟人，是为世界被压迫民族的解放和人类进步事业作出重大贡献的伟大国际主义者，毛泽东思想的主要创立者。在毛泽东的领导和毛泽东思想指引下，中国共产党领导全国各族人民，经过长期的反对帝国主义、封建主义、官僚资本主义的革命斗争，取得了新民主主义革命的胜利，建立了人民民主专政的中华人民共和国；中华人民共和国成立以后，顺利地进行了社会主义改造，完成了从新民主主义到社会主义的过渡，确立了社会主义基本制度，发展了社会主义经济、政治和文化。因毛泽东担任过的主要职务绝大多数为主席，所以被人们尊称为“毛主席”。毛泽东是现代世界历史中最重要的人物之一，《时代》杂志将他评为“20世纪最具影响100人”之一。

学思之窗

1. 在主持第六届农讲所期间，毛泽东为什么能成为广大学员的知心朋友？

2. 毛泽东是中国人民的伟大领袖，作为青少年，我们应该用什么样的方式来热爱、缅怀他？

农讲所里的萧楚女

"青年是常为新的，最具创新热情，最具创新动力。党和人民事业发展离不开一代又一代有志青年的拼搏奉献。只有当青春同党和人民事业高度契合时，青春的光谱才会更广阔，青春的能量才能充分迸发。"

——2022年5月10日习近平总书记在庆祝中国共产主义青年团成立100周年大会上的讲话

乍一听"萧楚女"这个名字，很多人都误以为她是位楚楚动人的女子。其实，他是一位阳刚之气十足的男子。

一个男人为何会叫如此女性化的名字？原来，萧楚女早年在《大汉报》和《崇德报》任编辑时，经常以笔代枪，化名"楚女"撰写时评文章，揭露帝国主义侵略中国的罪行。"楚女"是他常用的笔名，来自爱国诗人屈原的"忽反顾以流涕兮，哀高丘之无女"的诗句，据朱熹《楚辞集注》中的释义，"女，神女，盖以比贤君也"。萧楚女以"楚女"作笔名，是借屈原的诗来表达自己的爱国抱负。

1926年1月，萧楚女来到广州，先后担任国民党中央宣传部干事兼阅览室主任、黄埔军校政治教官等职。国民党中央农民部成立农民运动委员会后，萧楚女任委员。农民运动委员会举行的第一次会议决定，由毛泽东担任第六届农民运动讲习所所长，萧楚女担任专职教员。

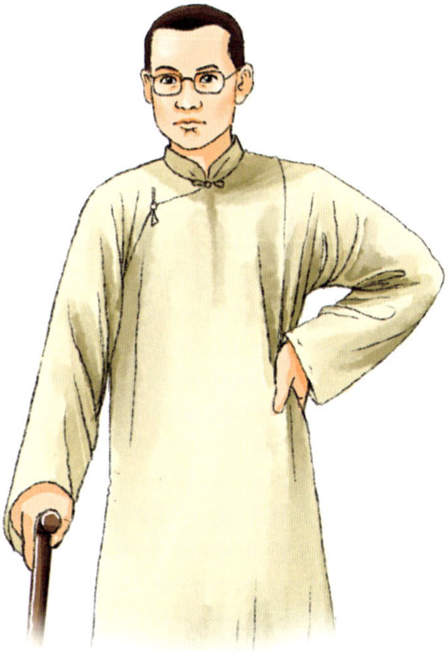
萧楚女

到农讲所工作后，萧楚女坚持理论联系实际的原则，为农讲所学员设置了25门课程，他本人负责帝国主义、中国民族革命运动史、社会问题与社会主义等课程的讲授工作。在授课之余，萧楚女还常常深入学员中参与讨论，从国内外的重大事件到马列主义的名词解释等方方面面的问题，他都能回答得深入浅出，深受学员喜欢。为帮助学员深入了解各省农村的真实情况，萧楚女协助毛泽东把农讲所学生按照籍贯分成13个农民问题研究会，并指导学生进行实践研究、开展社会调研，调研成果后来编印进了《农民问题丛刊》，为指导全国各地开展农民运动发挥了重要作用。

由于毛泽东身兼数职，工作繁忙，农讲所的很多工作实际上都交由萧楚女负责，繁重的工作让他本来就不好的身体雪上加霜。不久，萧楚女的肺病复发了，但他仍然坚持工作。有一次，他在讲课时突然吐血了，学员们赶紧搬来椅子请他坐下，劝他休息。萧楚女却坚决地说："同学们，你们想蜡烛不是能放光明吗？做人也要像蜡烛一样，在有限的一生中有一分热发一分光，给人以光明，给人以温暖。我是不能休息的。我少上一小时课，你们就要浪费好多小时。同学们，准备上课。"说完又以惊人的毅力，精神抖擞地继续给学员们讲课。尽管萧楚女坚持带病工作了一段时间，但由于病情恶化，还是不得不住院休养。

疾病摧残不了共产党人的坚强意志。萧楚女在卧病期间，依然十分关心农讲所的工作和学员们的学习情况。由于肺病，萧楚女非常虚弱，不能多说话，他就让学员们把疑难问题写在纸条上，他看过后一一在纸条上作答，再转交给学员。萧楚女带病坚持工作，展现了共产党人敢想敢干、积极进取、不怕困难的精神风貌，感染了很多学员。萧楚女把自己的人生观形容为“蜡烛人生观”。在这种精神的支撑下，他用一生全力燃烧了自己，照亮了别人，点燃革命火种，直至生命的最后一息。

萧楚女简介

萧楚女（1893—1927），湖北汉阳人，中国共产党早期青年运动领导人之一，中国共产党优秀理论家，中国青年的良师益友，《中国青年》杂志创始人之一。五四运动时，他撰文揭露北洋政府镇压学生爱国运动的罪行。1921年秋至1924年，先后在安徽、四川、重庆等地多所学校任教。1922夏，加入中国共产党。1924年9月，在成都、泸州、重庆开展青年团工作。1925年，在四川整顿青年团组织。8月，到河南担任中共豫陕区委宣传部部长，后主编中共豫陕区委机关报《中州评论》。1926年1月初，到广州，任国民党中央宣传部干事兼阅览室主任，协助代理部长毛泽东编辑《政治周报》。2月，被聘为全国农民运动委员会委员。5月，担任第六届农民运动讲习所专职教员。农讲所办学结束后，到黄埔军校任政治教官。1927年春，因过度劳累，肺病恶化，住进广州东山医院治疗。同年4月15日，被反动军警从病房拖走关进南石头监狱。4月22日，被秘密杀害。2009年9月，萧楚女被评为“100位为新中国成立作出突出贡献的英雄模范人物”之一。

学思之窗

1. 萧楚女虽然患病，却仍然坚持工作，从萧楚女身上，我们能够学习到什么精神？

2. 甘于奉献是中国共产党人的优良作风和光荣传统，我们应该为我们身边的人、为社会做哪些有意义的事情？

农民运动大王

扫二维码
听音频

“作为党的干部，就是要全心全意为人民服务，就是要诚心诚意为党和人民事业奋斗，就是要讲大公无私、公私分明、先公后私、公而忘私。如果连这一点都不讲了，我们党还是中国工人阶级先锋队吗？还是中国人民和中华民族先锋队吗？”

——2013年9月23日至25日习近平总书记在参加河北省委常委班子专题民主生活会时的讲话

说起中国共产党农民运动的领袖，想必多数人首先会想到毛泽东。但在中国共产党的历史上，彭湃曾被毛泽东称为“农民运动大王”，足见他在农民运动中的重要影响。

彭湃出生于地主家庭，家有“鸦飞不过的田产”。在日本留学期间，他的革命思想逐渐成熟。1921年5月，彭湃回国，不久后就加入了中国社会主义青年团，开始了革命之路。1922年5月，彭湃组织海丰学生举行了庆祝五一劳动节的盛大游行，但让他伤心的是，这次活动没有得到农民的支持。

对此，彭湃开始反思。有一次他向几个农民请教说：“我下乡去宣传，农民不理我，不愿意和我多谈点话，你们有何办法？”农民一听立马给出了答案：一是“农民不得空闲”，二是“先生的话太深”，三是“没有熟悉的人带你去”，再加上“面貌身体服装与农民不同”。彭湃马上改变了策略，他改

彭湃领导海陆丰农民运动

穿比较朴实的服装，不再到乡村去找农民搭话，而是“专找在农民往来最多的十字路中去宣传”。农民们到路口休息的时候，他就趁机和农民攀谈。经过努力，他的宣传工作初见成效。

一天，彭湃深入群众之中，见到一个农民，这个农民以为彭湃是来收账的，担心地问：“您是来收账的吗？”

彭湃连忙说：“不是，我是来帮你收账的。因为别人欠了你的账，你忘了，我特意来告诉你。”农民一听就懵了，历来只有自己欠别人的账，哪有别人欠自己的账，于是就问彭湃：“是谁欠了我的账？”

彭湃又说：“是地主，你辛苦劳作却不得温饱，地主什么也不做却不愁吃穿，你交的租就是他欠你的账。”农民一听，苦笑道：“这都是命，农民种地就要交租，我们祖祖辈辈都是这样的。”

彭湃又说：“我们商议一下怎么向地主讨账吧。”说完后，农民还是不信，于是急忙说：“我还有事，要忙了。”说完就急忙离开了。

虽然彭湃诚意满满，但彭家毕竟是地主家庭，所以群众总觉得彭湃说的是假的。面对这种情况，为了更好地发动群众，彭湃做出了一个大胆的决定，那就是“把家财拿出来从事农运活动”。然而，彭湃的举动遭到彭家其他人的坚决反对。彭湃没有气馁，做了很多沟通工作，最终，他的母亲和三哥、五弟开始支持他。之后，彭湃成立了秘密农会。

为了让更多人加入农民运动中，彭湃又决定把自家田地分给农民。彭家人为了防止家业全部“断送”在彭湃之手，提出分家。分家，正是彭湃所希望的，因为分家后，自己分得的田地就可以由自己做主，不再需要顾及多方，受到掣肘。

彭家分家后，彭湃就把自己名下的田地分给农民。他对大家说：“从此自耕自食，不必再交租子了。”农民一开始觉得彭湃不会真的把田地分给他们，但当看到彭湃当众把田契、租约烧毁时，他们终于相信了。

1922年10月，赤山约农会成立，这是海丰第一个正式农会。农会成立的那天，彭湃说：“天下如何才能太平？只有农民真正的当家做主，天下才能太平。”农会成立后，海丰农民纷纷加入。在彭湃的领导下，掀起了农民运动的新高潮。

彭湃简介

彭湃（1896—1929），中国无产阶级革命家，海陆丰革命武装和革命根据地创建人。广东海丰（今汕尾市海丰县海城镇）人，中国农民运动领袖，被毛泽东称为“农民运动大王”。出身于工商地主家庭。1921年，加入中国社会主义青年团。1922年7月，与5位农民组成全国最早的农民协会——六人农会。1923年1月，创建海丰县总农会，任会长。5月，任惠阳农民联合会会长。7月，任广东省农会执行委员长，起草《广东农会章程》。1924年4月初，抵达广州，转为中国共产党党员。5月，在广州参加团广东区第二次代表大会，当选区执行委员会委员。6月，开办农民运动讲习所，任第一届农讲所主任。1925年2月，赴东江参加东征。4月，在海丰成立中共海陆丰特别支部。10月，任海陆丰地委书记。1926年5月，主持召开广东省第二次农民代表大会，被选为第二届执委常务委员。1927年8月，参加南昌起义。10月，在广东海陆丰（今汕尾市）领导武装起义后，建立海丰、陆丰县苏维埃政府（中国第一个农村苏维埃政权）。1929年8月24日，在上海被国民党当局逮捕。8月30日，在上海龙华英勇就义，年仅33岁。2009年9月被评为“100位为新中国成立作出突出贡献的英雄模范人物”之一。

学思之窗

1. 彭湃把自己的家财和土地拿出来搞农民运动，体现出什么精神？

2. 彭湃开展农民运动首先勇于革自己的命，是勇于自我革命的典范。这启发我们，如果我们自身有不足之处，应该如何改掉缺点？

阮啸仙为民谋利

“江山就是人民、人民就是江山，打江山、守江山，守的是人民的心。中国共产党根基在人民、血脉在人民、力量在人民。中国共产党始终代表最广大人民根本利益，与人民休戚与共、生死相依，没有任何自己特殊的利益，从来不代表任何利益集团、任何权势团体、任何特权阶层的利益。”

——2021年7月1日习近平总书记在庆祝中国共产党成立100周年大会上的讲话

在中国共产党诞生初期，广东东江地区出现了三名为中国革命作出重大贡献的革命先驱，即阮啸仙、刘尔崧、黄居仁，史称“东江三杰”。其中，阮啸仙是中国共产党早期农民运动的杰出领导人。

阮啸仙在广东省立第一甲种工业学校读书的时候，就受到革命理念的启发和影响，思想逐渐活跃起来，萌发了改革社会的强烈愿望。随着年龄的增长，阮啸仙开始思考更多的社会问题，对劳动人民的痛苦深表同情，对地主豪绅的压迫与剥削则表示强烈愤慨。

有一年冬天，阮啸仙回到家中，帮父母收拾庄稼时，忽听到邻村一个穷人因还不起地主债务而悲愤自尽的消息，阮啸仙深感同情和震惊。

此时，阮啸仙的大哥早已成婚分了家，并接管了阮家全部家产。但他不仅没有照顾好阮家弟妹，而且还占尽父母和弟妹的便宜。更令人气愤的是，阮啸仙的大哥也像村里有钱人家一样，向穷人家放高利贷。阮啸仙知道此事后，非常气愤，来到大哥家，与他争辩，劝说大哥“不要放高利贷”，责怪大哥不该这样剥削穷人。然而，阮啸仙的大哥却不以为然，他狡辩说：“借债还息，天经地义。再说了，自古到今，有哪个人家借债不付息的？你不要管这么多闲事！”

阮啸仙十分气愤。他没想到，与自己一奶同胞的兄弟，也像那些地主老财一样，利用高利贷去剥削穷人。为此，他苦口婆心地劝告大哥说：“有困难的时候，为什么大家不互相帮衬一下呢？再说了，那些借你钱粮的人，都是小时候一起摸爬滚打的弟兄伙伴，他们有难时，你有钱有米本该接济一下他们，怎么还忍心收他们的高利贷？！”对于这些忠告，阮啸仙的大哥不但不听，反而讥讽阮啸仙“读书变蠢了”，斥骂阮啸仙是“书呆子”“败家子”，甚至骂急了，还差点抡起巴掌要扇打阮啸仙。

阮啸仙

大哥的行为，更加激起了阮啸仙的愤慨。阮啸仙暗下决心，誓与剥削穷人者势不两立！

后来，阮啸仙参加了工作，大哥曾去广州找他帮忙办事。得悉大哥在老家仍继续放高利贷盘剥穷人后，阮啸仙愤然不见，不愿与剥削穷人的大哥打交道。由于心中装着广大人民群众，阮啸仙在之后的革命斗争中，积极投身工农运动，始终致力于最广大人民群众的根本利益，在党的历史上和人民的心中留下了永不磨灭的光辉印记。

阮啸仙简介

阮啸仙（1897—1935），广东河源人，中国共产党早期党员之一，广东青年运动的先驱，大革命时期著名的农民运动领袖，第一任中央审计委员会主任，人民审计制度的创建者和奠基人。

1918年春，考入广东省立第一甲种工业学校机械科。1919年，在五四运动中参与组建广东中等以上学生联合会。1920年，在广州加入社会主义青年团，积极参加各种社会活动。1921年春，加入中国共产党广州早期组织。1922年，任社会主义青年团广东区委书记。1923年，出席中共三大，参与改组国民党，创办广州农民运动讲习所并任第三届主任。1926年，任中共中央农民运动委员会委员，后任中共广东区委农委书记。1928年，出席党的六大，当选为中央审查委员会委员，后任中华苏维埃共和国中央审计委员会主任等。1934年，任中共赣南省委书记兼赣南军区政治委员。1935年3月，在指挥突围战斗时壮烈牺牲于江西信丰安西镇，时年38岁。2009年9月被评为“100位为新中国成立作出突出贡献的英雄模范人物”之一。

学思之窗

1. 人的正确思想不会凭空产生，为什么青年时代的阮啸仙就能够产生为最广大人民群众谋利益的崇高思想？

2. 党的宗旨是全心全意为人民服务。习近平总书记号召广大青年“在为人民利益的不懈奋斗中书写人生华章”，我们怎样才能做到这一点？

广州农运史上的红星

“我们党成立以后，充分认识到中国革命的基本问题是农民问题，把为广大农民谋幸福作为重要使命，致力于使农民从政治压迫和经济剥削下解放出来。早在大革命时期，毛泽东同志就指出，‘农民是中国无产阶级的最广大和最忠实的同盟军’；‘农民问题乃国民革命的中心问题’。”

——2020年12月28日习近平总书记在中央农村工作会议上的讲话

“广州农运不能忘掉谢家祠”。北有农讲所，南有谢家祠。第一次国共合作时期，农民运动蓬勃发展。林宝宸早年曾跟随孙中山参加辛亥革命，后来接受了中国共产党的农运思想，在彭湃、阮啸仙、周其鉴等农运带头人的指导和帮助下，于1924年8月15日在芳村谢家祠组织成立了广州市郊一区农民协会，广州农运史上冉冉升起一颗耀眼的红星。

协会成立当天，附近各乡乃至花县等地都有农民代表前来参加大会，到会农民会员有上千人，来宾也有上百人。大会选举林宝宸为农会执行委员长，组建了农民自卫军。彭湃、阮啸仙等人亦赶来参加。彭湃在会上讲话，指明农民运动的发展方向，给农民群众以极大的鼓舞。后来，经由彭湃、阮啸仙等共产党员的组织发动，成立了中共广州市郊一区农民协会党支部。自此，广州市郊区农民运动开始进入有农会组织、有党的领导的新阶段，犹如星星之火，很快便燃成燎原之势。

广州市郊一区农民协会旧址

在林宝宸等人的积极宣传鼓动下，短短几个月，芳村、花地、涌口、招村、联合围一带的农民纷纷报名参加农会，会员人数很快由筹备时的十多人增加到一百多人。农民群众广泛开展反对土豪劣绅、拒交苛捐杂税、要求减租减息等各项斗争。林宝宸成为广州市郊区农民运动的主心骨。

林宝宸组织农会的举动，遭到联团总局局长彭础立等土豪劣绅的反对。他们派出民团到处抓人。林宝宸一点都不畏惧，仍然坚持斗争。一天，他正在干活，几个民团兵朝他大摇大摆走过来。林宝宸预料到对方来者不善，于是便对着他们大喊："你们要来抓人吗？快回去！你们敢来，我跟你们一命搏一命！"这突如其来的喊声，真的吓住了这伙欺软怕硬的狗腿子。他们知道林宝宸会武功，拳脚了得，谁也不敢上前去招惹他，只好灰溜溜地离开了。

彭础立虽然对林宝宸的革命行动恨之入骨，但又无可奈何。于是，就派人把林宝宸请来，对林宝宸说："你们组织农会，我们并不反对，但你们还是要缴禾更费，不要犯拒缴禾更费的罪名。你在农会里边担任职务，可以与我们合作，我们不会亏待你。"

林宝宸听后冷笑道："只要你们不收禾更费和其他苛捐杂税，不欺压农民，我们的农会也可以与你们合作。"说得彭础立无言以对。

事后，彭础立怀恨在心，扬言"不杀林宝宸，无以灭农会"。林宝宸听到后慨然地说："我决心为农民献身，我即使死了，农会还是会大发展的。"林宝宸不顾个人安危，领导农民群众到省政府请愿，要求撤销联团总局勒收的禾更费和加抽的苛捐杂税。这下，彭础立恼羞成怒，决定拿出巨款收买凶徒杀害林宝宸。

1924年12月13日下午，林宝宸正准备到一个农民兄弟家去喝喜酒，刚走出家门，凶徒从后面跟上来，叫喊道："林宝宸，彭局长叫你去总局开会。"随后，一排子弹打在他的身上。林宝宸喊出了最后一句话："农民兄弟，我死了，你们也不要缴禾更费！"他身中9弹，壮烈牺牲。

彭湃闻讯赶到后，抱尸痛哭："我失去了一只左手！"1925年8月12日，农会为林宝宸烈士举行了公葬，其遗体葬于红花岗（今广州起义烈士陵园）。

林宝宸简介

林宝宸（1881—1924），广东花县人。生于农民家庭，小时因耕地被地主霸占，随父迁至花县马溪乡，后移住广州市郊招村北外约。少年时期，深受太平天国运动影响。1911年，参加孙中山领导的推翻清政府的斗争。同年4月，参加黄兴领导的黄花岗起义，并加入"敢死队"。1913年秋，参加朱执信在广东策划的讨龙（济光）反袁（世凯）武装起义活动，失败后，携妻逃亡泰国，以卖云吞面为生。一年后回国，避迁到广州下芳村，租地主土地耕作，组织群众发动农民运动。1924年7月，在广州芳村谢家祠召开广州市郊一区农民协会成立大会，成立广州市郊区第一个农会，被选为该会执行委员长。同年，组织发动广州市郊农民请愿和示威游行，取得胜利。当地反动势力对他恨之入骨，1924年12月13日，遭到暗杀，时年43岁。

学思之窗

1. 毛泽东指出，农民是中国无产阶级的最广大和最忠实的同盟军，我们应该如何认识农民对中国革命作出的重大贡献？

2. 我们在日常生活和工作中，总是会遇见各种各样的烦恼。面对这些问题，我们应该如何从林宝宸身上学习到努力奋斗的勇气和动力？

一枚证章的见证

“消除贫困、改善民生、逐步实现共同富裕，是社会主义的本质要求，是我们党的重要使命。新中国成立前，我们党领导广大农民‘打土豪、分田地’，就是要让广大农民翻身得解放。现在，我们党领导广大农民‘脱贫困、奔小康’，就是要让广大农民过上好日子。”

——2015年11月27日习近平总书记在中央扶贫开发工作会议上的讲话

大家看到的这枚证章，是广东花县农民协会会员证章，它见证了花县农民运动的成长、发展、壮大。了解这枚证章背后的故事，能够让我们深刻了解到党领导的农民运动的生动实践。

广东花县县农民协会会员证章

花县是太平天国运动领袖洪秀全的家乡，是广东农民运动萌芽较早、影响较大的地区之一。第一次国共合作实现后，中共广东区委和国民党中央农民部派出彭湃、阮啸仙等党团骨干到农民运动基础较好的花县筹备农会、建立武装。1924年10月19日，花县农民协会在九湖乡王氏大宗祠正式成立。成立当天，会场非常热闹，农会会员胸前佩戴会员证章，高举犁头旗，会场内悬挂着马克思、恩格斯、列宁和孙中山等人的画像，会场内外贴满“农民团结起来”“工农联合起来”等标语。会议推举了7名执行委员，并选举王福三为副执行委员长。会议通过了实行“二五减租”和组织农民自卫军等决议，提出“一切权力属于农会”的口号，发表了《告全县农民兄弟书》，并制定《农会会员须知》作为会员的行动纲领。花县农民协会是广东省较早成立的县一级的农民协会。

仔细观察这枚证章，可以发现上面有个犁头，代表的是农民，指明花县农民协会的宗旨就是为农民争取权益、为农民服务，这是这枚证章的本质体现。这一点，通过花县农民协会及各村农会开展的反抗劣绅压迫、开展减租运动得以体现出来。

在反抗劣绅压迫方面，花县农会敢于顽强反抗土豪劣绅对农会工作的横加阻拦。农会有个会员，叫王锡禧，因为不守农会纪律，还经常串通地主，引起广大农会会员的强烈不满。农会在了解情况后，决定以协会纪律处罚王锡禧。在当时，花县有个由士绅地主组成的名叫“联护约”的组织，他们传讯农会，对农会处罚王锡禧横加阻拦。面对这种情况，王福三带领农会成员20余人，来到“联护约”办公处据理力争，指出处罚农会会员是本会纪律问题，士绅无权过问，更无传讯之理。驳得士绅们无言以对。这天正好是赶集日，100多名农民看到了这个场景，无不拍手称快，说：“今天农会为我们伸冤，是过去数千年从来没有过的。”事后还数次高呼“农民万岁！”。这件事让更多的农民认识到，农会真是为了农民的利益而成立的，激发了越来越多的农民加入农会。

在开展减租运动方面，花县农会敢于与地主阶级进行顽强斗争。为减轻农民的租金压力，花县农会决定以和平手段与地主阶级进行斗争，他们向田主提出了减租要求。1924年8月《广州民国日报》发表的《花县农会减租宣言》一文，把农民的成本和地主的成本列举出来，有理有据地说明地主应该减租，农民应该增加所得。宣言获得社会各界的广泛认同。通过斗争，地主同意了减租要求，农会斗争取得阶段性胜利。花县农会这一和平的斗争方式，在广东全省影响很大，有力地推动了广东国民革命运动的发展。

王福三简介

王福三（1887—1925），原籍系广州市郊花县二区九湖乡（今广州市花都区花东镇九湖村）人，革命烈士，出生于暹罗（今泰国）董里埠一个华侨家庭，9岁回国。1920年，接受马克思主义思想。同年底，回乡组织九湖乡自治会和九湖乡自卫农团，被选为自治会会长，积极从事农运工作。1923年，设立花县农民协会筹备处。1924年10月，被推选为花县农民协会副执行委员长兼第二区农民协会执行委员长，后建立农民自卫军，保护农民运动。同月，为平定商团叛乱、挽救全省危局作出重要贡献，受到周恩来的表扬。1925年1月，与国民党中央农民部特派员黄学增等人在九湖乡执行任务时，被反动民团杀害。9月26日，九湖乡召开公葬大会，参加者2000多人。会后，农会会员抬着灵柩，由农民自卫军护送，进行游行示威，最后将烈士遗体安葬于花县城东文笔岭（纱帽岭）。墓碑刻有“为农民利益而牺牲者王福三烈士之墓”，另一石碑刻有《王福三烈士史略》。1928年，烈士墓惨遭花县反动民团破坏。中华人民共和国成立后，花县人民政府将墓地重修。

学思之窗

1. 在旧中国，农民是受帝国主义、封建主义和官僚资本主义压迫最严重的阶级。请思考：究竟是什么原因让广大农民意志决绝地跟着共产党闹革命？

2. 人们常说，人民群众中蕴藏着无穷的智慧和力量，我们应该怎样从人民群众中汲取前进的智慧和力量？

花县农运领袖陈道周

“我们全面建设社会主义现代化国家，既要建设繁华的城市，也要建设繁荣的农村，推动形成工农互促、城乡互补、协调发展、共同繁荣的新型工农城乡关系。这只有在中国共产党领导和我国社会主义制度下才能实现。我们要通过实施乡村建设行动，深入开展农村人居环境整治，因地制宜、实事求是，一件接着一件办，一年接着一年干，把社会主义新农村建设得更加美丽宜居。”

——2021年8月23日至24日习近平总书记在河北承德考察时的讲话

在佛山市南海区松岗镇显纲村，穿过一条长长的窄巷，可以看到中共南海县委旧址。鲜红的党旗挂在房屋内显眼位置，两侧墙壁陈列着大量照片、资料，让人仿佛走进了时光隧道，回到了那段红色岁月。1927年初，祖籍花县的共产党员陈道周，被调到南海县开展革命活动，创建了中共南海县支部，并任第一任县委书记。在创建中共南海县支部之前，陈道周大部分时间都在花县工作，为花县农民运动作出了重要贡献。

1924年1月，国共两党合作的革命统一战线建立后，中共广东区委抓住有利时机，派出一部分党团员以国民党中央农民部特派员的身份，深入各县开展农民运动。5月，陈道周被委任为农民运动特派员，前往故乡花县发动群众，组织农民协会，开展反帝反封建斗争。

在花县，陈道周首先从平民教育入手，开办了一所农民识字班，将九湖、仙阁、广岭一带的农民组织起来学习。陈道周一边教农民识字、算数，一边讲解组织农民协会的好处。他常说："我们都是给地主耕田的，像奴隶一样。要是我们都联络起来，结成全县农民的大团体，那我们农民的力量就强大了，谁也不敢欺压我们了。"大家都认为陈道周说得很在理，纷纷参加农会，很快就成立了宝珠岗、元田、广塘等乡农会。陈道周把农民的事当成自己的事，不辞劳苦深入各乡村做宣传发动工作。当一些乡村发生农民与地主的纠纷案时，他总是深入现场了解情况，坚决维护农民利益，打击地主的不法行为。

花县农民运动的发展，使恶霸地主、劣绅坐立不安，他们成立"花县田主维持会"和民团总局，与农会对抗，并以花红悬赏，收买歹徒暗杀农会干部和会员骨干。在敌人的疯狂进攻面前，陈道周没有屈服，毅然表现出一个共产党员的无私无畏精神，他继续深入乡村为农民办事，开办农民识字班和农民宣传学校，启发农民的阶级觉悟，引导他们勇敢地起来与地主劣绅斗争。陈道周还教育大家说："敌人企图以谣言混淆人们的视听，搅乱我们的阵线，但决不能动摇我们的意志。"当听到地主劣绅扬言要杀死他时，他说："反动地主不是仇视我道周某人，而是仇视广大农民组织起来。你们不要怕，只要大家坚持斗争，胜利一定是属于我们的。再说，陈道周是杀不尽的，杀了我一个陈道周，还有千万个陈道周站起来。"许多农民都被他的这种不怕死、一心为农民谋利益的精神所感动，表示愿意支持农民斗争，跟着他与地主劣绅斗争到底。

1926年8月，花县反动民团总局在国民党右派势力支持下，勾结土匪，对花县农民协会发动蓄谋已久的武装袭击，制造了震惊全省的"花县惨案"。花县农民和农民自卫军被打死打伤100多人，近百间房屋被烧毁，2000多人流离失所，农会受到重创。

在困难面前，陈道周团结广大农民坚持斗争，他奔走于广州、花县之间，通过国民党中央农民部和中共广东区委农民运动委员会、省农会等有关部门，向社会披露花县惨案的真相，表达农民要求惩办民团匪徒、缉拿杀人凶手的强烈愿望。在陈道周的努力和社会各界的压力下，反动民团被迫与农会达成协议，进行赔偿和抚恤，农会也终于恢复了正常活动。

陈道周简介

陈道周（1899—1927），广东花县人。幼年丧父，十来岁便为生活所迫，离家到南海县五眼桥一间中药铺做杂工，后只身到广州谋生。1921年，中国共产党成立之后，经同乡介绍，考进中共广东支部开办的平民教育机构——建国宣传学校，通过学习革命道理，不断提高思想认识。1923年12月，加入社会主义青年团。1924年3月，发展团员3人，建立花县支部，开展农工运动。同年，由团员转为中共党员。1924年5月，被委任为农民运动特派员，前往故乡花县组织农民协会开展。10月，主持花县县农会成立大会。1925年9月，主持花县农民代表大会。1927年初，被调至南海县领导农民运动。四一五反革命政变发生后，组织成立中共南海县委，并担任县委书记。12月，参加广州起义，以市郊农军总指挥身份参加起义总指挥部参谋团召开的军事会议，在起义中负责攻占大沥、配合攻打石围塘的战斗，后被迫撤出战斗，在渡河时突然被赶至岸边的敌军射中，壮烈牺牲，年仅28岁。

学思之窗

1. 面对恶霸地主、劣绅倒行逆施的行为，陈道周仍继续开展各方面的工作，这启发我们，面对困难时，应该保持什么样的精神状态？

2. 支部强不强，关键看头羊。作为青少年，假如我们担任村党支部书记，应该怎么做，才能更好地带领广大村民实现共同富裕？

农运工作的佼佼者

“乡村振兴，关键在人、关键在干。必须建设一支政治过硬、本领过硬、作风过硬的乡村振兴干部队伍。要选派一批优秀干部到乡村振兴一线岗位，把乡村振兴作为培养锻炼干部的广阔舞台，对在艰苦地区、关键岗位工作表现突出的干部要优先重用。新发展阶段‘三农’工作更加复杂，新情况新问题很多，要求更高。”

——2020年12月28日习近平总书记在中央农村工作会议上的讲话

黄学增是大革命时期与彭湃、阮啸仙、周其鉴齐名的广东四大农运领袖之一。1923年秋，受党的派遣，黄学增来到广州郊区的花县。他深入农村，宣传发动农民，筹备成立农会，从事农民运动的组织和领导工作。

在黄学增等人的努力下，1925年初，中共花县支部正式成立，接着，他又陆续在九湖、元田、定珠岗、象山、东坎、土布等地组织农民协会和农民自卫军，开展反封建斗争和农民运动。由于农民运动触及了当地地主的利益，引起了他们的强烈仇视，地主们便组织了地主会和民团局，悬赏捉拿农会干部。地主会还安插一个叫王锦焦的人到农协当探子，指派王锦焦向地主会密告农协的一举一动。地主会的倒行逆施，使农协遭受严重损失。

为了维护农民利益，1925年1月，不顾寒风嗖嗖，黄学增和农协副执行委员长王福三带领农军去抓王锦焦。在九湖乡庙坳，他们遭到地主民团的伏击。对

黄学增（中）开展农民运动

方有100多人，武器精良；而黄学增他们才60多人，只有土枪土炮。虽然力量悬殊，但黄学增和农军没有丝毫退缩，与敌人展开了激战。当时农会被地主武装包围，农军无法前来支援。子弹不断从黄学增的耳边呼啸而过，危险重重。黄学增勇敢无畏，带领农军杀出一条血路，终于突出重围。在群众的掩护下，他们回到县农协所在地。在这场战斗中，王福三壮烈牺牲，黄学增十分悲痛。他知道地主不会放过他们，于是又迅速调集农军，做好应战的准备。果不出其所料，不久后，地主和民团像蝗虫一样扑来，农军与地主武装又展开一场激战。黄学增沉稳指挥，经过一番恶战，把敌人打得落花流水，使敌人被迫撤退，保住了农民协会。因为农运工作突出，黄学增被中央农民部称为“佼佼者”，给予表彰。在广东省第一次农民代表大会上，他被选为广东农民协会执行委员兼秘书，自此，开始参与领导全广东的农民运动。

1926年春，黄学增按照党组织的安排，到广东南路开展农民运动，担任省农民协会南路办事处主任，积极开展党的建设活动和农民运动，大力发动农民群众开展反抗地主阶级的斗争，由此引来了反动势力的镇压。对此，黄学增丝毫没有退缩，依然带领广大农民坚定地进行反击，极大地鼓舞了各地民众。整个南路地区，有30多万农民加入农会，大多数县都成立了县级农（协）会。黄学增被称为“南路农民领袖”，获得陈独秀的称赞。

黄学增短暂的一生都献给了农民运动这一崇高革命事业。周恩来在广东工作期间，二人结下了深厚的革命友谊。1960年2月，周恩来到湛江视察的时候，还亲切提起黄学增的革命事迹，称赞黄学增是“广东农民运动领袖之一”，号召大家“应当好好宣传、学习”。

黄学增简介

黄学增（1900—1929），广东遂溪人，1922年，加入中国共产党。1924年7月，在第一届广州农民运动讲习所学习，结业后任国民党中央农民部特派员，到花县开展农民运动。1925年6月，参与筹备召开广东省第一次农民代表大会，参与领导全广东省农民运动。1926年1月，出席国民党二大，后任广东省农民协会南路办事处主任，主持国民党广东省党部南路特别委员会工作。5月，参与主持召开广东省第二次农民代表大会，继续被选为省农协执行委员。1927年初，任中共广东南路地方委员会书记，并兼任广东农民自卫军南路指挥。四一二反革命政变后受到国民党反动派缉捕，随广东省委转移至香港。1928年春，任中共广宁县委书记。4月，被选为中共广东省委委员。6月，被派到海南岛工作。7月，担任中共琼崖特委书记。11月，被选为中共广东省委候补常务委员，领导成立中国工农红军琼崖独立师，兼师政治委员。1929年春，南路、琼崖两特委合并为南区特委，任书记。7月，因叛徒出卖被捕，在海口红坎坡英勇就义，时年29岁。

学思之窗

1. 黄学增除了对农民运动作出重大贡献之外，还对党领导的其他革命事业发挥了重要作用，查一查资料，看看主要有哪些？

2. 要正确认识和处理好农民问题，是党一百多年来的宝贵历史经验之一。请思考：乡村振兴在民族复兴中的地位是什么？

中国革命道路的新探索

“我们党在革命、建设、改革各个历史时期，坚持从我国国情出发，探索并形成了符合中国实际的新民主主义革命道路、社会主义改造和社会主义建设道路、中国特色社会主义道路，这种独立自主的探索精神，这种坚持走自己路的坚定决心，是我们党不断从挫折中觉醒、不断从胜利走向胜利的真谛。”

——2013年1月5日习近平总书记在新进中央委员会的委员、候补委员学习贯彻党的十八大精神研讨班上的讲话

说到中国革命成功的原因，很多人都会想到“农村包围城市、武装夺取政权”这句朗朗上口的话。这条中国共产党带领中国人民取得新民主主义革命胜利的正确道路来之不易，是以毛泽东为主要代表的中国共产党人在历经艰难险阻之后开创出来的。在大革命时期，毛泽东就为此做出了前瞻性的探索。

当北伐军节节胜利的时候，很多地方出现农村大革命的高潮。高涨的农民运动使同地主豪绅有着千丝万缕联系的国民党右派，甚至包括北伐军中的一些军官也坐不住了。有些人开始攻击农民运动“破坏了社会秩序”，是“痞子运动”。一些中间分子也动摇起来，说农民运动已经“越轨”了，联合战线破裂的危机越来越严重。

关于农民运动的争论，也反映到党内。1926年12月中旬，中共中央特别会议在汉口召开，会上陈独秀指责湖南农民运动“过火”“幼稚”“动摇北伐军

心”“妨碍统一战线”等。在陈独秀右倾机会主义的指导下，会议作出了限制工农运动发展、反对“耕地自由”，以换取蒋介石由右向左的错误决策。毛泽东以中央农委书记的身份参加了这次会议。

会议结束后，带着对农民运动是否“过火”“幼稚”的疑惑，毛泽东决心实地考察一下。从1927年1月4日开始，毛泽东先后考察了湘潭、湘乡、衡山、醴陵、长沙五县，历时32天，行程700多千米。考察结束后，毛泽东向中共中央报告了情况，在《湖南农民运动考察报告》中，他指出：“孙中山先生致力国民革命凡四十年，所要做而没有做到的事，农民在几个月内做到了。这是四十年乃至几千年未曾成就过的奇勋。这是好得很。”高度赞扬了农民运动。

此时，正处于四一二反革命政变前夕，国内政治局势异常严峻。要不要动员农民，成为更为紧迫的问题。4月27日至5月9日，中共五大在武汉召开，毛泽东参加了中共五大。会前，毛泽东曾邀彭湃、方志敏等各省农民协会负责人开会，议定出一个广泛的重新分配土地以动员农民的提案。毛泽东把这个提案提交给大会，结果被大会拒绝，陈独秀甚至没有把它拿出来讨论。大会仍然强调没收地主土地必须先取得“小资产阶级”的同意，实际上是要取得汪精卫的同意。可是，汪精卫能同意吗？毛泽东心里明白，当然不能。中共五大结束后的第四天，5月12日，由毛泽东、邓演达、谭平山等人于5月9日提交的请国民党中央“核夺”的《土地委员会报告》，也被国民党中央否决了。一时间，毛泽东心情极度郁闷。同时，他也预感到风云将要突变，一场劫难很快就要来临。

果不其然，5月17日，驻宜昌的夏斗寅部发动叛乱。21日，驻长沙的许克祥部发动叛乱。6月6日，朱培德在江西以“礼送出境”的名义，驱逐大批共产党员和国民党左派人士。越来越多共产党人意识到，需要寻找新的革命出路。7月4日，在中共中央政治局常委会召开的扩大会议上，被紧急从湖南召回的毛泽东提出农民武装可以“上山”或加入同党有联系的军队中去，以保存革命的力量。他还指出：“不保存武力则将来一到事变我们即无办法，‘上山’可造成军事势力的基础。”

"上山"，被毛泽东突出地提了出来，为大革命失败后中国共产党探索农村包围城市、武装夺取政权的革命道路指明了正确的方向。

中共五大简介

1927年4月27日至5月9日，中国共产党第五次全国代表大会在武汉召开，出席大会的代表82人，代表着全国57967名党员。会议是在蒋介石发动四一二反革命政变，大革命处于生死存亡的紧急关头召开的。大会讨论通过《中国共产党第五次全国代表大会宣言》等决议案，选出由31名正式委员和14名候补委员组成的党的中央委员会。随后举行的五届一中全会，选举陈独秀、张国焘（后叛党）、蔡和森为中央政治局常务委员会委员，陈独秀为总书记。大会第一次选举产生中央监察委员会。党的五大虽然批评了陈独秀的错误，但对无产阶级如何争取领导权，如何领导农民进行土地革命，如何对待武汉国民政府和国民党，特别是如何建立党的革命武装等迫在眉睫的重大问题，都未能作出切实可行的回答，难以承担起生死存亡的历史关头挽救大革命的重任。

学思之窗

1. 农民问题是国民革命的中心问题。请思考：毛泽东为何如此看中农民在中国革命中的重要作用？

2. 在中国革命的紧急关头，毛泽东提出了"上山"以保存革命力量的想法。他为什么能够提出这种很多人都无法想到的思路？

第七章

军事运动：武装斗争第一线

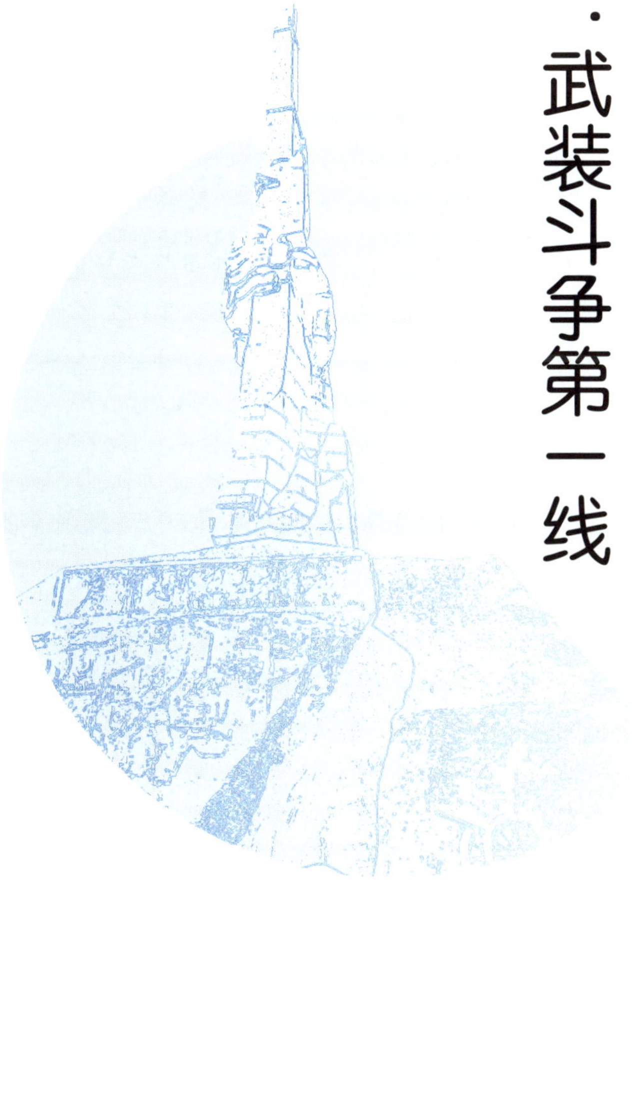

孙中山的忠实护卫者

扫二维码
听音频

“2021年，我们将迎来中国共产党成立一百周年。中国共产党立志于中华民族千秋伟业，百年恰是风华正茂！中国共产党是世界上最大的政党。大就要有大的样子。实践充分证明，中国共产党能够带领人民进行伟大的社会革命，也能够进行伟大的自我革命。我们要永葆蓬勃朝气，永远做人民公仆、时代先锋、民族脊梁。”

——2017年10月25日习近平总书记在十九届中共中央政治局常委同中外记者见面时的讲话

1922年6月16日凌晨，陈炯明炮轰孙中山总统府，巨大的爆炸声把总统府的屋檐震动得吱吱作响，弹片在院中乱飞。

当时驻守在天字码头附近的海军陆战队，打退了几股叛军的袭扰，但弄不清叛军作乱攻击的主要目标。时任海军陆战队营长的叶剑英凭着自己学过的炮兵知识和经验，判断出炮弹的落点在总统府方向，意识到孙中山有危险。怀揣着十分焦虑的心情，叶剑英紧急赶去见海军陆战队司令陈策，得知通往总统府的电话早就断了，情况不明，他提议派人去接应孙中山。陈策马上下令，派出几个小分队，向总统府方向寻找孙中山的下落。同时，叶剑英率一个连的兵力守在码头岸边，随时准备接应孙中山和夫人宋庆龄。

叶剑英眼望着总统府的方向，一直记挂着孙中山的安危。过了一会儿，只见卫兵保护着乔装打扮的孙中山走了过来。他马上迎上前去报告："大总统，海军陆战队营长叶剑英奉陈司令之命在此迎候。先生受惊了。"随后，扫视了一下周围，问道："怎么不见孙夫人呢？"在听到随行人员说明情况后，得知宋庆龄为掩护孙中山突围，率卫兵坚守在总统府，他非常佩服孙中山和宋庆龄临危不惧的革命胆识。

叶剑英带着士兵立即护送孙中山乘小艇登上停泊在江中的宝璧舰。陈策和全体水兵列队向孙中山致敬。孙中山感激大家，一一握手寒暄，然后要来纸笔，以大总统名义草拟公告："陈炯明公开叛乱，炮轰总统府，罪大恶极。北伐军及驻穗各军火速奋起平叛戡乱。"

16日下午，在叶剑英等人的护送下，孙中山转登永翔舰。第二天，又改乘永丰舰（后改称中山舰）。叶剑英则率海军陆战队官兵驻守在珠江岸边，巡逻放哨。

孙中山在永丰舰上召集军官开会，决定亲率海军各舰讨伐陈炯明。17日下午，孙中山率领永丰、永翔、楚豫、豫章、同安、宝璧、广玉等兵舰，摆开一字鱼贯阵，从黄埔出发，挺进白鹅潭。叶剑英乘宝璧舰紧跟孙中山所乘的永丰舰。

当舰队前进至白鹅潭附近时，叶剑英指挥宝璧舰炮手对准观音山据点猛烈开炮，观音山烈焰四起，叛军纷纷溃退。战斗持续到深夜，叶剑英紧紧护卫孙中山的安全。这时，有一小股叛军集中在岸边用炮火偷袭永丰舰。叶剑英发现后，立即率领士兵乘坐小艇悄悄离开宝璧舰，靠近这股叛军后，突然发起进攻，将其击溃。

第二天，战火未熄，孙中山感到孤军无援，难以为继，遂率各舰返回黄埔。在此次与叛军的鏖战中，叶剑英忠于职守、英勇善战，立下战功。此后，在孙中山驻永丰舰指挥平叛斗争的54天里，叶剑英始终怀着赤胆忠心，率部保卫着这位伟大的民主革命家。

叶剑英简介

叶剑英（1897—1986），广东嘉应（今梅县）人，久经考验的忠诚的共产主义战士，坚定的马克思主义者，伟大的无产阶级革命家、政治家、军事家，中国人民解放军缔造者之一，中华人民共和国开国元勋，长期担任党、国家和军队重要领导职务的卓越领导人，中华人民共和国十大元帅之一，是以邓小平同志为核心的党的第二代中央领导集体的重要成员。

参加过两次东征、北伐战争。1927年7月，加入中国共产党。12月，参与领导广州起义。土地革命战争时期，任中央革命军事委员会委员兼总参谋部部长等职务。参加过长征。抗战时期，任八路军参谋长等职务。解放战争时期，任北平市军事管制委员会主任兼市长等职务。1949年9月，任中共中央华南分局第一书记。中华人民共和国成立后，指挥广东战役，解放广州，后任广东省人民政府主席兼广州市市长等职务。1966年任中共中央书记处书记等职务。1969年任中共第九届中央政治局委员，第十、十一届中央副主席，第十二届中央政治局常委，第四届全国政协副主席，第五届全国人大常委会委员长。1955年被授予中华人民共和国元帅军衔，获一级八一勋章、一级独立自由勋章、一级解放勋章。

学思之窗

1. 叶剑英在孙中山遇险时，始终守卫在他的身边，展现出什么样的精神品质？

2. 中国共产党立志于中华民族千秋伟业，百年恰是风华正茂。请思考：中国共产党历经一百多年依然风华正茂的根本原因是什么？

年轻的黄埔军校政治部主任

扫二维码听音频

“思想政治工作是学校各项工作的生命线，各级党委、各级教育主管部门、学校党组织都必须紧紧抓在手上。要精心培养和组织一支会做思想政治工作的政工队伍，把思想政治工作做在日常、做到个人。”

——2018年9月10日习近平总书记在全国教育大会上的讲话

周恩来是中国人民敬爱的好总理，对于他的故事，很多人都了解一些。大革命时期，周恩来为党的革命事业作出了重要探索和重要贡献。

1924年1月，国共两党建立革命统一战线，实现了第一次国共合作。为了培养革命干部，两党在广州共同创建了黄埔军校。孙中山迫切要求中国共产党派一位合适的干部担任军校政治部主任。于是，1924年9月，周恩来被调回国内。

周恩来到达广州以后，担任中共广东区委委员长（后来陈延年担任委员长，周恩来改任区委常委兼军事部部长），还在黄埔军校任政治部主任（第三任）。当时很多人称他为政治总教官，那时他才26岁。

周恩来在军校建立了中共黄埔特别支部，还在师生中组织了革命青年的先进组织——青年军人联合会，以团结教育广大师生，宣传马克思主义。在周恩来的领导下，不少师生加入了共产党和共青团。

那时候周恩来很辛苦，每天早晨步行到码头，然后坐船去黄埔，晚上再赶回广州，指导广东区委的工作，常常忙到深夜。

在周恩来主持下，军校重新制订了政治教育计划，把政治教育提升到与军事训练同等重要的地位。他在军校负责讲授军队中的政治工作、武力与群众等课程，联系学员实际，把课程讲授得生动活泼，受到学生的热烈欢迎。每次讲课，军校的教职员、工人都跑来听。除了给学员讲课外，周恩来还亲自听课，参与学员们的讨论，经常巡夜查铺，对学员们关怀备至，深受学员们爱戴，被学员们称为“最好的老师”。

黄埔军校旧址

黄埔军校的校长是蒋介石，当时他假装拥护国共合作，骗取了孙中山的信任。他当上军校校长以后，安插亲信，结党营私，企图把军校变成他培植个人势力的场所。他在军校最得力的助手就是教授部主任王柏龄。这个被人称为蒋介石的“第一只手”的家伙，在1925年初组织了一个“孙文主义学会”，专门干打击共产党人和进步分子的坏事。蒋介石把周恩来和青年军人联合会看作眼中钉。王柏龄根据蒋介石的旨意，命令“孙文主义学会”的头目林振雄殴打青年军人联合会的负责人，引起全校师生的极大愤慨，纷纷要求惩办凶手。王柏龄自以为有蒋介石撑腰，共产党人奈何不了他，谁知道政治部主任周恩来却下令将林振雄撤职查办，全校革命师生拍手称快。

王柏龄又气又恼，就偷偷派人监视共产党人和进步师生的行踪，限制共产党人的活动。周恩来指示蒋先云等共产党人把王柏龄打击共产党人、破坏国共合作的罪行，一一开列出来，在全校公布。那时候，反对国共合作是最不得人心的事情，连国民党左派也不能容忍。因此，告示一出，全校进步师生同声谴责，王柏龄威信扫地，整天耷拉着脑袋，再也神气不起来了，“孙文主义学会”也元气大伤。蒋介石虽然吃了亏，但是在广大群众的愤怒面前、在革命浪潮之中，他毫无办法，也不敢轻举妄动，只好眼睁睁看着自己的“第一只手”被年轻的周恩来砍掉。

周恩来简介

周恩来（1898—1976），江苏淮安人，伟大的马克思主义者，伟大的中国无产阶级革命家、政治家、军事家、外交家，党和国家主要领导人之一，中国人民解放军主要创建人之一，中华人民共和国开国元勋，是以毛泽东同志为核心的中国共产党的第一代中央领导集体的重要成员。

1920年，到法国勤工俭学。1921年，在巴黎加入中国共产党八个发起组之一的巴黎共产主义小组。1924年秋回国，先后任中共广东区委委员长、黄埔军校政治部主任等职务。1927年8月，领导南昌起义。1931年12月，到中央革命根据地，任中共苏区中央局书记等职务，参加长征，在长征中参加遵义会议。抗日战争时期，在重庆及国民党控制的其他地区做统战工作。1945年，在七届一中全会上当选为中央政治局委员、中央书记处书记。1947年8月，任中共中央军委副主席兼代总参谋长。中华人民共和国成立后，一直任政府总理，当选为第八、九、十届中央政治局常委，第八、十届中央副主席，全国政协第一届副主席，第二、三、四届主席。1976年1月8日，在北京逝世，被称为“人民的好总理”。

学思之窗

1. 周恩来与国民党右派的斗争，对我们当前与各种不良思想、不良行为作斗争有什么启发意义?

2. 中国共产党早期革命的伟大实践都是像周恩来这样的青年人创造的，作为新时代的青年，我们应该怎样为实现民族复兴贡献青春力量?

神勇铁甲车队

扫二维码
听音频

“我军之所以能够战胜各种艰难困苦、不断从胜利走向胜利，最根本的就是坚定不移听党话、跟党走。这是我军的军魂和命根子，永远不能变，永远不能丢。军队党的建设的首要任务是确保党对军队的绝对领导，这也是对军队党的建设的根本要求。”

——2013年11月6日习近平总书记在接见全军党的建设工作会议代表时的讲话

一提到人民军队的诞生，很多人首先会想到1927年8月1日中国共产党人发动的南昌起义。南昌起义打响了武装反抗国民党反动派的第一枪，标志着中国共产党独立领导革命战争、创建人民军队和武装夺取政权的开端。但是，如果再往前追溯，在南昌起义之前，中国共产党人就已经在实践中开始尝试建立军队了。毛泽东就曾回忆说：“从一九二四年参加黄埔军事学校开始，已进到了新的阶段，开始懂得军事的重要了。”

1924年1月，国民党一大在广州召开，以第一次国共合作为基础的革命统一战线正式建立，轰轰烈烈的大革命正式揭开序幕，中国共产党的许多优秀干部、仁人志士云集于广州。周恩来听从党的召唤，从法国巴黎回到广州，于当年11月出任黄埔军校政治部主任。

1924年11月，黄埔军校第一期学员毕业，周恩来迫切意识到共产党应该建立一支自己的军队。在征得孙中山同意后，他从黄埔军校干部和一期毕业生中挑选了3人，加上中共广东区委的两名政工干部和从各地抽来的富有反帝反封建觉悟的工人、农民、学生，以及大元帅府卫士队等，组建了番号为“建国陆海军大元帅府铁甲车队”的武装队伍。铁甲车队的工作都直接向周恩来和后来的广东区委书记陈延年请示汇报，是中国共产党掌握的第一支武装力量。

铁甲车队积极参与了支援广宁农民运动、东征军阀陈炯明、平定滇桂军阀叛乱、支援省港大罢工等重大活动，在革命战争中立下了赫赫战功。1925年，军阀陈炯明乘孙中山北上之机，企图推翻广东革命政府。2月1日，国民革命军东征军向东江进军，进行讨伐陈炯明的第一次东征。5月，滇系军阀杨希闵和桂系军阀刘震寰乘机发动叛乱，铁甲车队负责掩护广东革命政府党政机关和苏联顾问团向广州的河南（今海珠一带）撤退。铁甲车队利用自身防护性

铁甲列车

好、火力猛、机动性强的优势，连续奋战十几个小时，切断了石牌、瘦狗岭、龙眼洞之敌与广州的联系，有力配合了回师广州的东征军的作战。此次战役打出了铁甲车队的威名，这支队伍受到中共广东区委的表扬。

1925年11月，中共广东区委决定以铁甲车队为基础，以黄埔军校学员为骨干，在肇庆组建国民革命军第四军独立团，由叶挺任团长，并建立党支部。在一年后的北伐战争中，独立团所向披靡，屡建奇功，为第四军赢得了“铁军”的美誉。

百年历史犹在，今天的中国人民解放军还延续着铁甲车队的血脉，传承着它的革命精神与崇高风范。

铁甲车队简介

铁甲车队的全称为“建国陆海军大元帅府铁甲车队”，1924年11月由中共广东区委组建，是叶挺独立团的前身，是中国共产党直接掌握的第一支革命武装。形式上隶属于孙中山大元帅府，但由于建立了中国共产党的基层组织，实际归由中国共产党领导，成为中国共产党创建革命武装的首次尝试。铁甲车队采用“三三制”编制，有150人左右，由徐成章任队长，周士第任副队长（徐成章调任省港罢工工人纠察队总教练后由周士第继任队长），廖乾五任党代表，曹汝谦任政治教官，赵自选任军事教官。军事训练主要内容是射击、投弹、刺杀，以及一些班、排、连战术等；政治教育主要讲三民主义、工农运动、国内外形势等等。铁甲车队在革命战争和群众斗争中立下了卓著功勋。

学思之窗

1. 在当年军阀统治的时代，面对强大的敌人，铁甲车队却能够立下赫赫战功的根本原因是什么？

2. 新时代新征程，人民军队是我们实现民族复兴的坚强后盾。请思考：为什么我们一定要坚持党对人民军队的绝对领导？

平定商团叛乱

“中国共产党人是孙中山先生革命事业最坚定的支持者、最忠诚的合作者、最忠实的继承者。中国共产党在成立之初就提出反帝反封建的民主革命纲领，并同孙中山先生领导的中国国民党携手合作，帮助国民党完成改组，建立最广泛的革命统一战线，掀起轰轰烈烈的大革命，给北洋军阀反动统治以沉重打击。”

——2021年10月9日习近平总书记在纪念辛亥革命110周年大会上的讲话

中国革命前进的每一步，都充满艰辛与挑战，帝国主义和封建势力总是以各种方式阻挠中国革命前进的步伐。第一次国共合作阶级联合战线建立不久，在帝国主义唆使下，以陈廉伯为首的广州商团发动武装叛乱，在中国共产党的大力支持下，广东革命政府开展了平定商团叛乱的革命斗争。

广州商团是商人保护商场和资本家的生命财产安全的武装组织。1919年8月，陈廉伯任团长，勾结国内外反动势力，与广东革命政府相对抗。1924年8月，广东革命政府扣留了陈廉伯为组织武装叛乱而偷运进广州的军火，陈廉伯便指使商团向孙中山请愿，并在全省各地煽动罢市。为了撺掇陈廉伯，英国驻广州总领事通告革命政府：“如遇中国当局向城市开火时，英海军即以全力对待之。”

8月20日和22日，孙中山先后命省长廖仲恺下令通缉商团团长陈廉伯、副团长陈恭受。8月24日，孙中山调兵入省，宣布广州戒严。26日，孙中山以大元帅名义发布命令，责成商团复业。9月15日，陈廉伯、陈恭受等发表通电，否认利用广州商团军图谋推翻政府，表示拥护孙中山、服从广东革命政府。商团的嚣张气焰受到打击，广东革命政府取消了对陈廉伯、陈恭受的通缉令。然广州商团以尚未领回被扣枪械为由，决定再次罢市，前往广州向政府表示抗议。10月9日，孙中山发还部分被扣军火给商团，事态稍有平息。孙中山没有打算使用武力解决此次事件。

中国共产党主张坚决镇压反革命商团。可是，孙中山没有及时采纳相关意见，致使商团抓住了发动反革命叛乱的时机。

10月10日，在中共广东区委领导下，来自广州反帝大同盟、广州工人代表会、社会主义青年团等30个团体的共五六千人举行纪念辛亥革命大会。会后举行示威游行，游行队伍至西濠口时，遭到商团军枪击，打死20余人，伤100余人。12日，广州商团在西关等处大肆张贴“驱逐孙文”“打倒孙政府”等标语，构筑工事，宣布封锁该地区，阴谋占领省署、公安局以及财政各机关，扩大叛乱，夺取广州政权。

广东革命政权处于危机之中。面对这种情况，共产党人周恩来、陈延年、谭平山、杨匏安、阮啸仙、刘尔崧等都积极组织领导工团军、农民自卫军、黄埔学生军以及广大的工农群众，并纷纷表示愿尽一切力量协助政府镇压叛乱。在这种形势下，孙中山感到有广大革命群众可以依靠，同时也看出了局势的严重性和姑息养奸的危险，于是决定采取断然措施，令韶关警卫军开赴广州，北伐军一部回师广州，讨伐叛军。

14日夜，黄埔学生军及各军将商团分割包围，于15日凌晨4时开始发起攻击，并施以火攻。对于黄埔军校学生来说，这是真正意义的黄埔第一役。日出时，革命政府军队攻占西关商团总部，商团军不堪一击，经数小时激战即溃败，纷纷缴械，至15日晚间，革命政府军队荡平商团在广州的全部据点。16日，商团正式乞和，陈廉伯、陈恭受逃往香港。17日，广州全市商店一律开业。缴获的武器被用于武装黄埔军校教导团。至此，广东革命政府平定商团叛乱的斗争取得了胜利，黄埔军校初露锋芒，首树军威。广东局势转危为安。

广州商团叛乱简介

1924年10月在英帝国主义怂恿下，广州商团发动阴谋推翻广东革命政府的反革命武装叛乱，被称为商团叛乱。

广州商团成立于1912年，是商人保护商场和资本家的生命财产安全的自卫武装。1919年，英国汇丰银行广州分行买办陈廉伯和佛山大地主陈恭受担任正副团长。1923年，广州商团扩充到3000余人。1924年5月27日，广东全省98处商乡团代表在广州西瓜园商团总部召开联防会议，决定成立广州商团联防总机关，选举陈廉伯为总长，并议定筹集钱款购买枪支，图谋颠覆革命政府。8月8日，商团雇用的丹麦商船“哈佛号”，悬挂挪威国旗，装载着从香港订购的各式长短枪9000余支、子弹300多万发，驶入广州。广东革命政府得到密告后，8月10日，孙中山命蒋介石将“哈佛号”押至黄埔，并将枪械全部封存于黄埔军校内。枪械被扣留后，陈廉伯等人躲入沙面，并煽动广东全省商人发动罢市。

学思之窗

1. 在平定广州商团叛乱中，中国共产党起到什么样的作用？

2. 习近平总书记指出：“中国共产党人是孙中山先生革命事业最坚定的支持者、最忠诚的合作者、最忠实的继承者。”我们应该如何正确理解这句话的涵义？

侦察敌情机智脱险

“斗争是一门艺术，要善于斗争。在各种重大斗争中，我们要坚持增强忧患意识和保持战略定力相统一、坚持战略判断和战术决断相统一、坚持斗争过程和斗争实效相统一。领导干部要守土有责、守土尽责，召之即来、来之能战、战之必胜。”

——2019年9月3日习近平总书记在2019年秋季学期中央党校（国家行政学院）中青年干部培训班开班式上的讲话

1955年，新中国举行了一场盛大的军队授衔仪式。在十名开国大将中，有一位富有传奇色彩的人物，他的名字叫陈赓。他的传奇，并不单单只在于战场上，很重要的原因还在于，他曾救过蒋介石，被其视为得意弟子，却毅然决然走上了反对蒋介石的正确革命道路，在民族独立和人民解放事业中造就了不朽功勋。

1924年5月，陈赓考入黄埔军校第一期，毕业后留校，相继担任黄埔军校第二期入伍生连连长、第三期本科副队长等职务。

1925年6月上旬，驻在广州、表面上接受广东革命政府领导的滇军杨希闵部和桂军刘震寰部，勾结北洋军阀，企图乘黄埔军校学生军东征之机，发动叛乱，推翻广东革命政府。

接到广东革命政府的命令后，东征军连忙回师广州。在准备向叛军发动进攻之前，指挥部决定派陈赓渡过珠江侦察敌情。

当时，留在广州的革命部队仅有一个警卫团，这个团已和各机关一起撤退到河南（老广州人以前以珠江为界，把珠江以南的今海珠区叫“河南”，珠江以北的其他区叫“河北”），北岸市区皆为军阀部队控制，只有沙面一带可以渡江。陈赓脱掉军服，换上西服，租了一艘小艇北渡。船到江心时，两岸军队突然隔江对射起来。猛烈的枪声把划船的姑娘吓得心慌意乱，但陈赓镇定自若，鼓励姑娘打起精神、鼓起劲头。很快，在二人的共同努力下，船划到了沙面。

陈赓由沙面进入广州闹市区后，碰到几个敌人在沿街散发反共反苏传单。他看到还有一捆一捆的传单丢在地上没有拆散，就机智地捡了几千张反动传单带回沙面。之后，每趟外出，陈赓就带一些传单，假扮成散发传单的人，遇到敌人搜查，就塞过去几张。这样一来，他就能够到处走动。仅三天时间，陈赓就摸清了广州敌军主要设防情况，并绘制了详细地图，标明了敌人的火力阵地和部队位置。

有一天，陈赓完成侦查任务正往回走，行经惠爱中路第一公园（今中山五路人民公园）时，突然与一股敌人迎面相遇。这时，陈赓身上恰好没有反动传单，欲要躲开之际，却被他们捉住了。敌人怀疑陈赓是黄埔军校的学生，准备把他扭送到杨希闵的司令部驻地交军法处审讯。陈赓骗敌人说自己是广东高等师范学校的学生，并掏出身上预先准备好的该校校徽给他们看。但是，敌人根本不信，带着他到学校里对证。幸好广东高等师范学校的门房是个革命的同情者，对杨刘叛军十分憎恶，因此，当即承认陈赓是该校学生。陈赓虎口脱险，之后安然返回河南。

根据陈赓提供的准确情报，东征军于1925年6月12日发动进攻。陈赓率领他的连队，冲过珠江，一口气打到北较场（今黄华路北段东侧、北较场路东段南侧一带），并通过工会中的党组织，动员火车司机逃跑，使上了火车的杨希闵残部因没人开车而走不掉，全部被歼灭。经过一昼夜的激战，杨刘叛乱被平定了，广东革命政府转危为安。这一次成功侦察，使陈赓在黄埔军校中名声大振。

陈赓简介

陈赓（1903—1961），湖南湘乡人，中国无产阶级革命家、军事家，中国人民解放军大将。新中国国防、科技、教育事业奠基者之一。

1922年，加入中国共产党。1924年，黄埔军校第一期毕业。1927年，参加南昌起义。1928年，在上海中央特科工作。1931年，任红四方面军第十二师师长。1932年，负伤到上海就医。1933年3月因叛徒出卖被捕，5月经中共组织和宋庆龄等营救，脱险到中央革命根据地，任中国工农红军第一步兵学校校长。1934年，参加长征。抗日战争时期，任八路军第一二九师三八六旅旅长等职务。解放战争时期，任中原野战军第四纵队司令员等职务。中华人民共和国成立后，参加抗美援朝战争。1952年7月起，任中国人民解放军军事工程学院院长兼政治委员、国防部副部长等职。1955年被授予大将军衔，获一级八一勋章、一级独立自由勋章、一级解放勋章。中共第七届中央候补委员、第八届中央委员，第一、二届国防委员会委员。

学思之窗

1. 陈赓在小艇上北渡时，面对两岸机枪对射，仍镇定自若，说明陈赓具有什么样的革命精神？

2. 中国共产党是在斗争中成长、在斗争中壮大的。如果看到社会上有影响党和国家形象的言论，我们应该如何进行有理有利有节的斗争？

“灵不过陈赓的腿”

扫二维码
听音频

“我们挑选优秀年轻干部，千条万条，第一条就是看是否对党忠诚；我们培养优秀年轻干部，千条万条，第一条就是教育他们对党忠诚，坚决防止政治上的两面人。这一点，从一开始就要把握好，确保选的苗子政治上过硬。如果坯子选不好，辛辛苦苦培养一场，最终还是会出问题。忠诚不是挂在嘴上、写在纸上的，而是要体现在实际行动上。”

——2018年7月3日至4日习近平总书记在全国组织工作会议上的讲话

1925年10月，陈赓参加了第二次东征。蒋介石作为总指挥，在看到陈赓于战场上奋勇杀敌后，召见了他，且将其所在的连队调为总指挥部护卫队，直接负责自己的安全。不久后，惠州被攻克。由于产生轻敌思想，蒋介石贸然向前开进，不料，在华阳与陈炯明的主力部队发生遭遇战，部队陷入了重围，敌众我寡、形势危急。

陈赓见形势危急，拉起蒋介石就往山下跑。那是敌军的结合部，比较容易突围。指挥部的官兵们也一起向山下冲去。敌人疯狂扫射，子弹雨点般打来，他们当中不断有人倒下。

好不容易冲到山下，蒋介石累得气喘吁吁，跑不动了。他一屁股坐在大石头上说：“我不走了，我还有什么脸再回去？好不容易打下了惠州，却没想到要葬送于此！”众人纷纷劝解，蒋介石依然不肯，甚至想要杀身成仁。

陈赓心急如焚，只好冒着违抗军令的风险，来到蒋介石面前，直接背起他撒腿就跑，卫兵也簇拥着他们继续向结合部的一条小河冲去。爬过泥坡，穿过草丛，来到河边，陈赓立刻喊来一只小船，把蒋介石扶进船舱，又布置了手下的几个士兵在河边掩护，然后自己划着小船，急急向对岸驶去。终于，他们在黄昏时分脱离了险境。

很快，这一事件就轰动了东征军和黄埔军校。当时，黄埔同学谈到“黄埔三杰”时，曾戏言：“蒋先云的笔，贺衷寒的嘴，灵不过陈赓的腿。”后来，陈赓也曾对部下讲述过这件事情，他说：“蒋介石对我说要杀身成仁。我劝他不要自杀，这个部队的军官不是黄埔军校训练出来的，不是你的学生。我们撤退到安全地点，再收拢部队，还可以再打。蒋介石听了我的话，借坎下台阶，不自杀了，但吓得直打哆嗦，连路都不能走了。我看敌人已离得很近，情况太紧急了，就背着他跑。跑到一条河边，把蒋介石送上一条船，我就组织部队顶住追击的敌人，掩护蒋介石过河，然后领他跑到一个安全的地方，这样就救了他这条命。”

因为这次经历，蒋介石对陈赓另眼相看，信任有加。随后，陈赓被蒋介石调为侍从参谋，可以自由出入他的办公室，甚至连一声“报告”都不用喊。蒋介石是这么说的：“你还喊什么报告呢？连你我都不放心，还信得过谁呀！”

然而，“道不同不相为谋”，陈赓深知自己的信仰和追求所在。尽管蒋介石百般器重和拉拢，但仍无法改变陈赓的共产主义信仰。1927年，当蒋介石发动四一二反革命政变之后，陈赓迅速和其划开界限，从此，站到了蒋介石的对立阵营。

两次东征简介

两次东征指的是1925年广东革命军队对盘踞在广东东部的军阀陈炯明的两次征讨。1924年冬，陈炯明乘孙中山北上之机，自封为“救粤军总司令”，纠集部队3万余人，在英帝国主义及北洋军阀支持下，准备进攻广州。1925年2月，广东革命政府决定进行东征，以黄埔军校学生军和粤军为右路军，滇军杨希闵部为左路军，桂军刘震寰部为中路军。但杨、刘按兵不动，暗中勾结陈炯明。右路军连战皆捷，打垮了陈炯明军主力。但杨、刘却于6月在广州发动武装叛乱。黄埔军校学生军和粤军立即回师镇压，全歼叛军。在东征军回师广州之际，第一次东征中败退的陈炯明又卷土重来，于1925年9月重新占领东江地区，企图夺取广州。国民政府决定举行第二次东征。10月6日，国民革命军从广州出发，于14日攻克惠州后，分路进击，连战连捷，11月底，在闽粤边全歼陈炯明残部。两次东征统一了广东全境，为北伐战争建立了巩固的后方基地。

学思之窗

1. 陈赓在敌众我寡、形势危急的时候表现出的勇毅、果敢，对我们在遇到困难的时候有什么样的启发？

2. 有信仰的人生，才是幸福的人生。作为青少年，我应该树立什么样的信仰？

国民革命军北伐

扫二维码
听音频

“为了实现中华民族伟大复兴，中国共产党团结带领中国人民，浴血奋战、百折不挠，创造了新民主主义革命的伟大成就。我们经过北伐战争、土地革命战争、抗日战争、解放战争，以武装的革命反对武装的反革命，推翻帝国主义、封建主义、官僚资本主义三座大山，建立了人民当家作主的中华人民共和国，实现了民族独立、人民解放。”

——2021年7月1日习近平总书记在庆祝中国共产党成立100周年大会上的讲话

“打倒列强，打倒列强，除军阀，除军阀。努力国民革命，努力国民革命，齐奋斗，齐奋斗……”。这是1926年到1927年初，北伐战争在中国南部大地兴起时流行的一首歌，叫作《国民革命歌》。随着北伐战争的顺利推进，这首歌唱遍了中国大江南北。

自1924年初第一次国共合作实现后，经过两年多的斗争，广东革命政权得到统一和巩固，全国工农革命运动空前高涨，在全国人民迫切要求和中国共产党的影响与推动下，国民政府决定出师北伐。

1926年5月初，国民革命军第四军叶挺独立团和第七军一部，分别自广东和广西挺进湖南，援助唐生智，揭开北伐序幕。6月4日，国民党中央执行委员会临时全体会议通过国民革命军出师北伐案。7月6日，国民党中央执行委员会通过《为国民革命军出师北伐宣言》，宣言指出：“中国人民一切困苦之总原因，在帝国主义者之侵略及其工具卖国军阀之暴虐。”这次北伐的任务和目的

北伐战争

是“剿除卖国军阀之势力”、实现“中国人民唯一的需要”、“建设一人民的统一政府”。宣言表达了中国国民党“为民请命，为国除奸，成败利钝，在所不顾，任何牺牲，在所不惜”的决心，号召全国民众群起而助其革命，并坚信国民革命一定能取得胜利。

1926年7月9日，广州东较场人头攒动、鼓角齐鸣。广东革命政府隆重举行国民革命军北伐誓师大会，党政军负责人、各界民众与士兵5万余人参加大会。宣告北伐战争正式开始。

面对敌我兵力悬殊的形势，国民革命军在苏联顾问指导下制定了集中兵力、各个歼敌的战略方针。在中国共产党和沿途人民群众大力支持下，北伐军自北向南一路势如破竹，至1927年3月，完全占领长江以南的广大地区。

北伐战争是在共产党提出的反对帝国主义、反对军阀的口号下进行的。北伐进军过程中，共产党员、共青团员舍生忘死，发挥了先锋模范作用，尤其是共产党员叶挺领导的独立团，英勇杀敌、屡建奇功，为北伐战争的胜利进军立下了不朽功勋。共产党人在军队政治工作和发动工农群众方面也作出了巨大贡献。中共广东区委领导广东省港罢工委员会组织了运输队、宣传队、卫生队随军北上。北伐军向长沙开进时，中共湖南区委发动工农群众参加带路、送信、运输、救护等工作，还组织农民自卫军直接参战。这种热烈的场面，在中国以往的战争中是罕见的。

北伐战争是国共合作的重大成果，沉重打击了北洋军阀的统治，加速了中国革命历史的进程，为新民主主义革命的发展扫除了一大障碍。

北伐战争简介

1926年7月9日，国民革命军在广州誓师北伐。10月，攻克武昌，全歼吴佩孚部主力。不久，国民政府由广州迁都武汉。11月初，北伐军在江西战场基本歼灭孙传芳部主力。至1927年3月，北伐军完全占领长江以南广大地区。1927年4月12日，蒋介石发动四一二反革命政变后另立南京国民政府，武汉国民政府面临着军事包围和经济封锁的危机境地。4月18日，武汉国民政府与中国共产党召开联席会议决定继续北伐，与冯玉祥部联合讨奉，先打破被包围封锁的局面，然后再讨伐蒋介石。在4月下旬至5月下旬，在经历西平、上蔡、临颍等战役后，彻底击溃河南奉军。6月1日，武汉国民政府的北伐军与冯玉祥部在郑州会师。第二次北伐结束。1928年4月，国民党军队继续进行“北伐”，夺取奉系军阀所占据的地盘。6月初，张作霖弃守北京，乘火车退往山海关外，被日军刺杀于皇姑屯。12月29日，张作霖之子张学良宣布“服从国民政府，改易旗帜”。至此，北伐完成，南京国民政府实现了全国形式上的统一。

学思之窗

1. 北伐战争是大革命时期国共两党合作的重大成果，对中国新民主主义革命的胜利起到重要推进作用，这些作用主要体现在哪些方面？

2. 国家统一是民族复兴的必要条件，作为新时代的青少年，在维护国家主权、统一和领土完整的问题上，我们应该做哪些有意义的事情？

“铁军”是怎样炼成的

扫二维码
听音频

“强国必须强军，军强才能国安。坚持党指挥枪、建设自己的人民军队，是党在血与火的斗争中得出的颠扑不破的真理。人民军队为党和人民建立了不朽功勋，是保卫红色江山、维护民族尊严的坚强柱石，也是维护地区和世界和平的强大力量。”

——2021年7月1日习近平总书记在庆祝中国共产党成立100周年大会上的讲话

说起中国共产党领导的革命军队，叶挺率领的“铁军”可是赫赫有名。在北伐战争中，叶挺率领的国民革命军第四军独立团，战功卓著，独立团所在的第四军因此被人们赞为“铁军”。从此，叶挺和“铁军”誉满天下。

1924年11月，在征得孙中山同意后，黄埔军校政治部主任周恩来主持组建了建国陆海军大元帅府铁甲车队。随着革命形势的发展，共产党决定以铁甲车队为基础，以黄埔军校部分共产党员为骨干，另从广东、广西、湖南招募一批工人、农民、进步青年，组成一支新军。1925年11月，这支新军在广东肇庆正式成立，即国民革命军第四军独立团。全团辖三个步兵营、一个直属勤务队，共约2000人。这时，共产党员叶挺从苏联莫斯科东方大学和红军学校学成回国，党任命他为独立团团长。所以，这支新军又通称为叶挺独立团，名义上隶属国民革命军第四军，实际上由中国共产党掌握，团长和营长都是共产党员，连一级干部也大部分由共产党员和共青团员担任，并在独立团内从上到下建立了党的组织。

在肇庆驻军期间，部队初步建立了政治工作制度，开展了政治教育。周恩来曾指示，政治工作的任务是使“革命军队确实有革命观念”，使官兵懂得“革命军是党的军队，革命军的行动要依靠着党的政策”。独立团根据党的指示，在干部中进行反贪污、反打骂的斗争，给士兵上政治课，宣讲革命道理，引导士兵认识国内外的政治形势，懂得革命军队同旧军队的根本区别。经过教育，士兵们逐渐认清形势，并接受了打倒军阀、打倒帝国主义的革命思想，革命热情更为高涨。通过密切军民关系、官兵关系，整个部队面貌一新。独立团在共产党建设一支革命军队方面，迈出了重要一步，逐渐形成了同其他国民党单独领导的国民革命军显著不同的优点和特点，那就是坚持共产党的独立领导，重视士兵的政治工作，扫除旧军队的恶习，培养勇敢的战斗风格。

叶挺独立团刚刚成立半年，北伐战争的前哨战就在湖南南部打响了。叶挺独立团在党的指示下，率先开赴湖南前线，担当起“北伐先锋”的重任。独立团首战渌田，长驱醴陵，力克平江，直入中伙铺，奇袭汀泗桥，大战贺胜桥，攻占武昌城，立下了赫赫战功。

北伐军攻占武昌后，由于独立团勇猛善战、所向披靡、连战皆捷，独立团所在的国民革命军第四军被人们誉为“铁军”。当年武汉粤侨联谊社同人特意在汉阳兵工厂铸造了一个高1米、宽0.5米的“铁军”铁盾牌。铁军铁盾牌的正中铸有“铁军”两个大字，上款写“国民革命军第四军全体同志伟鉴”，下款写“民国十六年一月十五日武汉粤侨联谊社同人敬贺”，背面刻有一首四言赞词“摧锋陷阵，如铁之坚；革命抱负，如铁之肩。功用若铁，人民依焉；愿寿如铁，垂忆千年”，充分反映了人民对

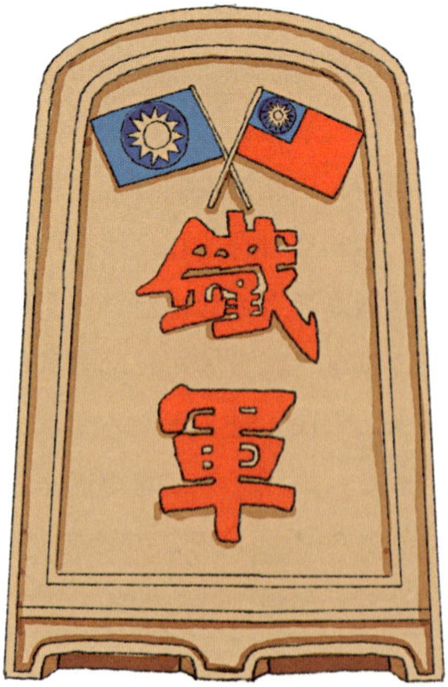

“铁军”铁牌

“铁军”的爱戴和期望。

为什么“铁军”能够建立这样伟大的战功呢？叶挺曾经总结说：“主要的一个原因，就是因为独立团是共产党的军队，因为有了共产党，我们才能成为铁军。”朱德也曾经总结说原因有三：军队中有中共的组织；有政治训练；有广大的农民和人民群众的支持。这些都是中国共产党领导和建设人民军队的重要法宝。

“铁军”简介

叶挺独立团的前身是1924年11月组建的建国陆海军大元帅府铁甲车队，是中国共产党直接领导的第一支革命武装力量。1925年11月，以铁甲车队为基础扩编为国民革命军第四军第十二师第三十四团，叶挺任该团团长。1926年1月，改称国民革命军第四军独立团。同年12月，扩编为国民革命军第四军第二十五师，下辖第七十三团（叶挺独立团）、七十四团、七十五团。1927年8月1日，参加南昌起义。1928年4月28日，南昌起义部队由朱德、陈毅率领，与毛泽东领导的部队在井冈山会师。会师后，部队编成第二十八团，成为红四军主力团，也是后来红一军团的主力。这支部队在其后的长征、抗日战争和解放战争中一路当先锋、打头阵，为创建新中国立下了赫赫战功。“铁军”称号自北伐战争时起，一直传承、延续至今。

学思之窗

1. 叶挺独立团在北伐战争中立下赫赫战功，人民群众为其打造了“铁军”铁盾牌，展现出党领导下的军队与人民是什么样的关系？

2. 把人民军队建设成为世界一流军队，必须坚持党的绝对领导。我们应该如何正确理解这一观点？

血雨腥风“四一五”

“革命理想高于天。中国共产党之所以叫共产党，就是因为从成立之日起我们党就把共产主义确立为远大理想。我们党之所以能够经受一次次挫折而又一次次奋起，归根到底是因为我们党有远大理想和崇高追求。”

——2016年7月1日习近平总书记在庆祝中国共产党成立95周年大会上的讲话

中国共产党在领导中国人民革命的历程中，经常面临着白色恐怖的危险。很多人也知道，白色恐怖指的是国民党反动派残酷镇压人民的恐怖气氛。可是，究竟什么样的程度才是白色恐怖？看一看国民党反动派背叛革命之后，对共产党员和进步群众的大屠杀就知道了。

1927年4月12日，蒋介石在上海发动四一二反革命政变，解散上海总工会等革命团体，收缴工人纠察队的武器，逮捕和杀害共产党人和革命群众。大革命遭受严重挫折，这是大革命从高潮走向失败的转折点。继上海后，江苏、浙江、安徽等省相继以“清党”为名，大规模搜捕共产党员和革命群众。在上海参加秘密会议的李济深和黄绍竑等人回到广州后，也着手召开军事会议，研究广州“清党”部署。

山雨欲来风满楼。4月14日晚，国民党广州当局下令全城戒严，在市内各重要路口和繁华地段设立岗哨，不准行人通过，并派出军队控制了市电话局、市电报局和《广州民国日报》报社等重要部门。15日凌晨2时，国民党反动派开始在广州进行反革命大屠杀，搜查工农革命团体，逮捕共产党人。敌人搜查和封闭了中华全国总工会广州办事处、省港罢工委员会、广州工人代表大会等200多处革命团体。至15日，逮捕共产党人和进步群众2000多人。很多人当场被杀害。这就是国民党广东反动当局制造的四一五反革命政变。至20日，被捕人数增至5000多人，其中2000多人惨遭杀害，萧楚女、刘尔崧、熊雄等100多名共产党人英勇牺牲。当时，身在广州的邓颖超因难产正在德国人开办的西关保生医院休养，组织通知她立刻撤离广州时，因身体虚弱，在医生帮助下在医院躲避了半个月，后化妆成护士乘船才得以离开广州。由于小产后颠沛流离，休养不好，最终造成邓颖超终身不育。“革命的发源地广州，现在已变成反革命的巢穴了。”接着，国民党反动派在全省许多中等城市、县城，继续疯狂逮捕、屠杀共产党人和进步分子，从广州至全省各地，均处于一片白色恐怖之中。

面对国民党反动派的逮捕、屠杀，中国共产党组织集中在广州近郊的3000多名农军，进行了英勇抵抗，终因敌我兵力悬殊，归于失败。很多共产党员被捕时，仍坚信理想之光不灭，展现出共产党人绝不屈服的坚强意志。1927年4月出版的《黄埔周刊》，对广州四一五反革命政变有这样一段记述：“十五日早，永汉马路、南关戏院附近各马路，共派分子逮解者，如百川汇海，均由军队押送，用草绳捆缚，被捕者或高唱《国际歌》，或高呼共产党万岁口号，至南关戏院内，仍呼喊演说不辍，有时更杂以拍掌声……”这是一个反共的记者的叙述。如果不是有荷枪实弹的军队押送，有绳子捆绑，人们真会以为这是共产党组织的一次盛大集会。这种为了理想信念慷慨赴死的情景，使反动分子也受到强烈震撼。

四一五反革命政变使广州地区的党组织遭受严重损失，广东完全被新军阀所控制，革命暂时处于低潮。但中共广东区委积极采取应变措施，将公开的党组织转入地下继续战斗，发动工农武装起来反抗敌人的白色恐怖，打击了国民党的反动统治，保存和扩大了革命力量，为广州起义、建立工农红军和发展农村革命根据地奠定了一定的基础。

四一二反革命政变简介

1927年4月12日，蒋介石在上海发动反革命政变。在北伐如火如荼地推进时，1927年3月下旬，蒋介石到达上海，于4月初约集李宗仁、白崇禧、李济深等10余人，举行反共秘密会议，决定以暴力手段“清党”。由于共产国际对蒋介石、汪精卫抱有幻想，使党和革命群众对即将发生的反革命政变缺乏应有准备。4月11日晚，蒋介石密令“已克复的各省，一致实行清党”。当晚，蒋介石指使杜月笙诱杀上海总工会委员长、共产党员汪寿华。12日凌晨，被蒋介石收买的青帮武装分子冒充工人，向分驻各处的工人纠察队发动袭击。13日上午，上海总工会在闸北青云路广场举行10万工人参加的群众大会，会后整队游行，当队伍行至宝山路时，遭到国民党军队的屠杀，群众死亡百余人，伤者无数。此后，蒋介石继续捕杀共产党人和革命群众，仅3天，就有300多人被杀，500多人被捕，5000多人失踪。四一二反革命政变是大革命从高潮走向失败的转折点，标志着大革命遭受严重挫折。7月15日，汪精卫在武汉发动七一五反革命政变，标志着大革命的彻底失败。

学思之窗

1. 大革命是国共两党合作的共同反帝反封建的伟大运动，其最终走向失败的客观原因是什么？

2. 我们今天的幸福生活是无数革命烈士用鲜血换来的，我们应该怎样做，才能继承好先烈的遗志？

青年军人的模范

扫二维码
听音频

“对党忠诚，是共产党人首要的政治品质。我们党一路走来，经历了无数艰险和磨难，但任何困难都没有压垮我们，任何敌人都没能打倒我们，靠的就是千千万万党员的忠诚。对党忠诚，必须一心一意、一以贯之，必须表里如一、知行合一，任何时候任何情况下都不改其心、不移其志、不毁其节。”

——2021年3月1日习近平总书记在2021年春季学期中央党校（国家行政学院）中青年干部培训班开班式上的讲话

1924年，22岁的蒋先云在来自全国各地的1200余名有志青年中脱颖而出，以总分第一的成绩考入黄埔军校。时至今日，我们仍能看到，在存放于黄埔军校档案中的《陆军军官学校学生详细调查表》中，有一栏是“为何入校”，蒋先云写道：“磨练革命精神，造成一健全革命分子。”

从入学到毕业考试，蒋先云囊括所有科目成绩第一名，创造黄埔军校史上后无来者的奇迹，与陈赓、贺衷寒并称“黄埔三杰”，蒋先云为“黄埔三杰”之首。蒋介石视他为黄埔军校奇才，曾声言：“如果革命成功后，我解甲归田，黄埔这些龙虎之士，只有蒋先云才能指挥。”周恩来说，“蒋先云是军校中的高材生”“是个将才”“奇才”。徐向前曾经回忆说：“蒋先云是我的良师益友，他斗争坚决，作战勇敢，头脑敏捷，堪为青年军人的模范。”

蒋介石明知蒋先云是共产党员却依然竭力拉拢他，蒋介石以为自己只

蒋先云

要用高官厚禄、大好前程就能拴住蒋先云。然而，蒋先云注定会让他失望。1926年3月20日，蒋介石制造中山舰事件，采取反共行动。他宣布第一军中不能有共产党，要想继续留在第一军中，必须宣布退出共产党。说着，他把目光定准了蒋先云，希望他能附和自己。

谁料蒋介石话音刚落，蒋先云猛地站起来，挺起胸膛，直视蒋介石，义正词严地说道："我是共产党员，永做共产党员。现在我郑重申明，退出国民党！"在场所有人目瞪口呆。

蒋介石发给每人一张"党籍声明表"。蒋先云严正声明："谁脱离共产党，就是背叛革命！头可断，而共产党籍不可牺牲！"说罢，当众把"党籍声明表"撕了个粉碎。

蒋介石没有放弃拉拢蒋先云，事后，他又多次找到蒋先云，并企图以中将教育长等头衔，引诱他脱离共产党。蒋介石甚至写了一封言辞诚恳的信给蒋先云："不论你退出共产党也好、不退出共产党也好，都希望你回到吾身边工作，吾现时部务之繁杂，宜得精明之辅佐，吾身边不能没有你。"

但是，蒋先云依然不为所动。他还说："官可以不做，而命不可不革，我蒋先云为革命肝脑涂地，在所不惜！"之后，毅然退出军队。

1927年4月12日，蒋介石在上海发动四一二反革命政变。蒋先云闻讯后，立即组织在武汉的黄埔学生，成立"讨蒋委员会"，蒋先云自任主席，高喊"蒋贼不除，永无宁日"的口号，号召各界民众讨伐蒋介石，师生二人正式决裂。

然而，在1927年5月讨伐奉军的一次战役中，蒋先云英勇牺牲，牺牲前他还高喊："冲啊，杀啊！前进，前进！"一颗耀眼的流星一闪而过，在中国共产党历史上留下璀璨夺目的光芒。

蒋先云简介

蒋先云（1902—1927），湖南新田人，中国共产党早期优秀党员、无产阶级革命家、工人运动领袖、军事将领。1919年，参加五四运动。1921年冬，加入中国共产党。1922年夏，赴江西安源开展工人运动。12月，领导水口山矿工大罢工。1924年5月，入黄埔军校第一期学习，任中共黄埔军校特别支部书记，毕业后留校任蒋介石秘书。1925年，发起成立青年军人联合会，参加东征讨伐陈炯明和平定滇桂军阀杨希闵、刘震寰叛乱。8月，任国民革命军第一军第三师第七团党代表，率部参加第二次东征。北伐战争开始后，任北伐军总司令部秘书，兼补充团第五团团长，参加攻打九江、南昌等战役。1927年5月，任国民革命军第十一军二十六师七十七团团长兼党代表，率部北上河南。5月28日，在攻克临颍城的战斗中英勇牺牲，年仅25岁。周恩来在武昌亲自主持召开追悼会，中共中央机关刊物《向导》周报刊载《悼蒋先云同志》一文，文中说：“他的死不但足以表示无产阶级之战士能勇敢忠诚的为革命而牺牲，而且使一般革命党人都应以他为模仿。”

学思之窗

1. 面对蒋介石的高官厚禄诱惑，蒋先云不为所动，表现出共产党人什么样的精神品质？

2. 对党忠诚是具体的、历史的，不同时期的表现是不一样的。新时代的我们应该怎么做才符合对党忠诚的要求？

男儿不可为不义屈

“我们一定要牢记革命先辈为中国革命事业付出的鲜血和生命，牢记新中国来之不易。创业难，守业更难。广大党员、干部和人民群众要很好学习了解党史、新中国史，守住党领导人民创立的社会主义伟大事业，世世代代传承下去。”

——2020年7月22日习近平总书记在吉林省考察时的讲话

1927年4月，蒋介石在上海发动四一二反革命政变后，广州局势也骤然紧张起来。在这危急关头，刘尔崧的同事和爱人劝他注意隐蔽，刘尔崧却认为：“现在正是需要我们的时候，如果我们在这危紧的时候跑了，那谁来领导工人与敌人做斗争呢？”他毅然决然投入到紧张的革命斗争中去。4月15日，国民党当局在广州也发动了反革命政变，刘尔崧不幸被捕。

敌人深知刘尔崧是共产党的重要干部，把他作为重要犯人关押在监狱。为了从刘尔崧的口里获取共产党员的分布情况，国民党反动派妄图以高官厚禄诱惑他说：“只要你脱离共产党，回到国民党怀抱，我们可以让你担负更重要的职务。”刘尔崧斩钉截铁地怒斥敌人说：“我是共产党员，我坚决不离开共产党组织……现在我已被捕，要我供认共产党分布情况是绝对不可能的。要杀要斩，随你们的便。”刘尔崧驳斥得敌人哑口无言，最终没有向敌人透露党的任何机密。

刘尔崧

敌人见诱惑不成，恼羞成怒，就把刘尔崧装进草袋子里转送到南石头监狱。这是一个专门关押、审讯、杀害共产党人和革命群众的监狱，里面阴暗潮湿、环境恶劣。在南石头监狱，敌人用新刑具折磨刘尔崧，试图摧毁他的意志。饱受百般摧残之后，刘尔崧遍体鳞伤、几度昏厥，鲜血淋漓，染红了衣襟。刘尔崧不顾全身伤痛，仍鼓励狱中难友们都保持革命气节，他说："我们要坚决斗争，我们的斗争是正义的，我们的革命一定会胜利的。绝不要向敌人屈膝投降，为革命牺牲是光荣的。"难友们都被他的精神深深震撼了。

敌人无计可施，决定杀害刘尔崧。一天，两个狱卒忽然宣布把他转运到其他地方。刘尔崧知道，这是为党和民族牺牲自己生命的时候了，便神态自若、从容不迫地走出狱门。刘尔崧频频回望狱中难友们，高声朗诵唐朝名将张巡就义前对部将南霁云所说的一句话，"南八！男儿死而，不可为不义屈"，以激情陈昂的话语表明宁死不屈的坚强意志。在去刑场的路上，刘尔崧一路高呼："打倒国民党反动派！中国共产党万岁！"敌人把罪恶的子弹打向刘尔崧。身中数枪后，刘尔崧倒下了，时年28岁。

滔滔珠江低唱挽歌，两岸船鸣送别烈士。烈士的鲜血没有白流，刘尔崧牺牲后，广大人民群众含着无限悲痛，沿着先烈的奋斗足迹，继承先烈的未竟事业，继续战斗着。1928年11月，中共广东省委第二次扩大会议决议指出："刘尔崧等同志的牺牲是中国革命的很大损失，他们都是全国的伟大的革命领袖，他们为了中国无产阶级与贫苦工农的解放而流血。这是党和人民对刘尔崧革命一生的高度评价，他像一面屹立不倒的旗帜，永远激励着我们为实现民族复兴的宏伟目标而奋斗。"

刘尔崧简介

刘尔崧（1899—1927），广东紫金人，广东地区党团组织的创始者和领导人，中国共产党早期党员之一。五四运动时领导广州爱国学生运动。1919年，从广州回到紫金县城，开展新文化宣传和爱国运动。1921年，加入中国共产党，继续投身工人运动和学生运动。1922年，参与第一次全国劳动大会的筹备工作，后创办爱群通讯社，出版《星期报》，指导工人运动。同年冬，到顺德领导工人运动，在珠江地区点燃农民运动的火焰。1923年4月，领导顺德大良镇工人罢工。6月，作为广东代表出席中共三大。1924年7月，发动沙面工人大罢工。后被选为中共广东区委委员等。10月，率广州工团军参与平定商团叛乱。1925年5月，出席在广州举行的第二次全国劳动大会。五卅惨案发生后，参与发动沙面、东山洋务工人罢工。1926年4月，任广州工人代表大会执行委员会主席。1927年四一二反革命政变发生后，继续领导工人斗争。4月15日，被国民党特务逮捕。4月19日，被秘密杀害在广州白鹅潭。

学思之窗

1. 刘尔崧被捕后，明明可以服从国民党的安排担任更重要的职务，为什么他却义正词严拒绝了？

2. 刘尔崧在狱中被打得遍体鳞伤、鲜血淋漓，却还不忘鼓励难友们保持革命气节，展现出共产党员什么样的精神品质？

第八章

妇女运动：妇女能顶半边天

穿过枪林弹雨的革命爱情

“希望中国宋庆龄基金会秉承宋庆龄先生‘永远和党在一起’的信念，践行‘和平·统一·未来’宗旨，把握时代主题，发挥特色优势，深化对外民间友好合作，致力于推动祖国和平统一，助力青少年成长成才，发展公益慈善事业，为促进海内外中华儿女大团结、实现中华民族伟大复兴的中国梦作出新的更大的贡献。”

——2022年5月31日习近平总书记致中国宋庆龄基金会成立40周年的贺信

1922年6月16日对于孙中山来说是一个最为灰暗和难忘的日子，他一直悉心培养的革命弟子——陈炯明公然发动武装叛乱，炮轰总统府。危急时刻，孙中山与夫人宋庆龄上演了一场穿过枪林弹雨的革命爱情故事。

面对陈炯明的背叛，宋庆龄非常担心孙中山的安危，她对要求她一起撤离的孙中山坚定地说：“中国可以没有我，但不可以没有你。”宋庆龄再三婉求，孙中山终于答应撤离，并留下所有卫兵护卫其安全。

孙中山离开后，宋庆龄命令卫队将越秀山粤秀楼内的电灯全部打开，造成孙中山仍在的假象，以掩护孙中山撤离。卫队分别在四座炮楼、头门和粤秀楼四周布防，并派人把守天桥。孙中山走后约半小时，叛军开始从越秀山山顶居高临下地向粤秀楼射击。

为了安全脱险，宋庆龄决定放弃粤秀楼，通过天桥撤往总统府。这时，叛军为防有人过桥，不时向桥面射击。宋庆龄利用天桥两侧夹板作掩护，手膝并用，匍匐前行，一鼓作气通过了天桥。

宋庆龄通过天桥仅半小时后，天桥的一段便被叛军焚毁。下午 4 时，总统府的大门被叛军打开了。趁着混乱，宋庆龄头盖草帽、身披雨衣，混在向外跑的人群中，逃出总统府。之后，她经过一天一夜的艰难路程，冲破层层封锁，才在17日晚上辗转到达永丰舰（后改名“中山舰”）上与孙中山会合。宋庆龄在《广州蒙难记》中回忆说：“敌兵一轰进来，我们的兵士子弹已竭，只好将枪放下。我只见四围敌兵拿着手枪刺刀指向我们，把我们手里的一些包裹抢去，用刺刀刺开乱抢东西。我们乘这机会逃开……我再也走不动了，凭两位卫兵一人抓住一边肩膀扶着走……正走之时，忽有一队兵由小巷奔出，向我们射击。同行的人叫大家伏在地上装死，那些乱兵居然跑过去，到别处去抢掠了。我们爬起又跑……终于在舰上见到中山先生，真如死别重逢。”

宋庆龄在这件事中表现出的临难应变和大义凛然及辅助孙中山的功绩，受到革命党人及广大官兵的衷心敬佩。孙中山为宋庆龄题写“精诚无间同忧乐，笃爱有缘共死生”的联句，表达深厚的革命夫妻情谊。通过这次事件，何

中山舰

香凝十分敬仰宋庆龄。她说：宋庆龄当时“处处为孙先生着想——也可以说是为中国革命的前途着想，临难应变，这么大义凛然，真令人感动！……自从这件事之后，我对于夫人就格外地尊敬爱护了”。

此次广州蒙难，宋庆龄因惊恐疲惫导致流产，以致终生未能生育，这对于一位女性来说，不但在健康方面受到严重的损害，而且精神上所蒙受的创痛，尤为严重。宋庆龄具有博大的胸怀和真诚的爱心，在以后的革命生涯中，她数十年如一日地关心和提倡妇女解放、倡办妇幼儿童事业，是全国妇女衷心爱戴的领袖，是中国少年儿童慈爱的祖母。

宋庆龄简介

宋庆龄（1893—1981），广东文昌（今属海南）人，中华人民共和国的缔造者之一、国家名誉主席，伟大的爱国主义、民主主义、国际主义和共产主义战士，举世闻名的伟大女性。一生始终坚定地和中国共产党站在一起，为中国人民的解放事业、妇女儿童的卫生保健和文化教育福利事业，以及祖国统一、世界和平事业作出了不可磨灭的贡献，受到中国人民、海外华人华侨的景仰和爱戴，在国际社会享有崇高威望。

宋庆龄在青年时代追随孙中山参加革命。蒋介石背叛革命后，与中国共产党联名发表通电，予以严厉谴责。1927年8月，赴莫斯科。1931年8月，从欧洲归国后，投入争取民主权利的斗争。抗战时期，为促成第二次国共合作和抗日民族统一战线作出巨大贡献。1948年初，被选举为中国国民党革命委员会（简称“民革”）名誉主席。在全国政协第一届全体会议当选中央人民政府副主席，1959年、1965年两次当选中华人民共和国副主席，第一、四、五届全国人民代表大会常务委员会副委员长。

学思之窗

1. 从宋庆龄勇救孙中山的故事，我们可以感悟到，美好的爱情应该是什么样的？

2. 宋庆龄一生始终坚定地与中国共产党站在一起，你是否还知道一些宋庆龄与中国共产党精诚合作的故事？如果知道，请说一说。

中国首次妇女节

扫二维码
听音频

“追求男女平等的事业是伟大的。纵观历史，没有妇女解放和进步，就没有人类解放和进步。为实现男女平等的崇高理想，人类走过了不平坦、不平凡的历程。从200多年前世界第一份妇女权利宣言诞生，到‘三八’国际劳动妇女节的设立，到联合国成立妇女地位委员会，到通过《消除对妇女一切形式歧视公约》，妇女事业发展的每一步都推动了人类文明进步。”

——2015年9月27日习近平总书记在全球妇女峰会上的讲话

每年的3月8日，是国际妇女节，又称“国际劳动妇女节”“三八节”“‘三八’妇女节”，这是每个人都知道的基本常识。这一节日是为庆祝妇女在经济、政治和社会等领域作出的重要贡献和取得的巨大成就而设立的，现已成为一个争取妇女权利和妇女参与政治经济事务的象征，对女性有着特别的意义。

中国首度公开、正式纪念“三八”国际妇女节，是在1924年3月的广州。

1924年1月，在国民党一大上，何香凝作为孙中山亲自指定参会的妇女代表，向大会提交了两个提案：一是“妇女在法律上、经济上、教育上一律平等”；二是要在“中央设立妇女部”。两个提案均被采纳，促使《中国国民党第一次全国代表大会宣言》的政纲中明确规定：“于法律上、经济上、教育上、社会上确认男女平等之原则，助进女权之发展。”国共两党建立革命统一战线后，国民党中央成立了妇女部。为推动妇女群众运动的蓬勃发展，何香凝决定组织广州各界妇女开展纪念“三八”国际妇女节活动。这一活动得到了社会各界人士的普遍认同和支持。

何香凝

为了组织好纪念“三八”国际妇女节活动，何香凝呕心沥血，积极动员社会各界妇女参与其中。广东各界的女共产党员和女共青团员积极参加了大会的筹备工作。1924年3月8日，中国妇女在广州第一次迎来了自己的节日。广州第一公园（今人民公园）会场四周贴满了“妇女要求有劳动平等权、教育平等权、参政权”等标语，在校女学生、各妇女团体、工厂女工等各界妇女从四面八方赶赴会场，参加大会的有2000余人。庆祝大会于上午11时正式开幕，何香凝主持大会并作了演讲。她讲述了纪念“三八”国际妇女节的意义，阐述了妇女所受的沉重压迫，分析了压迫的根源，号召妇女联合起来参加打倒帝国主义和封建主义的革命斗争，争取民族的解放和妇女自身的解放。庆祝大会结束后，何香凝同与会者一起举行示威游行活动，高呼“打倒封建主义、打倒帝国主义”“保护童工孕妇，革除童养媳，革除多妻制，禁止蓄奴纳妾，废除娼妓制度”“争取妇女解放”等口号，另组织十余人乘汽车沿途散发传单并一路演讲，并派出多个演讲队，分赴工厂、剧院等处演讲，宣传大会精神，启发妇女群众觉悟。

这是中国首次公开纪念“三八”国际妇女节的活动，也是第一次国共合作时期国共两党结成妇女统一战线的标志。尽管女性平权依旧停留在口号，无法在法律层面得到保障，但是这在中国妇女运动史上开了一个新纪元，推动“三八”国际妇女节逐渐成为中国广大妇女谋求解放和加强团结的重要节日。随着大革命的发展，“三八”国际妇女节纪念活动从广州逐步扩展至北京、天津等北方各地，进而推广至全国。1949年12月，中央人民政府政务院规定每年3月8日为妇女节。

何香凝简介

何香凝（1878—1972），广东南海（今广州）人，中国国民党左派杰出代表、著名政治活动家、女权运动先驱，孙中山的亲密战友、廖仲恺的革命伴侣、共产党人的老战友，同中国共产党真诚合作的典范，还是画坛杰出的美术家、中国国民党革命委员会主要创始人之一。

早年参加同盟会。坚决支持国共合作。1924年，当选为国民党中央执行委员会妇女部部长。1927年，蒋介石发动四一二反革命政变后，辞去职务，开展反蒋斗争。抗日战争时期，响应中国共产党抗日民族统一战线的号召，从事抗日民主运动。1947年，参与筹组中国国民党革命委员会，从事反蒋活动。中华人民共和国成立后，历任中央人民政府委员，第二、三届全国人大常委会副委员长，第二、三届全国政协副主席，华侨事务委员会主任，全国妇联第一、二、三届名誉主席，中国国民党革命委员会中央副主席、主席，中国美术家协会主席等职。曾出版画集《何香凝画辑》《何香凝诗画集》，及与廖仲恺著作合编的《双清诗画集》等。

学思之窗

1. 宋庆龄、何香凝是共产党人的老战友、好朋友，她们对中国革命作出了重要贡献。我们应该如何正确评价这类人士？

2. 妇女工作是党的妇女事业的重要组成部分，新时代的我们应该为妇女工作做哪些力所能及的事情？

爱情之花在广州开放

扫二维码
听音频

“马克思无私资助革命事业，即使在自己生活极度困难的情况下仍然尽最大努力帮助革命战友。马克思和妻子燕妮患难与共，谱写了理想和爱情的命运交响曲。”

——2018年5月4日习近平总书记在纪念马克思诞辰200周年大会上的讲话

动荡的革命岁月里也有浪漫的爱情故事。我们都知道周恩来总理对党和国家的贡献很大，但可能不知道他和邓颖超的美好爱情故事。周恩来和邓颖超这一对璧人，在大革命时期的广州，开出了美丽的爱情之花。

1925年8月初，一艘从上海开往广州的客轮徐徐停泊在珠江码头。一个身着白衫黑裙的女孩满怀兴奋、喜悦的心情踏上码头，她是来赴一场婚约并开始一份新事业的。这个女孩就是邓颖超。

这是自周恩来旅欧、两人阔别五年之后的第一次重逢。他们在远渡重洋的信件中确定了爱情，并决定携手共度革命人生。

对千里迢迢南下广州的邓颖超，周恩来百忙之中一点也不敢怠慢，一大早就起床整理房间。然而，由于工作实在太忙，他只得把接新娘的任务交给秘书陈赓，他给了陈赓一张邓颖超的一寸照，让他到码头上寻人。

原以为周恩来会在码头上等待的邓颖超，却左等右等等不到人，心中不免有些失望和生气，好在她知道周恩来在文德楼的寓所，于是喊了辆人力车，直奔文德楼而去。

文德楼3号2楼，是周恩来为邓颖超准备的新婚居所。一张书桌、一个藤编书架、几把藤椅、一张双人木床、一个玻璃门衣柜、一些浅色的家具，虽简单，但是朴素淡雅。窗台上还摆着两盆盛开的鲜花，都是周恩来特意让人买来的，只因他记得，“小超最喜爱鲜花”。看到这一切的邓颖超，内心的不悦瞬间烟消云散。

邓颖超曾经回忆说：“我们那时没有可以登记的地方，也不需要什么证

文德楼

婚人、介绍人，更没有讲排场、讲阔气，我们就很简单地，没有举行什么仪式，住在一起。在革命之花开放的时候，我们的爱情之花并开了。”

虽说邓颖超与周恩来没有举行正式的结婚仪式，但仍然举行了一场婚宴，许多友人参加了。张治中的秘书余湛邦回忆说：“周恩来和邓颖超1925年8月8日在广州结婚。当时，革命形势动荡，工作非常紧张，他们无暇举行婚礼。可是，张治中告诉我，周、邓虽无婚礼仪式，但确实举行过庆贺，他亲身参加了。地点在广州旧汉民路一家规模不大的西餐菜馆。张还记得当时邓演达、恽代英、熊雄、高语罕、鲁易、邓中夏、陈延年等都在场。气氛热烈，宾主尽欢，还闹了酒。客人们早听说邓颖超在‘五四’时期便当演讲队长，大家热烈鼓掌，要求新娘子站在小板凳上报告恋爱经过。周恩来担心她应付不了这个场面。只见邓颖超落落大方地踏上凳子，脸色虽然有些绯红，但完全没有一般少女的那种忸怩和慌张。她轻轻咳嗽了一声，清了清嗓子，便从容不迫地述说起来。她先从‘五四’时期和周恩来相识谈起，接着又讲了他们几年相爱的经过。邓颖超侃侃而谈，口齿清楚，声音宏亮，讲得绘声绘色，不时引起人们一阵又一阵的掌声。”

邓颖超简介

邓颖超（1904—1992），河南光山人，伟大的无产阶级革命家、政治家，著名社会活动家，坚定的马克思主义者，党和国家的卓越领导人，中国妇女运动的先驱。

五四运动时，与周恩来等共同领导天津学生的爱国运动，组织觉悟社，二人开始有接触。1920年11月，周恩来赴法国勤工俭学时，她在天津当教员，彼此常通信。通信中，周恩来向邓颖超表达爱意，并持续不断去信表明心迹，二人终于在1923年明确恋爱关系。从1923年到1925年之间，通信很少谈爱情方面的事，主要是谈思想，谈国家的命运，谈革命工作。1924年9月初，周恩来从法国回国到广州后，邓颖超于1925年8月到广州同周恩来结婚。

周恩来和邓颖超是一对无可争辩的革命伉俪，他们的爱情、婚姻始终与中国革命事业紧密相联。二人虽然经常分别，但无时无刻不是为了共同理想而奋斗。他们的爱情历经了半个多世纪的风风雨雨，却依然浓烈炽热，成为令世人景仰的模范和学习的榜样。

学思之窗

1. 革命爱情永不褪色。为什么说周恩来和邓颖超是一对无可争辩的革命伉俪？

2. 爱情是美好的，但也是苦涩的。作为新时代的青年，我们应该树立什么样的爱情观？

广东第一位女共产党员

扫二维码
听音频

“广大妇女要自觉肩负起尊老爱幼、教育子女的责任，在家庭美德建设中发挥作用，帮助孩子形成美好心灵，促使他们健康成长，长大后成为对国家和人民有用的人。广大妇女要发扬中华民族吃苦耐劳、自强不息的优良传统，追求积极向上、文明高尚的生活，促进形成良好社会风尚。”

——2013年10月31日习近平总书记在同全国妇联新一届领导班子成员集体谈话时的讲话

“出师未捷身先死，长使英雄泪满襟”，这是唐代诗人杜甫《蜀相》里的诗句，表达的是对诸葛亮雄才伟略却壮志未酬的惋惜之情。1929年底，当听闻爱人高恬波被敌人杀害后，阮啸仙悲痛万分，借用杜甫的这句诗表达了对最亲密战友和爱人的深切怀念之情。

高恬波出生于医者之家，从小就受父亲影响，对医学产生了浓厚的兴趣，并以此为理想，考上了广州市妇孺产科学校。

在学校里，高恬波专心学习，成绩优异，但她并不是一个只读书不问路的书呆子。天下兴亡，匹夫有责，为国尽忠、为民尽责的抱负时刻敲打着她的心灵。当五四运动的声浪传到校园后，高恬波加入了进步组织，声援五四运动，她在斗争中迅速成长起来，从一名优秀的学生成长为反帝反封建的先锋。1924年春，高恬波加入了中国共产党，成为广东第一位女共产党员。

高恬波

在大革命的洪流中，高恬波任国民党中央妇女部干事，成为时任妇女部部长何香凝的得力助手。高恬波开展工作有办法、有能力、有成效，受到了何香凝等人的肯定和赞扬。

北伐开始后，高恬波参加了北伐军的战地救护队，随军转战江西。大革命失败后，高恬波按照党组织的要求转移到农村坚持革命斗争。1927年12月，广州起义爆发，高恬波回到广州，组织领导妇女救护伤员。起义失败后，她又被党派到江西省委，除做妇女工作外，还兼任秘密交通、会计、庶务等工作，来往于南昌、赣州等地。1929年12月25日，由于被叛徒出卖，高恬波不幸被捕。

国民党反动派得知抓到了一条共产党的“大鱼”，决定先用高官厚禄引诱她，让她说出省委组织部门党员名单。没想到得到的却是高恬波义正词严的拒绝：“被你们抓了，我就没想过活着出去。”

他们竟然想出了一个名叫“披麻戴孝”的酷刑，将高恬波用绳子吊起来，然后用钉满钉子的棍子或木板等工具使劲抽打。每抽打一下，高恬波都感受到撕心裂肺的痛。接下来，敌人又把皮开肉绽的高恬波涂上盐水，继而贴上粗麻布，等到布片与伤口完全粘合后，再将布片一片片撕下来。在巨大的疼痛中，高恬波依然没有屈服，最后，被活活折磨致死。

为了悼念高恬波烈士，1930年1月，党中央机关刊物《红旗》第69期发表了《悼念我们的女战士高恬波同志》，号召学习她的革命精神，斗争到底。中华人民共和国成立后，时任全国人大常委会副委员长的何香凝写文章褒扬高恬波和阮啸仙夫妇的革命事迹，称赞：“高恬波为被封建奴役的中国妇女争取人权，带领广大工、农、妇女发动革命运动，与帝国主义、反动势力进行殊死斗争，是中国共产党员的优秀典范！”

高恬波简介

高恬波（1898—1929），广东惠阳人，阮啸仙的爱人。1923年，加入中国社会主义青年团。1924年，加入中国共产党。在第一次国共合作中，担任国民党中央妇女部干事，同何香凝、蔡畅、邓颖超等妇女运动领袖共事，从事妇女运动。1924年7月，参加广州第一期农民运动讲习所，曾任共青团广东区委妇女支部第一任书记。1926年，随国民革命军北伐，担任北伐军妇女救护队队长，带领女救护队随军辗转湘、鄂、赣三省。在进攻汀泗桥的战斗中，带队冒着枪林弹雨，奋不顾身地抢救伤员，被赞为北伐军救护队的“女将军”。1927年春，遵照党的决定，由南昌回到广州，护理肺病复发的阮啸仙。在广州起义中组织领导妇女救护伤员，广州起义失败后，中央派阮啸仙、高恬波夫妇去苏联学习，但因国内革命斗争需要，1928年，高恬波作为中央特派员再次前往江西担任省委妇女部部长，同时兼任秘密交通、会计等工作，活动于南昌、赣州等地。1929年12月，由于叛徒出卖，不幸被捕，英勇就义，年仅31岁。

学思之窗

1. 学习是人成长进步的必由之路。作为青年人，除了学习科学文化知识之外，我们还应该学习什么，才能为我们建功立业打下坚实基础？

2. 实现中华民族伟大复兴离不开亿万中国人民的磅礴之力，请思考：妇女在其中发挥着什么样的重要作用？

智救周文雍

“干事担事，是干部的职责所在，也是价值所在。党把干部放在各个岗位上是要大家担当干事，而不是做官享福。改革发展稳定工作那么多，要做好工作都要担当作为。……担当和作为是一体的，不作为就是不担当，有作为就要有担当。做事总是有风险的。……正因为有风险，才需要担当。……凡是有利于党和人民的事，我们就要事不避难、义不逃责，大胆地干、坚决地干。”

——2021年9月1日习近平总书记在2021年秋季学期中央党校（国家行政学院）中青年干部培训班开班式上的讲话

1927年10月，广州笼罩在一片白色恐怖之中，国民党反动派为了镇压革命力量，强行解散广州罢工工人纠察队，到处张贴禁止罢工的“公告”、捕杀共产党人。

周文雍不为所惧，经过精心筹划，他率领数千名失业工人组成队伍，他们涌上街头，散发传单、高呼口号、游行示威。反动军警大吃一惊，急忙调兵围捕。周文雍为掩护群众撤退，不幸受伤被捕。中共广东省委、广州市委召开紧急会议，得知周文雍没有暴露身份，马上作出“智救周文雍”的决定。

陈铁军和大家一起制订营救计划。冥思苦想后，陈铁军想出一条妙计，她以妻子的名义到狱中送饭，在饭上面放两块肥猪肉，下面铺满辣椒粉。事先党组织已派人将计划告知周文雍，周文雍按要求把辣椒饭全部吃光，不喝水。

周文雍本不能吃辣，再加上广东天气较为潮湿，第二天就发起烧来，满脸通红，捂着肚子叫痛。狱中的共产党员趁机鼓动被捕群众，大声说道："不好了，监狱有人患伤寒病啦！"

"伤寒是传染病，会死人的！"很快，整个监狱的人都被鼓动起来。监狱长急忙带了狱医前来检查。监狱的黄姓医生是一个思想进步、倾向革命的人，事前陈铁军曾以"表亲"的关系去拜访过他。黄姓医生为周文雍检查听诊后，捂着鼻子面露难色说："是伤寒，赶快送往医院隔离吧！"监狱长担心疾病传染，便迅速将周文雍转送到西湖路市立医院犯人留医室。

第二天中午，看管留医室犯人的军警交班时，忽然进来一个穿长衫的人。他趁人不备，拔出两只驳壳枪对准了军警。这时，又从外面冲进几个人，缴了军警的枪，然后冲进留医室，用灰色床布把周文雍包裹着背出医院。这时，一辆事先准备好的汽车风驰电掣驶来，接上他们后驶向沙河的石场。汽车到了目的地，司机才看清楚灰布里卷着的是周文雍，他惊讶之余不禁大笑起来。第二天，香港的《循环日报》和《超然报》在头版登载了这个事件。

周文雍获救后，又马不停蹄投入战斗。之后，他参加了广州起义，率领部分起义武装和十多倍于自己的敌人在广州的大街上短兵相接，浴血奋战，杀出一条血路，成功突围，撤离广州。到香港不久，1928年1月，周文雍接受党组织的派遣，与陈铁军再次假扮为夫妻，从香港返回广州，重建广州市委秘密机关。到广州后，他们一面积极找寻失掉联系的同志，一面加紧开展组织活动，并准备在春节期间发动一次政治攻势。不幸的是，由于周文雍在广州名气很大，很多人都认识他，2月2日，因叛徒出卖，两人不幸被捕，四天后被反动派残忍杀害。

陈铁军简介

陈铁军（1904—1928），原名陈燮君，广东佛山人。1924年秋，考入广东大学文学院预科。1925年，参加五卅运动和省港大罢工。1926年4月，加入中国共产党。广州四一五反革命政变时，陈铁军爬墙头、攀大树，不顾个人安危，逃过军警的耳目，从城内跑到西关，通知因难产而在医院留医的邓颖超撤退。大革命失败后，1927年10月，受党组织的派遣，装扮成周文雍的妻子进行革命活动。后参加广州起义，带领女工们日夜劳作，赶制红领巾以作起义时的标志使用。广州起义失败后，撤退到香港。1928年1月初，接受党组织派遣与周文雍扮成夫妻潜回广州。因叛徒出卖，在广州与周文雍同时被捕。2月6日，牺牲于广州红花岗刑场（今广州起义烈士陵园）。2009年9月与周文雍共同被评为“100位为新中国成立作出突出贡献的英雄模范人物”。

学思之窗

1. 陈铁军冥思苦想想出来的“智救周文雍”的计策，展现出共产党人什么样的斗争精神和斗争艺术？

2. 在民族复兴的道路上，我们还面临着很多风险和挑战，能不能举几个例子说明一下这个问题？

刑场上的婚礼

扫二维码
听音频

“我们坚持用‘革命理想高于天’的信仰强基固本、凝心铸魂，用党的创新理论武装全党、教育人民，要求全党牢记中国共产党是什么、要干什么这个根本问题，从党的百年奋斗中看清楚过去我们为什么能够成功、弄明白未来我们怎样才能继续成功。”

——2022年1月18日习近平总书记在十九届中央纪委六次全会上的讲话

“让这刑场作为我们新婚的礼堂，让反动派的枪声作为我们新婚的礼炮吧！”电影《刑场上的婚礼》中，男女主人公在生命最后时刻的结婚誓言感动了几代中国观众。电影中两位意志坚如钢铁的烈士的原型，就是共产党员周文雍和陈铁军。1928年2月6日，两人在广州红花岗刑场（今广州起义烈士陵园）英勇就义。牺牲时，周文雍23岁，陈铁军24岁。

广州起义失败后，广州的党组织受到严重摧残和破坏，几乎陷入瘫痪状态。为了重建党的机关和组织，周文雍和陈铁军在党组织的派遣下，回到广州坚持地下斗争。他们有时扮作富商，有时扮作苦力工人，找寻失去联系的党员，重建秘密联络点。不幸的是，由于叛徒告密，1928年1月27日，周文雍和陈铁军同时被捕。

在狱中，敌人对周文雍和陈铁军进行严刑审讯，对他们施以灌辣椒水、坐老虎凳、竹签钉指心等各种惨无人道的酷刑。然而，面对种种折磨，两人始

刑场上的婚礼

终坚贞不屈。

最后，无计可施、恼羞成怒的敌人，决定判处两人死刑。

行刑前，法官冷漠地问周文雍还有没有什么要交代的，周文雍正义凛然地回答说："我没什么好说的，要杀要剐随你们的便。"

一旁的人小声提醒周文雍，临死前的要求一般都会满足。

思考许久，周文雍只提了一条要求："我要和我的妻子拍张合照。"在场的人，包括法官，都多多少少有些吃惊，这样的要求他们还是第一次听到。

不过只是拍张照片，想着他们也搞不出什么花样来了，最后敌人还是请来了摄影师，让他们夫妻二人穿戴整齐，留下了一张合影。随后，他们被押赴刑场。在去往刑场的路上，周文雍在前，陈铁军在后，两人一路高呼"打倒国民党反动派！""中国共产党万岁！"路边的群众都被两人的革命精神深深震撼了。

行刑前，两人并肩屹立、神态自若。他们在共同的革命斗争中产生了爱情，但为了革命事业，只能将这份感情深藏心底。在为党的事业献身的最后时刻，他们在刑场上将这份真挚的感情公之于众，让刑场成为了他们婚礼的殿堂。

两人牺牲后的第二天，他们在铁窗下相依而立的照片便被刊登在报纸上，照片旁写着："我们俩过去在一块工作，一直没有结婚，现在我们宣布举行婚礼。"

为了纪念周文雍和陈铁军，江门市修建了周文雍陈铁军烈士陵园。陵园内，两位烈士的纪念碑岿然而立，左面刻着陈铁军的箴言："一个革命者应该学习古今中外伟大人物的高贵品质和英雄气概。"右面刻着周文雍就义前写下的著名诗句："头可断，肢可折，革命精神不可灭。壮士头颅为党落，好汉身躯为群裂。"成为激励一代又一代中国共产党人奋勇前进的强大精神动力。

周文雍简介

周文雍（1905—1928），广东开平人。1923年，加入中国社会主义青年团。1924年冬，任青年团广东区委委员。1925年，加入中国共产党，参与组织沙面工人参加省港大罢工。1926年，任中共香港金属业总工会支部书记。4月，被选为广州工人纠察队总队长。1927年，广州发生四一五反革命政变后，担任重建的中共广州市委组织部部长，并兼市委工委书记、广州工人代表大会特别委员会主席。10月，被选为中共广东省委候补委员。12月11日，参与领导广州起义，指挥工人赤卫队配合教导团攻击公安局。广州苏维埃政府成立后，担任人民劳动委员。12日，在西瓜园主持庆祝广州苏维埃政府成立大会。13日，指挥起义武装阻击敌人，掩护主力撤退，后转移至香港。1928年1月，当选为中共广东省委常务委员兼广州市委常务委员，与陈铁军潜回广州，发动工人准备举行“春节骚动”。不久被敌人逮捕，慷慨就义。

学思之窗

1. 从周文雍和陈铁军的箴言与诗句中，我们可以感受到他们二人什么样的精神？

2. “革命理想高于天”是一代又一代中国共产党人前仆后继的精神动力，新时代的我们应该从革命烈士身上汲取什么样的精神力量，才能更好地为民族复兴作出更大的贡献？

铁心向党姐妹花

“在革命、建设、改革各个历史时期，我们党始终坚持把实现妇女解放和发展、实现男女平等写在自己奋斗的旗帜上，始终把广大妇女作为推动党和人民事业发展的重要力量，始终把妇女工作放在重要位置，领导我国妇女运动取得了历史性成就，开辟了中国特色社会主义妇女发展道路。”

——2013年10月31日习近平总书记在同全国妇联新一届领导班子成员集体谈话时的讲话

人们常说，“妇女能顶半边天”。在中国革命艰难的探索历程中，广大妇女作出了重要贡献。大革命时期，陈铁军的妹妹陈铁儿，也是一位英雄人物，为了革命事业，她最终献出了自己年轻的生命。

1924年秋，陈燮君（陈铁军）考入广东大学（现中山大学）文学院预科就读，第二年，她的妹妹陈燮元（陈铁儿）也考上广东大学的理学院。此时，广州的工运、农运、学运在党的领导下蓬勃开展。陈燮君积极参加反对校内反动学生组织孙文主义学会的斗争，自觉走向社会，到手工车夫工会举办的劳工子弟学校教书，到罢工工人家属中做思想工作。陈燮元也学着姐姐的样子，积极参加革命斗争活动。

1926年4月，陈燮君经同学介绍，光荣地加入了中国共产党。在一次示威游行中，陈燮君的头被打破，为表示与反动派抗争到底，陈燮君将名字改为陈铁军。陈爕元受姐姐影响，改名为陈铁儿，不久也加入了中国共产党。陈铁军入党后，曾担任中共中山大学支部委员、广东妇女解放协会秘书长等职务。陈铁儿曾担任党的交通员、中共广东省委文书科科员兼组织部干事。

1927年4月，国民党广东反动当局发动了四一五反革命政变，中山大学被反动军队包围，陈铁军在情急之下，翻墙逃出校园，跑到医院知会难产住院的邓颖超，让邓颖超很是感激。反革命政变后，广州的党组织遭到严重破坏，陈铁军、陈铁儿和党失去了联系，为了找到党组织，她们冒着危险四处找寻。有一天偶然遇到了她们的大哥。大哥劝陈铁军说："革命已无可挽救了，你何苦去冒那个杀头的危险？你是个好学的人，我设法送你到国外留学，你也应该为你的幸福打算了。"陈铁军断然回答说："正是革命到了紧急关头，才需要不怕死的人。为大众的幸福而杀头，也是我最大的幸福。"

大哥见劝陈铁军不成，又劝陈铁儿说："你年纪小，又有肺病，何必那样吃苦？反正你不像姐姐那样出头露面，待在家里可以把危险躲过去，你就回家休养吧。"陈铁儿也斩钉截铁地回答说："我的路已经选定了，离开了革命活动有何用？我一定要跟着姐姐革命到底。"从此，姐妹俩更是形影不离地投身于革命活动。

为了更好地开展革命工作，陈铁军与周文雍假扮夫妻开展地下活动，陈铁儿则扮作二人的保姆，给夫妻二人做交通员。可惜的是，1928年1月，由于叛徒出卖，陈铁军、周文雍夫妇双双被捕，陈铁儿也成了被通缉的对象。在如此糟糕的境况下，陈铁儿并没有灰心丧气、意志消沉，为了躲避追捕，她逃到了香港，继续进行革命活动。

1931年底，陈铁儿与丈夫林素一被港英当局逮捕，随后被交给国民党当局。被捕之时，陈铁儿已经怀孕，不久，她在狱中生下一名女婴。可就在这个时候，陈铁儿听到丈夫被杀害的消息，产后虚弱再加上伤心过度，陈铁儿肺病复发，更不幸的是，出生才3天的女儿也患上麻疹。丧心病狂的狱卒，却将给陈铁儿治病的药，喂给她的女儿吃，把这个女婴活活毒死。看着女儿离世，陈铁儿伤心至极。

在监狱中，面对敌人的严刑逼问，陈铁儿始终未吐露一个字。1932年4月

血祭轩辕亭

11日，陈铁儿被押到姐姐陈铁军牺牲的红花岗刑场，英勇就义，年仅24岁。

1957年，为纪念周文雍、陈铁军、陈铁儿等烈士，广州市人民政府在他们就义的地方建造了血祭轩辕亭，亭平面呈八角形，南面檐下悬木匾额一块，上书董必武题的“血祭轩辕”四字。

陈铁儿简介

陈铁儿（1908—1932），女，原名陈燮元，广东佛山人。年少时受五四运动影响，就读于佛山季华女子小学、广州坤维女子中学，接受新文化、新思想教育。1926年4月，在胞姐陈铁军的教育引导下走上革命道路，协助其在广州开展革命活动和地下斗争。1927年，加入中国共产党，并改名为陈铁儿。八七会议后，协助周文雍与陈铁军做交通联系工作。同年12月，在广州起义中负责宣传发动工作，并积极协助陈铁军组织女工秘密运送武器。广州起义失败后，周文雍、陈铁军被捕，陈铁儿幸免于难。后为躲避国民党军警搜捕逃到香港，继续从事革命活动。1929年，在香港与革命者林素一结婚，次年诞下一名男婴。1931年底，怀有身孕的陈铁儿与丈夫被港英当局逮捕，后被遣送回广州。1932年3月，在狱中诞下女婴后，遭敌人秘密杀害，年仅24岁。

学思之窗

1. 陈铁军、陈铁儿与大哥的对话，表现出共产党人什么样的精神品质？

2. “妇女能顶半边天”，广大妇女们应该学习陈铁军、陈铁儿什么样的精神，才能在实现民族复兴的中国梦中建功立业？

第九章

广州起义：羊城风暴谱赞歌

打回广州去

“1927年8月1日，南昌城头一声枪响，拉开了我们党武装反抗国民党反动派的大幕。这是中国共产党历史上的一个伟大事件，是中国革命史上的一个伟大事件，也是中华民族发展史上的一个伟大事件……自那时起，中国共产党领导下的人民军队，就英勇投身为中国人民求解放、求幸福，为中华民族谋独立、谋复兴的历史洪流，同中国人民和中华民族的命运紧紧连在了一起。”

——2017年8月1日习近平总书记在庆祝中国人民解放军建军90周年大会上的讲话

共产党人从来不怕鬼、不信邪，心中始终有着强大的理想信念支撑。大革命失败后，在反动派的疯狂屠杀面前，“中国共产党和中国人民并没有被吓倒，被征服，被杀绝。他们从地下爬起来，揩干净身上的血迹，掩埋好同伴的尸首，他们又继续战斗了”。

1927年7月中旬，中共中央确定组织武装起义的新政策，着手制定湘、鄂、粤、赣四省秋收起义的计划，同时，决定以共产党所掌握和影响的部队为基本力量，联合愿意革命的国民党左派，重返广东，再次北伐。根据这一计划，24日，中共中央召开会议，决定在南昌举行武装起义，并确定起义后部队的行动方向：“立即南下，占领广东，取得海口，求得共产国际的援助，再举行第二次北伐。”就这样，“打回广州去”，成为中国共产党迫切的革命目标。

8月1日凌晨2时，南昌城头一声枪响，划破长夜的寂静。经过几个小时激烈战斗，至拂晓，起义军全歼驻防南昌的国民党军3000余人。

南昌起义引起国民党反动派的惶恐，纷纷调兵遣将进攻起义军。面对敌人即将开始的围攻，前敌委员会决定按照原定“先取东江，充实力量，次取广州”的计划，立即撤离南昌，由临川、会昌直奔东江。当时作出这一决定的基本想法是：“（一）工农力量在东江雄厚；（二）东江地形较北江平易，且敌军已集中于北江，不能各个击破他；（三）东江海口便利，可望苏联接济，财政亦丰；（四）可以以福建为后方。”广东东江地区，包括潮州、汕头、海陆丰等25个县，大革命时期农民运动蓬勃发展，有较好的群众基础。起义军打算第一步以东江地区为根据地，利用海口取得国际援助，发展革命力量，建立工农政权，实行土地革命。待条件成熟时，再打回广州。

当起义军到达临川稍作休整并加以整顿后，由于“原定军事计划，有完全泄漏的危险”，所以，前敌委员会对起义军的行军路线作了修改，“决定到瑞金后，改道经汀、杭取东江”。

蒋介石发现起义军兵锋直指广东，急令盘踞在两广的反动军队全力阻击。在经历壬田遭遇战、会昌战役后，起义军于9月6日到达福建的长汀。在汀州，前敌委员会进一步讨论了攻取东江的计划，决定以起义军主力取潮汕，留一部分兵力于三河坝监视梅县之敌，再经揭阳出兴宁、五华取惠州，以便尽早得到休整和国际援助。

9月18日、19日两日，起义军进入广东省大埔县。根据分兵决定，由朱德指挥2000多人扼守三河坝。主力部队不满万人沿韩江直下，23日占领潮州，24日进驻汕头。然而，主力部队只进占了潮汕7天，由于未能及时了解敌我形势，在汤坑、潮州战斗失利。驻守在三河坝的部队，经三昼夜血战，也不得不撤出战斗。因此，“打回广州去”的革命目标也没能实现。

南昌起义简介

南昌起义，又称八一起义或八一南昌起义。大革命失败后，为反抗国民党反动派的屠杀政策、实行二次北伐，中国共产党所掌握和影响的军队2万多人，于1927年8月1日在南昌举行起义。起义军占领南昌城后，根据中共中央的计划，起义军于3日起分批撤出南昌，南下广东。10月初，起义军在广东潮州、汕头地区失败。保存下来的部队一部分转移到广东海陆丰地区，同当地农军汇合；主要部分在朱德、陈毅率领下，转移到湘南地区，开展游击战争。后于1928年4月到达井冈山，同毛泽东领导的湘赣边界秋收起义部队会合。南昌起义虽然由于客观上敌人的力量过于强大、主观上年幼的中国共产党缺乏经验遭到失败，但这次起义打响了武装反抗国民党反动派的第一枪，是中国共产党独立领导革命战争、创建人民军队和武装夺取政权的开始。

学思之窗

1. 大革命失败后，面对国民党反动派的大肆屠杀，中国共产党为什么要打回广州去？

2. 南昌起义是中国共产党建军史上的一件大事，它的重大意义是什么？

反对新军阀的斗争

"时间不等人！历史不等人！时间属于奋进者！历史属于奋进者！为了实现中华民族伟大复兴的中国梦，我们必须同时间赛跑、同历史并进。全党全军全国各族人民要在中国共产党坚强领导下，不忘初心、牢记使命，不畏风浪、直面挑战，以时不我待的奋进姿态，继续向着实现中华民族伟大复兴的光辉目标进发，继续向着推动构建人类命运共同体的美好前景进发，继续在人类的伟大时间历史中创造中华民族的伟大历史时间！"

——2020年1月23日习近平总书记在2020年春节团拜会上的讲话

广州人民具有反抗反动派的坚强决心和光荣传统，四一五反革命政变发生时，粤汉铁路总工会、广三铁路总工会的工人就进行了积极抵抗。由于敌众我寡，反抗最终失败了，但也唤起了广大人民群众的斗志，保存了一些革命力量。在党的领导下，广大工人群众又在广州秘密组建"自救团""义勇团""工人利益维持局"等工人武装，准备为反抗国民党新军阀而斗争。

四一五反革命政变之后，为了摧毁革命力量，加强对广州工人和学生的控制，国民党反动当局在广州各地设置"密告箱"，并派出爪牙，利用工贼组织霸占工会会址，抢掠工会财产。资本家在国民党反动当局的支持下，在经济上也对工人阶级展开了疯狂的进攻。他们先后撕毁了工人阶级经过斗争与资本家订定的保障工人权利的各种协约，任意延长工时、降低工资，随便解雇和开除工人的情况经常发生。在大、中学校，国民党反动当局到处搜捕学生中的共产党员和进步分子，镇压学生的革命活动。

面对险恶的局势，党内一些不坚定的分子，对革命前途悲观失望，纷纷退党，有的还投降敌人，成了可耻的叛徒。一部分曾追随共产党的革命群众也产生了动摇情绪。原来的中间派，虽然仍有一些志士坚持革命立场，但也同时拉开了与共产党的距离，有的则因为国民党反动派仍打着孙中山的旗帜，所以对其抱有不切实际的幻想。

为了揭露国民党广东当局的反动阴谋，在中共广东区委的领导下，人民群众对国民党反动派的统治展开了不屈不挠的斗争。1927年8月20日，由广州工人代表会特别委员会出面，组织了全市53个工会的全体工人，为纪念廖仲恺遇刺2周年进行罢工一天，并举行集会。工人群众四处散发传单，张贴标语，高呼口号，声势浩大，同时发表了宣言。国民党反动当局非常恐慌，他们查封了广东广州工人代表会特委会，逮捕工人群众13人。

10月14日，广州海员工会为反对轮船公司开除参加省港罢工的海员而举行罢工。当天中午，5000多名海员举行群众大会。会上选举了25个海员工人组成的维持委员会。会后举行示威游行。由于海员工人的罢工，使省澳、省港、港江（门）等航线全部陷于停顿。海员工人的罢工斗争给全市革命工会和工人群众带来积极影响，各个革命工会的工人纷纷行动起来，同资本家的经济压迫作坚决斗争。印刷工人、煤业工人、五金工人、洋务工人、运输工人、汽车工人和油污工人等，为了改善自己的生存条件，也举行了罢工等各种形式的斗争。很多工会的房子上飘扬着革命红旗，展示着广州工人群众的力量，给国民党广东反动当局造成严重打击。

省港大罢工简介

1925年5月15日，上海工人领袖、共产党员顾正红被日商纱厂资本家杀害。群众示威声援，被租界的英籍巡捕开枪杀害，是为“五卅惨案”。事件引起全中国出现反抗外国在华势力的五卅运动。为支援五卅运动，中共广东区委指派邓中夏等组成

"党团"，分别到香港和广州领导发动工人罢工。1925年6月19日，罢工首先从香港海员、电车、印务等工会开始，继之各行业工人相继罢工。21日，广州沙面洋务工人和广州市内各洋行工人宣布总罢工。到6月底，省港两地罢工人数达25万。23日，返回广州的香港罢工工人与广州工人和革命群众共10万余人举行示威游行，遭英法帝国主义镇压，酿成"沙基惨案"。为了加强对斗争的领导，中国共产党发动罢工工人选出代表，在广州举行省港罢工工人代表大会，大会选举苏兆征、李森等13人组成省港罢工委员会，负责处理有关罢工的一切事宜。

1926年10月，根据形势变化，罢工委员会接受共产国际远东局的建议，宣布结束罢工，并取消对香港的封锁。至此，坚持了16个月的罢工斗争基本结束。省港大罢工是反抗帝国主义屠杀中国人民的正义大罢工，它不仅在政治、经济上给英帝国主义以沉重的打击，显示了中国工人阶级的伟大力量，提高了中国共产党在群众中的威信，而且为巩固广东革命根据地、准备和推动北伐战争作出了突出贡献。

学思之窗

1. 大革命失败后，有些人选择退党，有些人义无反顾地进行斗争，这些人作出不同选择的根源是什么？

2. 奋斗的人生才是幸福的人生。时间不等人，机会不等人。我们应该怎么样在有限的时间内通过顽强奋斗学习到更多本领？

揭露假左派的阴谋

“正当大革命如火如荼的时候，国民党反动派背叛革命、背叛人民，向中国共产党人和革命群众举起了血腥的屠刀。一时间，神州大地笼罩在腥风血雨之中，中国共产党面临被赶尽杀绝的严重危险，中国革命处于命悬一线的紧要关头。在严酷的斗争和血的教训中，我们党深刻认识到，没有革命的武装就无法战胜武装的反革命，就无法担起领导中国革命的重任，就无法夺取中国革命的胜利，就无法改变中国人民和中华民族的命运。”

——2017年8月1日习近平总书记在庆祝中国人民解放军建军90周年大会上的讲话

“一个国家，三个政府，这难道不是分裂，不是对孙先生的背叛吗？”这是电影《建军大业》中周恩来的一句台词。1927年四一二反革命政变发生后，全国形成了三个政府：以张作霖为首的北京北洋政府、以蒋介石为首的南京国民政府和继续保持国共合作的武汉国民政府。北洋政府是北伐战争的革命对象，南京国民政府是反动政府，武汉国民政府在七一五反革命政变之前，以革命者自居。

武汉国民政府内部，情况非常复杂。刚到武汉不久的汪精卫打着反蒋旗号，取得了武汉国民党中央和国民政府的领导地位。当时的汪精卫是以“左派领袖”的面目出现的，他虽然高喊“革命的往左边来，不革命的快走开去”，然而，骨子里却认为，“分共”虽“时机未至，而各人已不能不做那必要的准备”。他还同掌握这个地区军权的唐生智结合在一起，开始限制工农运动，力图控制武汉局势，并观望风向，随时可能从动摇到背叛。果不其然，四一二反革命政变3个月之后，汪精卫在武汉发动七一五反革命政变，大肆屠杀共产党人和进步群众。

1927年10月，宁（南京）汉（武汉）之间爆发战争，汪精卫失败后来到广州，依托广东军阀张发奎等与南京国民政府对抗。汪精卫把自己伪装成“国民党左派”，主动提出要与革命工会谈判，企图骗得工人群众的拥护和支持。

为宣传、揭露汪精卫一伙所谓“左派”的险恶用心，11月1日，在党的领导下，由广州工代会特委会出面，组织发动了在四一五反革命政变时被驱逐的2000多名铁路工人和之后被开除的5000多名火柴工人前往东山汪精卫住处集会、请愿和示威，当场派出8名代表要求面见汪精卫，汪精卫拒不接见。群众愤慨高呼“打倒汪精卫”“拥护中国共产党”等口号，并集队游行。游行队伍途经百子路、惠爱东路、惠爱中路，当行进至文德路口时，突遭国民党反动派袭击，30多人被捕。广州工人领袖周文雍亲自领导这一斗争，也被敌人抓去，后被党组织营救脱险。这次事件使工人群众进一步看清了汪精卫假革命的真面目。张发奎夺取广东政权后，继续把自己伪装成“国民党左派”，采用两面派手法，大肆宣传“护党运动”“护党战争”，并再度表示要与革命工会谈判。党领导工人利用这一时机，又展开了揭露张发奎反动阴谋的斗争。

11月28日，张发奎召开“护党运动”集会，广州革命工会在同一天发动工人群众举行示威游行和集会，揭露“护党运动”“护党战争”的实质是粤、桂两系军阀争夺广东地盘的战争。在“护党运动”集会会场，工人高举红旗，高呼“打倒统治广东的粤系军阀”“推翻国民党反动统治”的口号，散发传单，提出工人的政治要求，捣乱他们的会场。张发奎下令当场逮捕了工人群众10多人。

广州人民在党的领导下揭露汪精卫和张发奎的斗争，体现了中国共产党领导中国革命及人民大众顽强斗争的精神，表明了中国共产党是一个坚强而有战斗力的党。这些斗争使汪精卫、张发奎的反革命面目暴露无遗，坚定了中国共产党在广州举行武装起义的决心。

七一五反革命政变简介

蒋介石发动四一二反革命政变后，以汪精卫为首的武汉国民政府由动摇走向反动。1927年7月15日，汪精卫等控制的武汉国民党中央召开“分共”会议，汪精卫在会上作“分共”报告，大肆攻击中国共产党，会议最后通过决议，决定同共产党决裂，彻底背叛了孙中山制定的国共合作政策和反帝反封建纲领。随后，汪精卫集团以“宁可枉杀千人，不可使一人漏网”为口号，对共产党员和革命群众进行大逮捕、大屠杀。至此，由国共两党合作发动的大革命宣告失败。

学思之窗

1. 蒋介石、汪精卫、张发奎等人表面上有矛盾，但是在反共反人民这一点上却是一致的，这是由什么原因决定的？

2. 汪精卫以“宁可枉杀千人，不可使一人漏网”为口号，对共产党员和革命群众进行大逮捕、大屠杀。这启发我们，对待凶残的敌人，应该怎么做？

斗争还是妥协

“我们必须坚持正确的历史观、大局观、发展观，看清当前国际国内形势纷繁复杂现象下的本质，做到临危不乱、危中寻机、开拓进取、开辟新局，更好统筹中华民族伟大复兴战略全局和世界百年未有之大变局。”

——2020年10月29日习近平总书记在十九届五中全会第二次全体会议上的讲话

妥协，是马克思主义的斗争策略之一。列宁曾经在批评共产主义运动中的“左派”幼稚病时说：“幼稚而毫无经验的人们以为，只要一承认容许妥协，就会抹杀机会主义（我们正同它并且必须同它进行不调和的斗争）和革命马克思主义或共产主义之间的任何界限。”在共产主义运动中，面对不同的敌人，不能一味地妥协或者坚决斗争，必须具体问题具体分析。在广州起义发动前，是否与张发奎妥协，是中共广东省委纠结的一个重大问题。中国共产党在马克思列宁主义的指导下，正确地运用了妥协策略，顺利促成了广州起义的发生。

在广州起义之前，中国共产党已经初步意识到要联合国民党左派共同反对国民党右派的问题，南昌起义时建立的中国国民党革命委员会，就把宋庆龄、邓演达等人吸收了进来。但是对于敌视中国共产党的国民党势力，不能抱有任何幻想。

广州起义前，广东军阀张发奎曾要求与共产党谈判，企图要求共产党帮助他驱赶桂军。中共中央认为，张发奎是南昌起义的反叛者，因而指示广东省委："张发奎已回粤，我们决不应对他存一种幻想，使他插入我们的（将来）革命政权中，以致影响其旧部于我们不利，我们应坚决与他断绝关系。"1927年11月，粤桂战争爆发，张发奎面临着四面楚歌的境地，为了稳定广东政局，他再一次向广东省委派出代表表达合作意愿时，广东省委、广州市委与共产国际代表诺伊曼之间发生了激烈争论。

诺伊曼认为，张发奎与李济深的冲突，是小资产阶级与地主阶级之间的冲突，如果发动广州起义，实际上是帮助了李济深，因而他主张与张发奎妥协。广东省委和广州市委的许多领导人则强烈反对，他们认为不能与张发奎妥协。后来，诺伊曼去了香港，又召开军事委员会会议，讨论的结果仍然是多数人不同意与张发奎妥协。

广东省委为了揭露张发奎的反共面目，提高群众的认识，向张发奎提出了协商合作的6项先决条件，主要包括："1. 即刻释放一切革命的政治犯。2. 即刻交还被走狗改组委员会所强占的革命工会会所。3. 完全保留并保护省港罢工工人原有一切权利。4. 完全恢复言论、出版、集会、示威、罢工及工人阶级组织的自由权。共产党、革命工会及广州工人代表大会完全享有公开活动的自由。5. 逮捕处罚一切惯于以恐怖手段对付工人阶级的分子。6. 即刻武装广州工人，在广州工人代表大会指挥之下。"并明确告知张发奎，"在这6个条件实行之后，我们才能预备协商怎样组织广州工农革命的保障，以抵抗李济深、黄绍竑"。

对于广东省委提出的上述6项要求，反动的国民党广东"当局开紧急会议，黄琪翔、陈公博赞成，张发奎无表示，朱晖日极力反对，李福林未出席，卒无结果"。可见，张发奎对于与共产党的谈判缺乏诚意。最终，张发奎还是拒绝了广东省委提出的要求，这证明诺伊曼试图与张发奎妥协的想法，是根本行不通的。好在中国共产党人对张发奎的反革命面目有着清晰的认识，才避免了被反动派利用的危险。同时，这也教育了中国共产党人，对于那些仇视共产党和人民的敌对分子，必须坚决斗争，绝不妥协退让。

诺伊曼简介

诺伊曼（又译作“纽曼”）（1902—1937），德国共产党党员。1927年7月，作为共产国际代表罗明纳兹的助手来到中国，参与指导广州起义。诺伊曼在广州起义中的作用有积极的一面，也有消极的一面。广州起义前，诺伊曼对发动起义的态度是坚决的，起到了积极的推动作用。但他在起义受挫时仍主张坚守广州，认为起义只能以城市为中心，并且必须“进攻进攻再进攻”，退却就是“动摇”，给起义带来了重大损失。

学思之窗

1. 在如何对待张发奎的问题上，广东省委、广州市委与共产国际代表诺伊曼之间意见不一，造成这一分歧的思想根源是什么？

2. 妥协是马克思主义的斗争策略之一。工作和生活中面对各种各样的难题，我们应该如何正确地运用妥协策略？

工人赤卫队的军事教官

"当前，我国安全环境、军事斗争态势、我军使命任务、现代战争形态、我军组织形态、国防和军队现代化目标任务都发生新变化，我军军事训练进入了全方位变革、整体性提升的新阶段。要把握新时代新形势新任务新要求，增强忧患意识，强化使命担当，加快实现军事训练转型升级。"

——2020年11月25日习近平总书记在中央军委军事训练会议上的讲话

广州起义在正规军队兵力不足的情况下，为什么还能占领广州这座大城市？答案是起义队伍中的工人赤卫队太给力。

在广州起义中，工人赤卫队队员们听到起义枪声，纷纷找起义军要求领枪。运送武器的汽车一到，所载枪支即被一抢而空。有些工人是第一次拿枪，争着问别人如何使用。有的人试了试觉得不顺手，干脆丢下枪，操起一根铁棍，冲向敌人。广州工人为什么这么勇敢冲锋？除了有着对反动派的极端仇恨之外，还与共产党员徐向前等人对工人赤卫队的军事训练有关。

1927年8月，因广州急缺军事干部，中央军委便派徐向前和一些同志分批前往广州。9月底，徐向前乘车抵穗。一到广州，他发现，广州这座名震中外的革命城市，经过反革命力量的摧残后，革命力量受到严重损失。工人罢工屡遭镇压逮捕，枪杀罢工工人的事件不断发生，徐向前在街上很难活动，除了买菜，一般不上街。

有一天，中共广东省委派人来找徐向前，叫他到工人赤卫队去对工人进行秘密军事训练。接头的地点是一个做秤的工厂。

广州的工人阶级经过省港大罢工和轰轰烈烈的大革命运动的锻炼，觉悟高、基础好，各行各业都拥有自己的职工会和工人纠察队组织，在支持两次东征、平定杨刘叛乱和北伐战争中发挥了重要作用。四一五反革命政变后，职工会和纠察队转入秘密状态，先是自立名称、分散活动，后统一改为工人赤卫队。工人赤卫队是共产党领导和掌握的一支重要力量。为准备广州起义，中共广东省委将全市的赤卫队按地区编为联队，分区进行军事训练。

徐向前去的是第6联队，这个联队大都是手工业作坊工人，有修蒲团的、缝衣服的、做沙发木器的、修秤的、打铁的等等，他们革命热情很高，但毫无军事素养，许多骨干连枪都没摸过。说是进行军事训练，其实既没枪也没手榴弹，更没有练兵场，只能关在屋子里“纸上谈兵”。每天晚上，徐向前都到工人家里，召集一些工人赤卫队骨干，讲解军事常识。大家围着桌子，徐向前用铅笔在纸上画着，讲解怎么利用地形、怎么扔手榴弹、怎么冲锋等等。除了军事训练，徐向前还鼓励他们坚定信念、勇敢冲锋。因房子狭窄，一次只能集中十几个人，徐向前便分期分批组织训练。

徐向前是外乡人，说不来广东话。幸好，连队的党代表是省港大罢工的工人，懂点普通话。由他当“翻译”，才解决了这个问题。工人赤卫队队员学习很认真，他们白天干活，晚上听讲，从来没有人叫苦叫累、打退堂鼓。他们对国民党反动派极端仇恨，迫切要求推翻反动当局。

广州起义前，徐向前一直紧张地对工人赤卫队进行军事训练。至起义前夕，共训练了40多名骨干，为起义作出了重要贡献。

徐向前简介

徐向前（1901—1990），山西五台人，中国无产阶级革命家、军事家，中国人民解放军创建人和领导人之一。

1924年4月，考入黄埔军校第一期。1925年春，参加第一次东征。1927年3月，加入中国共产党。12月，参加广州起义，参与率部转移到海陆丰后，任工农革命军第四师师长，率部在海陆丰革命根据地坚持革命斗争。1929年6月，被派往鄂东北，任中国工农红军第三十一师师长。1930年春，任中国工农红军第一军副军长兼第一师师长。1931年11月，任红四方面军总指挥兼第四军军长。参加过长征。抗日战争时期，任八路军第一二九师副师长等职务。解放战争时期，任太原前线司令部司令员兼政治委员等职务。中华人民共和国成立后，任中国人民解放军总参谋长等职务。1955年，被授予中华人民共和国元帅军衔和一级八一勋章、一级独立自由勋章、一级解放勋章，是中共第六、七、九、十届中央委员，第八届、第十一届、第十二届中央政治局委员。

学思之窗

1. 因广州缺乏军事干部，徐向前在接到党组织的任务安排后，就紧急赶来广州，这展现出徐向前什么样的精神品质？

2. 共产党人闹革命，不仅有生命危险，而且条件还很艰苦，却能创造伟大成绩，我们应该从中感悟到什么样的精神？

羊城风暴

扫二维码
听音频

"南昌城头的枪声，像划破夜空的一道闪电，使中国人民在黑暗中看到了革命的希望，在逆境中看到了奋起的力量。南昌起义连同秋收起义、广州起义以及其他许多地区的武装起义，标志着中国共产党独立领导革命战争、创建人民军队的开端，开启了中国革命新纪元。"

——2017年8月1日习近平总书记在庆祝中国人民解放军建军90周年大会上的讲话

1927年12月11日凌晨3点半，第四军教导团驻地广州北较场四标营（今越秀区北较场横路与建设大马路交界处）的枪声划破夜空，沉睡的羊城被枪声惊醒，广州起义爆发。

起义第一天，起义军取得重大胜利。各路起义部队和工人赤卫队按照作战任务分别奔赴预定目标。教导团二营五连和炮兵连，以迅雷不及掩耳之势奔袭沙河，歼灭了敌步兵团，俘敌600多人。教导团一营一连在营长叶镛率领下，在工人赤卫队第一联队和敢死队配合下，直取广州市公安局。第四军警卫团革命官兵在团长梁秉枢带领下，处死了团部反动军官，经过激烈战斗，控制了观音山。在各处集中待命的工人赤卫队听到起义枪声后，纷纷举起红旗，系上红巾带和红臂章，手持各种枪支和梭镖、铁尺、手榴弹等武器，按预定作战目标向敌人发起攻击，夺取了各区敌机关。黄埔军校特务营革命官兵也迅速占

广州苏维埃政府旧址

领了广州市公安局等据点。至天亮前，除国民党第四军军部、军械库和第十二师师部等少数敌据点尚未攻占外，起义军已占领了珠江北岸大部分地区。11日6时，广州苏维埃政府在市公安局成立。傍晚，工人赤卫队在市郊和南海县农民配合，全歼石围塘的敌军。

起义军第一天的胜利，极大地振奋了群众的革命精神，沉重地打击了反动派的嚣张气焰，但同时也引起反动势力的恐慌。从11日晚上开始，逃往广州河南（指珠江广州段的南边）第五军军部的张发奎、陈公博等敌军头目与李福林密谋凭借珠江的地理优势顽抗，同时电令其外围作战部队迅速反扑广州。与此同时，停泊在白鹅潭的英、美、法、日等帝国主义军舰相继脱下炮衣，把炮口对准起义军据点。起义军面临着严峻压力。在这种情况下，起义军总指挥部立即召开军事会议，商讨对策。会议僵持不下，一直开到次日凌晨2点多钟，最后决定“只能进攻，不能退却”。凌晨4点，起义军总指挥部发布进攻命令。然而，当时的情况是，“下达命令离发起攻击的时间只有一个多小时，当时情况比较乱，无法组织进攻行动和通知有关部队，而且起义部队经过一天一夜的紧张战斗，疲劳已极，所以，命令实际上等于零”。

12日一大早，广州形势急转直下。张发奎、李福林、朱晖日部反动军队围攻广州。英国、法国、日本驻穗领事馆也召开紧急会议，加强沙面布防。中外反动势力采取一致行动向广州起义军疯狂反扑，起义军被迫转入防御。上午，广东人民拥护苏维埃政府大会在西瓜园召开，张太雷主持大会，宣布广州苏维埃政府成立。12日黄昏时分，起义军总指挥部召开紧急会议商讨对策。面对反动军队疯狂反扑，叶挺和聂荣臻当机立断，决定立即组织撤退。

12日晚，接到撤退命令的教导团立即经花县向海陆丰方向撤退。但由于工人赤卫队比较分散、队伍难以集结等各方面原因，他们留在城区，与敌人展开了殊死搏斗。13日下午3时，广州苏维埃政府所在地陷落。坚持3天的广州起义，最终失败了。

广州起义背景简介

根据八七会议精神，中共广东省委准备在广州市和广东省各地举行暴动。由于南昌起义部队失利，中共中央提出“广州暴动的计划应立即停止”。中共广东省委则认为，广东群众有伟大力量，南昌起义并“没有增加敌人的稳定，反而更引起剧烈的内部冲突”，主张发动广州起义。

11月中旬，粤桂军阀爆发战争，广东政权落在张发奎手里，广西军阀黄绍竑着手从西部反攻广州，李济深准备从东、南方向进攻广州，张发奎不得不将主力部队调出广州。留在城内的部队，只有3000多人。这些部队大多是由倾向革命的士兵组成的，是共产党实际掌握的力量。

11月26日，张太雷在广州主持召开省委常委会议，决定“立即暴动”。同时把起义计划报给中央，中央赞成。广东省委立即召开广州工农兵代表会议，决定于12月12日举行起义。正当起义准备工作紧张进行之际，广州市委设在市区小北大安米店的武器转运站暴露，紧急关头，广东省委决定提前于11日凌晨举行起义。

学思之窗

1. 广州起义坚持3天就失败了，其中有哪些经验教训？

2. 广州起义军以迅雷不及掩耳之势攻占敌公安局，建立了第一个城市苏维埃政权，这说明了什么问题？

"东方巴黎公社"的诞生

扫二维码
听音频

"科学社会主义同工人运动相结合，推动十月革命取得成功，建立了世界上第一个社会主义国家，科学社会主义由此从理论走向实践。第二次世界大战结束后，一批社会主义国家诞生，特别是我们党领导人民建立了新中国并建立了社会主义制度，科学社会主义由此从一国实践走向多国发展。"

——2018年1月5日习近平总书记在新进中央委员会的委员、候补委员和省部级主要领导干部学习贯彻习近平新时代中国特色社会主义思想和党的十九大精神研讨班上的讲话

"苏维埃"是什么？广州起义之后，有些不明真相的百姓猜测说："苏维埃就是苏兆征的别号。因为苏兆征是广州苏维埃政府主席，我们的政府以苏兆征的别号来命名。"

其实，"苏维埃"一词是俄语，意为"代表会议"或"委员会"。苏维埃政府就是由工农兵贫民代表会议组成的代表大多数人的政府。广州起义建立了中国第一个城市无产阶级政权——广州苏维埃政府。

1927年12月11日6时，广州苏维埃政府宣告成立。广州起义总指挥、中共广东省委书记张太雷身着军装，在广州苏维埃政府办公室里，主持了广州苏维

埃政府第一次会议。共产国际代表诺伊曼和中共广东省委的大部分成员参加了会议，恽代英负责记录，广东省委组织部部长穆青负责陪同诺伊曼并任翻译。会上，张太雷作了简短发言，宣读了起义政纲，大家逐条鼓掌通过。按照事先拟好的名单，恽代英宣读了广州苏维埃政府的组成人员，获得一致通过。当天出版的《红旗》号外上发布了《广州苏维埃职员名单》，并强调，广州苏维埃政府“为政治上最高机关，代表工人、农民、兵士执行政权”，明确规定了广州苏维埃政府的性质是由工人、农民、士兵组成的代表工农兵利益的最高权力机关，是人民的政权。

苏维埃政府组成人员名单通过后，叶挺报告了军事情况，杨殷报告了肃反情况，周文雍报告了工人赤卫队的组织和战斗情况。大会主要作出了4点决议：1．发表广州苏维埃政府成立宣言，公布革命纲领；2．严厉镇压反革命，对尚未攻下的残余据点应包围监视，在政治上瓦解他们，争取他们起义；3．将战线推向郊外，打通通向海陆丰的道路，使与农民暴动胜利的区域相接，建立巩固的革命基础；4．以志愿军代替雇佣军，建立工农红军三个军，第一军由工人赤卫队组成，第二军由海陆丰农民自卫队组成，第三军由广州郊区农民、农军和士兵组成。教导团人员分别出任红军各级骨干。大会还通过了《广州苏维埃政府告民众》《广州苏维埃宣言》《工人武装起来》等号召工人农民起来支持起义的文件和一系列法规命令。

广州苏维埃政府的诞生，在华南的政治、经济、文化中心竖起了一面鲜红的旗帜，开启了中国共产党建立城市政权的伟大尝试，是中国第一个城市无产阶级政权，被誉为“东方巴黎公社”。广州苏维埃政府虽然仅存在3天就失败了，但对中国共产党具有重要意义。1928年1月中共中央临时政治局通过的《广州暴动之意义与教训决议案》指出，“这是全中国以及全亚洲第一次的伟大的尝试”“城市中的苏维埃政权第一次出现于中国及整个殖民地的亚洲……这是世界历史上的第一次”。

广州苏维埃政府成立

巴黎公社简介

巴黎公社是在1871年3月18日（正式成立的日期为同年的3月28日）到5月28日期间短暂地统治巴黎的政府，是人类历史上第一个无产阶级政权。

法国在普法战争失败后，资产阶级政府的阶级压迫和民族投降政策，激起广大群众极度不满。1871年3月18日，巴黎群众举行起义，推翻了资产阶级反动统治，建立了无产阶级政权。3月26日，进行公社选举。28日，巴黎公社宣告成立。由于法国当时处于资本主义上升阶段，无产阶级还缺乏取得革命胜利的客观历史条件，经济发展的状况还没有成熟到可以铲除资本主义生产方式的程度。因而，在资本主义的疯狂进攻中，公社于5月28日宣告失败。

学思之窗

1. 我们应该如何理解广州苏维埃政府成立的重大意义?

2. 有些人理论上认知不清醒，认为共产主义不可能实现，对此，我们应该如何正确认识这个问题?

化作震碎旧世界的惊雷

扫二维码
听音频

"共产主义远大理想激励了一代又一代共产党人英勇奋斗，成千上万的烈士为了这个理想献出了宝贵生命。'砍头不要紧，只要主义真'，'敌人只能砍下我们的头颅，决不能动摇我们的信仰'，这些视死如归、大义凛然的誓言生动表达了共产党人对远大理想的坚贞。理想之光不灭，信念之光不灭。我们一定要铭记烈士们的遗愿，永志不忘他们为之流血牺牲的伟大理想。"

——2016年7月1日习近平总书记在庆祝中国共产党成立95周年大会上的讲话

张太雷，原名曾让，8岁时父亲去世，母亲带着他和姐姐，母子三人相依为命。读书时的张太雷，人生规划很简单，就是想毕业后当个律师，既能实现铲除人间不平的夙愿，也能赚钱侍奉母亲，过上好的生活。十月革命之后，马克思主义在中国广泛传播，张太雷在思想上发生了很大的转变，他对同学说："国家兴亡，匹夫有责。只有走十月革命的路，才能救中国。"于是，他改名"张太雷"，寓意"愿化作震碎旧世界的惊雷"，从此走上了革命道路。在张太雷一生的奋斗中，他为中国共产党的发展与壮大、为中国革命的胜利建立了不可磨灭的历史功勋。其中一项重大功绩，就是领导了震惊中外的广州起义。

1927年12月11日凌晨，张太雷等人来到了教导团的驻地，主持起义誓师大会。

为了保证起义顺利进行，张太雷立即召开教导团、警卫团的骨干会议，任命起义军各级指挥人员，确定起义部队标志、各连队进攻目标和起义时对敌人采取的措施等。会后，张太雷来到北郊四标营，主持教导团誓师起义。张太雷在会上作了起义的动员，他激动地对同志们说："夺取政权的时候到了，要勇敢战斗，完成党交给我们的任务。"他还发布了起义的口令："暴动！——夺取政权！"

张太雷

11日凌晨6时，广州市公安局的屋顶飘扬起红旗，广州苏维埃政府成立。张太雷主持了政府成员和执委会第一次会议，发布了《广州苏维埃宣言》《广州苏维埃政府告民众书》等。在会上，张太雷当选为广州苏维埃政府代主席（主席是苏兆征，未到）兼人民海陆军委员。苏维埃政府成立伊始，部分敌军据点尚未攻下，不少问题亟待解决。张太雷应接不暇地听汇报、发指示，忙个不停，晚上又连续召开会议，讨论局势问题，通宵达旦地战斗着。

12日中午，广东工农兵拥护苏维埃政府大会在丰宁路西瓜园召开，张太雷在会上发表了热情洋溢的演说，宣布了广州苏维埃政府成立，宣读了政府政纲、政府成员名单。会后，他回到起义总指挥部。不久，得到敌军从观音山向总指挥部扑来的报告后，急忙与共产国际代表乘坐一辆插着红旗的敞篷汽车赶赴大北门指挥战斗。汽车行驶至惠爱西路时，前面突然出现一群身穿便衣拿枪的人，缺乏经验的警卫和司机还以为是工人赤卫队队员，没有防备。这批人却一声呼啸，散到路边举起枪射击，后座上的张太雷见状马上拔枪，奋起还击。最终，张太雷不幸身中三弹，在车内壮烈牺牲。临终时，他仍紧握双拳，号召同志们与敌人战斗到底。

张太雷用自己短暂而年轻的生命诠释了共产党员心系家国、敢为人先、追求理想的精神品质，用自己的热血和青春践行了他年少时立下的“愿化作震碎旧世界的惊雷”的誓言。张太雷牺牲后不久，他的昔日同窗、他亲自介绍入党的瞿秋白以无比沉痛的心情写下《悼张太雷同志》：“他在党里历次担任负责的工作，他的坚决与耐苦是一般同志所知道的……他死时，觉着对于中国工农民众的努力和负责；他死时，还是希望自己的鲜血，将要是中国苏维埃革命胜利之源泉！”张太雷的英名，将和不朽的广州起义一起，永载史册。

张太雷简介

张太雷（1898—1927），江苏常州人。无产阶级革命家，中国共产党早期的重要领导人之一，中国共产党早期工人运动的启蒙者之一，中国共产主义青年团的创始人之一和青年运动的卓越领导人，党内早期的国际活动家，对国共合作有着特殊贡献，党内著名的政治活动家、宣传家，革命危急关头党的核心领导人，参加过党的二大、三大、四大、五大和八七会议，是第四届中央候补委员、第五届中央委员、临时中央政治局五人常委之一，担任过中共湖北省委书记、中共广东省委书记等职，在广州起义中壮烈牺牲，年仅29岁，成为党的历史上第一位牺牲在战斗第一线的中央委员和政治局成员。2009年9月被评为“100位为新中国成立作出突出贡献的英雄模范”。

学思之窗

1. 张太雷临终时仍紧握双拳，号召同志们与敌人战斗到底，这带给我们什么样的启发？

2. 作为新时代的青年，我们应该从张太雷身上学习什么样的品质？

典卖祖屋为革命

“对一切为党、为国家、为人民作出奉献和牺牲的英雄模范人物，我们都要发扬他们的精神，从他们身上汲取奋发的力量，共同为推进中国特色社会主义伟大事业、实现中华民族伟大复兴的中国梦而顽强奋斗、艰苦奋斗、不懈奋斗。”

——2016年2月1日至3日春节前夕习近平总书记赴江西看望慰问广大干部群众时的讲话

广东省云浮市云城区思劳镇鸡村有一座重要的红色教育基地——梁桂华烈士故居。故居通过翔实的文字、图片和实物以及电子显示屏等，生动展现了梁桂华光辉而短暂的一生。如今，这里已经成为很多共产党员重温入党誓词、接受理想信念教育的首选地，每天都有人前来参观学习，梁桂华烈士的精神影响着一代又一代的共产党人，鼓舞着大家奋力前行。

八七会议之后，党决定在广东举行全省暴动，在广州市和广东省各地组织工人，发动广州起义。由于起义资金和枪械不足，党指派梁桂华负责筹款和建立弹药医械运输渠道等秘密工作。

为了筹款，梁桂华回到家乡云浮。他一面从事革命宣传活动，向农民宣传革命道理，动员大家参加革命斗争，一面又典卖祖屋筹集起义经费。他的堂兄受到他的革命教育和革命思想的影响，拿出400元买下这间房子，以表示对梁桂华革命工作的支持。梁桂华在离别妻女时，特意把“农民部特派员委任状”和“黄埔军校军事训练毕业”等证书交给妻子保存，并嘱咐说：“这两个证书比生命还要宝贵，切勿在人前暴露，除非是共产党建立了人民的天下。”可见，梁桂华已做好了随时牺牲的准备。

梁桂华回到广州后，在小北直街开了一间大安米店，作为掩护存放起义武器的仓库，后来又想方设法将武器运送到工人赤卫队去。梁桂华身负重任，日夜不停地工作，眼睛都熬红了。同志们都劝他多休息，他总是笑着说：“将来总有时间休息的。”然而，就在广州起义的前两天，由于搬运工人不小心，子弹从米包里露了出来，被叛徒发现告密。敌人包围了大安米店。梁桂华仓促逃脱，立即把情况报告起义总指挥部。中共广东省委根据各方面情况的急剧变化，决定提前于1927年12月11日举行起义。

11日凌晨，广州起义枪声打响后，梁桂华身先士卒，带领敢死队，配合教导团包围广州市公安局，经过浴血奋战，攻占了广州市公安局。早上，他参加了苏维埃政府成立会议，后奉命赶赴长堤一带负责警戒工作。从11日上午起，梁桂华指挥这一地区的工人赤卫队，配合教导团和警卫团战士，与敌人展开激烈战斗。

13日上午，雨雾迷蒙，珠江河面上传来马达声。待敌人逼近岸边，梁桂华果断下令射击。由于敌众我寡，敌人蜂拥而上，工人赤卫队战士来不及将子弹推上膛，便与敌兵白刃格斗。梁桂华不幸身中数弹，倒在墙头上，奄奄一息中还喊着：“冲呀！”一些战士急忙将他送到附近法国人开的韬美医院（今广州医科大学附属第一医院）抢救。

下午1时，敌人占领长堤。梁桂华被国民党反动军队和广东机器工会体育队工贼从法国修女护士的手中强行抢走，押到医院门前。梁桂华知道自己的生命就要终结了，便艰难地迈开脚步，挺起胸膛，与其他被押的受伤战士手挽着手，高唱《国际歌》，高呼“打倒国民党反动派！”“中国共产党万岁！”等口号，壮烈牺牲于韬美医院门前。

梁桂华简介

梁桂华（1893—1927），广东云浮人。1922年，加入中国共产党。1923年，组织成立南海县农团军。1924年，入广州农民运动讲习所学习。10月，参加支援平定广州商团叛乱。不久到南海、云浮一带从事农民运动。1925年，出席第二次全国劳动大会，参与省港大罢工组织工作。1927年初赴香港工作。历任中华全国总工会执委、中共广东区委监察委员会副书记、省港大罢工委员会深圳接待站主任、中共香港地委书记、广州工人赤卫总队副总指挥。广州四一五反革命政变后被捕，获释后返回广州，与周文雍成立广州工人赤卫总队，年底参加广州起义，壮烈牺牲，年仅34岁。

梁桂华一生为工人阶级谋解放，为组织领导工人运动作出了卓越贡献。中华人民共和国成立后，梁桂华妻子才把广州起义前梁桂华交给她的两个证件交给当地政府。

学思之窗

1. 为了筹集革命经费，梁桂华把自己的祖屋卖掉，我们应该如何认识梁桂华的这种革命精神？

2. 在当时，像梁桂华这样抱定牺牲的准备投身革命的行为，对于我们今天在实现民族复兴的洪流中建功立业有什么样的启发？

起义中的两次紧急会议

“中国是一个大国，决不能在根本性问题上出现颠覆性错误，一旦出现就无法挽回、无法弥补。要防止出现颠覆性错误，就要深入认识共产党执政规律、社会主义建设规律、人类社会发展规律，而要认识规律，就要牢牢掌握和运用辩证唯物主义和历史唯物主义，牢牢掌握和运用中国特色社会主义理论体系。”

——2015年12月11日习近平总书记在全国党校工作会议上的讲话

在广州起义中，有两次掌握起义军命运和减少牺牲的重要会议。由于共产国际不了解中国实际，给广州起义错误指导，以及张太雷等人对军事不熟悉等各方面因素，丧失了挽救广州起义和减少损失的机遇，这不能不说是一个教训。好在以叶挺、聂荣臻等为代表的共产党人，在关键时刻坚决抵制了共产国际的错误指挥，在临危之际作出了撤退的正确决定，才尽最大可能保存了革命力量。

12月11日，广州起义的第一天，取得了重大胜利。但从11日晚上开始，国民党反动派开始发动疯狂反扑，停泊在白鹅潭的英、美、法、日帝国主义军舰也相继脱下炮衣，把炮口对准起义军据点。起义军面临着严峻的压力。在这种情况下，起义军总指挥部决定立即召开军事会议，商讨对策。

在会议召开前，叶挺和聂荣臻就预感12日的形势会非常紧张，敌人的反扑可能会达到新的高潮，因而他们一再催促召开会议。然而，直到深夜12点钟，起义军领导人才在总指挥部召开了会议，讨论下一步的行动计划。在会上，叶挺分析了形势，他认为，“广州周围敌人兵力太多，而且近在咫尺，一旦组织起来，向我反扑，形势对我们很不利”。因此，他提出“最好不要再在广州坚持，把起义队伍拉到海陆丰去”的意见。聂荣臻赞同叶挺的意见，认为起义军“应当撤离广州，以避开敌人的锋芒……保存实力”。共产国际代表诺伊曼“却教条主义地认为，搞起义只能进攻，不能退却”，甚至还“声色俱厉地批评叶挺撤出广州的主张是想去当土匪”，并“主张固守已占领的阵地，对抗敌人，立即召开工农兵大会，宣布苏维埃政府成立，革命就算成功了”。

会议僵持不下，一直开到次日凌晨2点多钟。最后，张太雷等人“只听诺伊曼的意见”。接着，诺伊曼下达了凌晨4点向敌人进攻的命令，要求“肃清长堤的敌人，然后向四军军械处、珠江南等地进攻”。然而，当时的情况却是，“下达命令离发起攻击的时间只有一个多小时，当时情况比较乱，无法组织进攻行动和通知有关部队，而且起义部队经过一天一夜的紧张战斗，疲劳已极，所以，命令实际上等于零”。

由于会议否定了叶挺等人的正确意见，给起义军造成了极大压力。不出叶挺和聂荣臻所料，12日一大早，广州形势急转直下。中外反动势力采取一致行动向广州起义军疯狂反扑，起义军被迫转入防御。特别是张太雷牺牲后，起义军失去统一的领导和指挥，形势变得更加严峻。

12日黄昏时分，起义总指挥部召开紧急会议商讨对策，诺伊曼决定，“党及工农运动负责人可以暂退，留军事同志在此指挥，看形势再说”，仍未作出撤退的决定。然而，此时起义军面临的形势异常危急，起义军指挥系统已乱，领导人之间失去了联系，起义军很难再进行有效抵抗。在这千钧一发之际，叶挺和聂荣臻当机立断，决定立即组织撤退，从而保存了部分革命力量。

叶挺简介

叶挺（1896—1946），广东归善县（今广东省惠州市惠阳区）人。无产阶级革命家、军事家，中国人民解放军创建人之一、新四军重要领导者之一。1918年，毕业于保定陆军军官学校。1921年，任建国陆海军大元帅府警卫团第二营营长。1922年6月，在陈炯明叛变、重兵围攻孙中山的大元帅府时，掩护孙中山夫人宋庆龄等脱险。1924年，赴苏联莫斯科，先后入东方劳动者共产主义大学和红军学校中国班学习。10月，加入中国社会主义青年团，12月1日，加入中国共产党。在北伐战争中，领导国民革命军第四军独立团担当开路先锋，战功卓著。曾参与指挥南昌起义并出任前敌总指挥，参加广州起义任工农红军总司令，抗日战争中任新四军军长。在皖南事变中被国民党扣押，拒绝蒋介石的威逼利诱，写下著名的《囚歌》。抗战胜利后，获救出狱，被重新接纳为共产党员。1946年4月8日，与夫人李秀文以及秦邦宪、邓发、王若飞等在乘机飞往延安途中，不幸遭遇空难。1989年11月，经中央军委确定，被冠以“中国人民解放军军事家”的称号。2009年9月被评为“100位为新中国成立作出突出贡献的英雄模范人物”。

学思之窗

1. 广州起义中有两次掌握起义军命运和减少牺牲的重要会议，结果却都没能作出及时正确的选择，这对于我们有哪些教训？

2. 中国是一个大国，决不能在根本性问题上出现颠覆性错误。当前中华民族伟大复兴进入不可逆转的历史洪流，关乎我国前途和命运的根本性问题是什么？

血染观音山

扫二维码
听音频

“红色基因就是要传承。中华民族从站起来、富起来到强起来，经历了多少坎坷，创造了多少奇迹，要让后代牢记，我们要不忘初心，永远不可迷失了方向和道路。”

——2018年3月8日习近平总书记在参加十三届全国人大一次会议山东代表团审议时的讲话

越秀山，作为羊城的一张名片，对广州人而言再熟悉不过。但你可知道，越秀山还有另一个名字，叫作观音山。90多年前，在这里发生了一场硝烟弥漫的战斗，血染山坡，可歌可泣，谱写了广州起义中壮丽的革命诗篇。

1927年12月11日凌晨，广州起义的枪声打响。由于观音山地处可瞰全城的重要位置，因而成了起义军锁定的攻占目标之一。在广州起义中，起义军迅速解除了驻守观音山的敌军武装，控制了这个全城的制高点，并以镇海楼为中心，沿着明代城墙遗址在东西两线构筑工事，抵御国民党反动派军队的反扑。

兵贵神速，一夜间起义军占领了珠江北岸的大部分地区。11日早上6时，起义军在占领的广州市公安局办公大楼上竖起了红旗，大门上悬挂出了“广州苏维埃政府”的横额，中国第一个城市无产阶级政权诞生了！

广州起义的爆发令国民党反动派猝不及防，蒋介石立即急电广东各派军阀镇压起义。广东国民党当局陆续纠集军队，并电令驻韶关、佛山等地的外围部队迅速向广州靠拢、增援。驻扎在陈家祠的国民党部队伺机向观音山反扑，观音山保卫战就此打响，起义军与国民党军队展开了激烈的拉锯战。

12月11日下午，国民党军队从大北直街向观音山进攻，逼近起义总指挥部。叶挺当即指挥起义部队迎击敌军，将其赶到观音山以北，重新夺回全城制高点。随后，又有大批国民党军队从四面八方赶来，对观音山发动了10多次轮番进攻，均被起义军击退。战斗十分惨烈，起义军伤亡严重。

12日午后，广州起义总指挥张太雷意外遇袭牺牲。鉴于敌我力量悬殊，经过反复商议，起义军不得不艰难作出撤离广州的决定。

当晚，尚未接到撤退命令的工人赤卫队在10多倍于自己的敌军猛烈攻击下，仍坚守观音山阵地，同敌人作殊死战斗。在弹尽粮绝的情况下，工人们就

观音山战斗遗址

用石头砸；石头砸光了，就赤膊上阵，用拳头揍，用牙齿咬。负了伤的工人赤卫队大队长石喜抱着一个冲上阵地的敌兵，一起滚下山崖，壮烈牺牲。还有许多工人在此次战斗中献出了宝贵的生命，他们的鲜血染红了观音山的山林土地，表现出伟大的革命气概和坚决的斗争精神。

广州起义虽然失败了，但观音山见证了无数先烈前仆后继为人民奋斗的历史，彰显了烈士们的拳拳爱国之心和不畏牺牲、勇往直前、奋不顾身、甘于奉献的革命精神。正是因为有着那些在越秀山麓、珠江河畔抛头颅、洒热血的烈士们的奉献牺牲，才有今天我们在青山绿树下的乘凉。观音山的翠绿背后的那片“红”，永不褪色，将永远镌刻在史册中。

观音山介绍

越秀山，亦称粤秀山、越王山。明永乐年间，山上建有观音阁，所以民间又称越秀山为观音山。1921年，辟为公园。园内有清代所建石牌坊，上面刻有“古之楚亭”四字，园内还有镇海楼、古城墙、四方炮台、中山纪念碑、孙中山读书治事处碑、伍廷芳墓、明绍武君臣冢、海员亭、五羊石像、五羊传说雕塑像群、球形水塔等景点。由于广州的山地属于低山，越秀山的主峰越井岗海拔只有70多米，连同东北面的白云山构成了广州城北边的屏障，因而这里自古以来便是兵家必争之地。1927年12月，广州起义观音山战斗就发生在这里。越秀山所处区域，自宋代以来一直是“羊城八景”之一，现为广州标志之一，2006年公园被评为国家AAAA级旅游景区，现为广州市最大的综合性公园。

学思之窗

1. 中国革命的伟大胜利是无数革命先烈用流血牺牲换来的，很多烈士甚至连名字都没有留下来。这些无名英雄留给我们无限震撼，我们应该如何在他们牺牲精神的鼓舞下走好前行路？

2. 传承红色基因是当代青年矢志不渝的责任，在前进路上，我们应该如何用红色基因激发自身战胜各种风险挑战的动力？

喋血天字码头

“我们要沿着革命前辈的足迹继续前行，把红色江山世世代代传下去。革命传统教育要从娃娃抓起，既注重知识灌输，又加强情感培育，使红色基因渗进血液、浸入心扉，引导广大青少年树立正确的世界观、人生观、价值观。”

——2016年4月24日至27日习近平总书记在安徽调研时的讲话

位于广州市越秀区沿江中路200号的天字码头，俗称“广州第一码头”，建于明朝，是广州目前使用时间最长的珠江轮渡码头。清雍正年间，曾经被指定为官方码头，但凡官员从水路到广州或离开广州，都要在此上落。如今，天字码头成为了珠江夜游的起点。在码头的江堤上有一座书型石碑，记载着广州起义时游曦带领女兵们战斗的可歌可泣的伟大故事。游曦及其战友的壮烈牺牲，是轰轰烈烈的广州起义画卷中，最震撼、最令人难以忘怀的瞬间之一。

在广州起义中，游曦作为起义主力的教导团中唯一一个女兵班班长，随教导团加入工农红军起义行列，她所领导的女兵班被编入预备队，担负团部的警卫工作。

1927年12月12日，广州起义第二天，敌人开始疯狂反攻，主要攻击目标对准教导团守卫的长堤、观音山及起义总指挥部所在地。起义军立即与敌人在南北两条战线上展开激战。呐喊声、厮杀声，交织一片。

敌人不断增援，形势越发危急。游曦女兵班接到命令，要她们立即赶赴珠江北岸长堤阻击国民党军队。下午，起义军总指挥张太雷遇袭中弹牺牲，起义部队作出撤退的决定，起义军主力陆续撤出广州，来不及撤退的起义士兵和工人赤卫队在市内与敌人展开激烈巷战。由于好几处街垒因被敌人包围，无法联络，游曦率领的这支小部队和起义总指挥部失去了联系，没有接到撤退命令。游曦和战友们顽强地坚守在长堤天字码头附近，与敌人展开殊死搏斗，多次击退敌人的进攻。

13日，反动军队在英、美、日帝国主义的炮舰支援下，蜂拥而至，向珠江北岸进攻。游曦带领女兵班全体战士面对数十倍于己的敌人，死战不退。她们打退敌人多次进攻后，伤员不断增加，子弹即将打光，粮食和水也面临着断绝的境地。

危急关头，游曦决定派一个战士突围去联系起义总指挥部。那个战士明白，谁突围出去就意味着谁能活下来，断然请求游曦亲自去联系指挥部。游曦明白战友的意思，温和而严肃地说："执行命令吧，我不能离开这个岗位。"同时，游曦还让那个战士向总指挥部转达她致力于"流尽最后一滴血来保卫苏维埃政权"的坚定决心。

突围的战士走后，一群群敌人又摸过来。子弹都打光了，游曦和战士们甩出了最后几个手榴弹，和敌人开始了肉搏战，最后连刺刀也拼弯了，又一次打退了敌人。在生命的最后一刻，游曦望了望剩下的几个负伤的同志，看了看飘扬在阵地上的红旗，沉重而坚定地鼓舞战士们到阵地前的敌尸中去捡武器继续搏杀。她还号召战士们，要高举起旗帜，与敌人血战到底。这时，敌人又疯狂地扑来。终因寡不敌众，年仅19岁的游曦与全班战士全部壮烈牺牲。

游曦和女兵班战士们用生命的代价展现出巾帼英雄的坚毅与勇敢、热情与担当，谱写了一曲壮烈的青春之歌。她们的浩然正气，与天地同辉，与日月同在，永远萦绕在苍松翠柏间，永远活在人民的记忆里，激励着后人奋勇前进。

游曦简介

游曦（1908—1927），四川巴县人。1924年到四川省立第二女子师范学校读书，在学校里受萧楚女影响，走上革命道路，并把自己的名字由原名游传玉改成了游曦，意为看见了曙光、愿为革命牺牲一切。

1926年，加入中国共产党，是巴渝地区首个女工工会——重庆丝业女工工会的创建者，曾担任重庆市妇联宣传部主任。年底，和罗瑞卿、李淑宁（即赵一曼）等300多人一路，从重庆朝天门码头上船到黄埔军校武汉分校学习。在军校学习期间，表现突出，成为黄埔军校武汉分校四女杰之一。为表达革命决心，一度把名字改成“游牺”，意思是为了革命不怕牺牲。1927年，国民党反动派发动反革命政变，由于军校无法正常办学，游曦跟随党组织随军南下广州，担任军官教导团共青团委员和女兵班班长，积极布置和准备广州起义，后在广州起义中壮烈牺牲。

学思之窗

1. 在紧张的战事中，游曦和战友们为什么都不愿意突围去联系总指挥部？

2. 作为新时代的青年，游曦和战友们在战斗中表现出来的精神，对我们树立正确的世界观、人生观、价值观有什么样的启发？

黑暗中最亮的那一抹“红”

扫二维码
听音频

“红色是中国共产党、中华人民共和国最鲜亮的底色，在我国960多万平方公里的广袤大地上红色资源星罗棋布，在我们党团结带领中国人民进行百年奋斗的伟大历程中红色血脉代代相传。每一个历史事件、每一位革命英雄、每一种革命精神、每一件革命文物，都代表着我们党走过的光辉历程、取得的重大成就，展现了我们党的梦想和追求、情怀和担当、牺牲和奉献，汇聚成我们党的红色血脉。”

——2021年6月25日习近平总书记在十九届中央政治局第三十一次集体学习时的讲话

在广州起义纪念馆里，有一条广州起义工人赤卫队队员杨馨坤使用过的红布带，长73厘米，宽10.3厘米，是国家一级文物。这条红布带虽静止无声，它背后的故事却让我们肃然起敬。

1927年，大革命失败后，面对国民党反动派的大肆屠杀，为了挽救党、挽救革命，中国共产党继领导南昌起义、秋收起义之后，又发动了广州起义。当年参加这场起义的人员来自各行各业，有工人、农民、士兵，没有统一的服装。起义总指挥部决定，凡参加起义人员一律需佩戴红布带，以便识别。

起义原定于12月12日进行，不料原计划泄露，敌人已经开始部署镇压，形势危急，因此，起义被迫提前一天进行。12月11日凌晨，起义爆发。经过激烈的战斗，起义军攻下了广州市公安局这座反动堡垒。6时，市公安局屋顶飘起了红旗，广州苏维埃政府在此诞生了。

广州起义中使用的红布带

由于起义前商店里的红布已被抢购一空，没有足够的红布，不少工人赤卫队队员就把家中的红被面撕成条，缚上手臂或系在脖子上，还有的把白布染成红色佩戴起来。工人赤卫队队员们佩戴着这些规格不一的红布带奋勇杀敌。起义期间遇到阴雨天气，红布带遇水褪色，不少起义人员的脖颈和手臂上都留下了红色的印记。

广州起义震惊了中外反动派，他们立即勾结起来，向广州进攻。面对国民党广东当局和帝国主义的联合围攻，起义军民并肩作战，观音山、珠江长堤、黄沙车站等处战事惨烈。最终因势单力薄，起义失败。

起义的焰火被熄灭，反革命的屠杀却在古老的羊城掀起阵阵腥风血雨。在广州起义中，红布带是起义军民互相识别的标志，是红色苏维埃存在的证明。起义失败后，有红色印记者都被反动当局当作屠杀的对象，不论脖颈、手腕等处，凡有红色印记者都被无情杀害。屠杀整整进行了6个昼夜，到处都是起义军民的鲜血，到处都是烈士的尸骸。

杨馨坤在撤退时，用生命守护着这条红布带。他冲出了敌人的包围，将红布带带回了家乡英德，小心翼翼地用油纸一层一层包裹好，装进一个陶埕里，用瓦盆覆盖，秘密埋在山岗里。虽经过反动派多次搜查，始终都没有被发现。直到1959年，这条红布带才被杨馨坤的家人发现并捐献给国家。杨馨坤已在后来参加广宁农民起义时不幸壮烈牺牲，他曾经用生命百般守护的这条红布带，是广州起义里燃烧得最亮眼的一抹“红”，成为广州起义的历史见证和广州苏维埃政权的永恒象征，犹如红色血脉纽带，将先辈的精神与新时代的我们联结在一起。

历史永远不会忘记1927年那场震惊中外的广州起义，不会忘记那一条血染的红布带和那些长眠于地下的无名烈士。

广州起义纪念馆介绍

广州起义纪念馆位于广州市越秀区起义路200–1号，大院建筑面积约5990平方米，陈列面积约800平方米，展线120米，是为纪念1927年广州起义建立中国第一个城市苏维埃政府而设立的博物馆，隶属于广东革命历史博物馆，是一所地方历史纪念性博物馆。纪念馆原为国民党广东省会公安局。1956年，南楼辟为广州起义陈列室。1987年，广州市政府成立广州起义纪念馆，由叶剑英题写馆名。现存文物建筑有院内大门、中楼（苏维埃政府办公地）、北楼（工农红军指挥部）、南楼（警卫连宿舍），以及拘留所等。纪念馆先后被命名为全国爱国主义教育示范基地，全国红色旅游经典景区，广东省、广州市党员教育基地，广东省、广州市爱国主义教育基地。2023年3月，广东省文化和旅游厅确定广州起义纪念馆旅游区为国家AAAA级旅游景区。

学思之窗

1. 红布带在南昌起义、广州起义、秋收起义中都使用过，当年很多人把它叫“牺牲带”，这表达了什么样的革命含义？

2. 红色是中国共产党、中华人民共和国最鲜亮的底色，我们该如何深刻理解这句话的含义？

“红军”旗号首次打出

“我们要铭记光辉历史、传承红色基因，在新的起点上把革命先辈开创的伟大事业不断推向前进，鼓舞激励广大干部群众和全军广大指战员坚定中国特色社会主义道路自信、理论自信、制度自信、文化自信，努力为实现中华民族伟大复兴的中国梦、为把人民军队建设成为世界一流军队而不懈奋斗。”

——2017年7月21日习近平总书记在参观“铭记光辉历史　开创强军伟业——庆祝中国人民解放军建军90周年主题展览”时的讲话

很多人都知道，8月1日是中国人民解放军建军纪念日。1933年7月11日，中华苏维埃共和国临时中央政府决定，将8月1日作为中国工农红军成立纪念日。从此，8月1日就确立为建军节。那么“工农红军”的旗号又是何时何地首次公开打出的呢？答案是1927年12月的广州。

原来，在南昌起义时，起义军仍然沿用着国民革命军的番号。1927年9月的秋收起义，起义军第一次公开响亮地打出了“工农革命军”的旗号。11月，湖北的黄麻起义发动，当地著名书法家送给起义军一副对联“痛恨绿林兵，假称白日青天，黑暗沉沉埋赤子；克复黄安县，试看丹霄紫气，苍生挤挤拥红军”，独具匠心地用红色象征革命，在当地引起反响和传诵。从此，“红军”的称号开始使用。到广州起义时，起义领导机关在发布的《红旗》号外中，就宣布组织“工农红军”，同时，还公布了工农红军领导人名单。根据要求，起义军在起义爆发的当天就打出了“工农红军”的旗帜。

广州起义失败后，起义军被迫撤出城外，来到花县县城。当时，部队驻扎于花县县立第一高等小学和县府等地，临时指挥所也设在县立第一高等小学里（今花山镇花城村花城小学内的福荫祠）。16日，部队在花县县立第一高等小学召开党的会议，大家开会研究如何给这支部队命名。红一师有了，是朱德领导的南昌起义的部队；红二师有了，是海陆丰一带的另一支南昌起义部队；红三师也有了，是琼崖游击队改编的。最后大家确定叫红四师，下辖第十、十一、十二共3个团。师长由原教导团第一营营长叶镛担任，党代表为袁裕（袁国平）。徐向前开始为第十团党代表，后任师参谋长、师长。第二天，红四师在县立第一高等小学举行了简单而庄严的成立大会。随后，移师海陆丰，与南昌起义军余部会师。红四师是中国共产党领导的较早的红军队伍之一，是首个使用“工农红军”番号的部队。

1928年初，“工农武装割据”的星星之火迅速形成燎原之势。根据革命形势的需要，共产国际和中共中央曾先后明确提出：要在各革命根据地建立党

红四师成立大会遗址

所领导的红军部队。同年2月25日，共产国际执委会第九次扩大会议在《关于中国问题的决议案》中提出：在“苏维埃化的农民区域中，党的主要任务是实行土地革命和组织红军部队。已被这些部队渐渐联合而成全国的中国红军”。5月25日，中共中央发出的《中央通告第五十一号——军事工作大纲》（采用广东省委扩大会议军事问题决议案内容）规定：“在割据区域所建立的红军，可正式定名为红军，取消以前工农革命军的名义”，第一次正式把各根据地的革命武装定名为红军。从此，“红军”的称号在各地的革命武装中开始陆续使用。

中国人民解放军发展史介绍

中国人民解放军诞生于1927年8月1日的南昌起义。继南昌起义之后，秋收起义、广州起义等相继发动，各起义军名称不一。1928年5月后，都陆续改称中国工农红军，简称“红军”。全面抗战爆发后，红军主力部队改编为国民革命军第八路军，简称“八路军”，后改称国民革命军第十八集团军（习惯上仍称“八路军”）。同时，活动在江西、福建、广东、湖南、湖北、河南、浙江、安徽八省十四个地区的红军游击队，集中改编为国民革命军陆军新编第四军，简称“新四军”。1945年，八路军总司令朱德在抗日反攻命令中首次提出“人民解放军”。1946年，国共内战爆发，中国共产党领导的解放区各部队由八路军、新四军以及东北民主联军等陆续改称“人民解放军”。1948年11月1日，中共中央和中央军委作出《关于统一全军组织及部队番号的规定》，指出团以上各部队均冠以“中国人民解放军”字样。从此，“中国人民解放军”的名称一直沿用至今。

学思之窗

1. 在了解中国人民解放军的发展历程之后，你能不能再将这个历程简单复述一下？

2. 人民军队的唯一宗旨是全心全意为人民服务，拥军优属是人民群众的优良传统，我们应该在拥军优属方面做哪些有意义的事情？

起义军惊险撤离广州

“全面建设社会主义现代化国家、全面推进中华民族伟大复兴，关键在党。我们党作为世界上最大的马克思主义执政党，要始终赢得人民拥护、巩固长期执政地位，必须时刻保持解决大党独有难题的清醒和坚定。”

——2022年10月16日习近平总书记在中国共产党第二十次全国代表大会上的报告

南粤之于聂荣臻，有着特殊的记忆和感情。广州，可以说是聂荣臻早期革命事业的起点。1925年，聂荣臻从莫斯科学成归国，被组织安排到黄埔军校任政治部秘书兼政治教官。1927年，根据组织安排，作为重要领导人参与领导广州起义。

1927年12月12日，是广州起义的第二天。这天傍晚，叶挺、聂荣臻想看看各处战况究竟如何，于是来到总指挥部东南方院内的天台，这是指挥部内的制高点。夕阳西下，在苍茫暮色中，他们看到观音山的敌人已经绕过起义军阵地，向总指挥部方向袭击。珠江以北市区到处火光冲天，有些地方显然已进入巷战。

总指挥部危在旦夕，起义军危在旦夕。聂荣臻对叶挺说：“老总，这个局面怎么办？”叶挺说：“不接受我的意见，我有什么办法？”聂荣臻接着说：“现在不能再坚持了，再坚持下去只能是无谓的牺牲，必须马上撤退，否则起义军有被全部消灭的危险。撤退的方向，你说的两个去向中，去韶关太远，还是去海陆丰好？”叶挺没有吭声，只是叹息。聂荣臻明白叶挺的意思，于是紧急布置撤退。

聂荣臻赶到总指挥部时，在门口碰上了恽代英。恽代英问：“怎么指挥部里什么人也没有了？”聂荣臻回答：“现在敌人三面向广州市区进攻，事态严重，观音山上的敌人来势很猛，我们必须马上撤退。我已经跟叶挺说过，他没表示反对。总指挥部没有人了，就由我们军委来下达撤退命令，你们赶快离开。”说完，聂荣臻就辗转找到黄锦辉，两人简单商量了一下，由聂荣臻去通知教导团，因为他不懂广东话，又不熟悉市区交通，教导团比较集中，容易通知到。黄锦辉去通知自卫队。

聂荣臻来到四标营教导团团部，找到了起义军教导团团长李云鹏，命令他把教导团集中到黄花岗后，经花县向海陆丰撤退。下达完命令，聂荣臻由四标营往八旗会馆（今越秀区珠光街道德政南路16号）附近的住处走，因为叶剑英还在那里。一路上，只要碰到起义部队，聂荣臻就通知他们撤退。

次日凌晨，当聂荣臻来到长堤时，长堤已经被反动军队占领，但仍然到处枪声不断。聂荣臻不走大街，专串小巷。不巧的是，他碰到国民党地方武装搜身，名曰搜身，实际上是抢劫抢掠。敌人问聂荣臻是干什么的，他就是不吭声，因为他不会说广东话，一开口就可能遇害。一番搜身后，敌人把他身上值钱的东西像钢笔、手表等全部抢走了。

到了八旗会馆附近的住地，聂荣臻见到了叶剑英。他对叶剑英说：“现在不能马上走，敌人在交通要道、码头等处搜查，待过几天再说。”接下来的几天里，敌军开始全城屠杀参与起义的士兵和群众。据统计，当时被杀害的人数达到5700多人，可以说是血流成河。在住所待了三天后，16日，当聂荣臻看到广州的街面比较平静了，敌人的搜查已经放松，才化装成商人，撤到了香港。

聂荣臻简介

聂荣臻（1899—1992），四川江津（今重庆江津）人，久经考验的无产阶级革命家、军事家，党和国家的卓越领导人，中国人民解放军的创建人和领导人之一。

1923年，加入中国共产党。1925年9月，任黄埔军校政治部秘书兼政治教官。1927年，参与领导南昌起义、广州起义。1934年10月，参加长征。抗战时期，先后任八路军第一一五师副师长等职务，创建晋察冀敌后抗日根据地，为抗战胜利作出重要贡献。解放战争时期，任晋察冀军区司令员等职务。中华人民共和国成立后，历任中央军委秘书长兼中国人民解放军代总参谋长、国防委员会副主席等职务。1955年被授予中华人民共和国元帅军衔，获一级八一勋章、一级独立自由勋章、一级解放勋章。

学思之窗

1. 聂荣臻一生功绩如山，是新中国开国十大元帅之一，除聂荣臻外，你是否能说一说其他元帅都还有谁？

2. 新时代新征程上，中国共产党为什么必须时刻保持解决大党独有难题的清醒和坚定？

奔向海陆丰

“无论是革命战争年代还是改革开放新时期，老区人民为党和国家作出了巨大贡献。老区人民对党无限忠诚、无比热爱。老区精神积淀着红色基因。在今天奔小康的路上，老区人民同样展现出了强烈的奉献奋斗精神。”

——2016年4月24日习近平总书记在安徽考察时的讲话

提起彭湃领导创立的海陆丰革命根据地，很多人都有所耳闻，这块根据地曾为中国革命作出了很多重要探索。但很多人可能不知道的是，广州起义余部改编成为的红四师也曾在这块根据地战斗过。这就要从广州起义失败后部队奔向海陆丰说起。

1927年12月16日，广州起义失败后撤退到花县的起义军余部，根据中共广东省委的指示，整编为中国工农红军第四师。这个时候，部队面临着一个紧迫问题：花县离广州太近，又紧临铁路，不能停留太久，必须马上转移，否则就有全军覆没的危险。

究竟到哪儿去呢？大家讨论了半天，决定去北江，与朱德率领的红一师会合。但红一师具体在哪里，没有人知道。于是，部队一面进行整训，一面派人去打听。

这个时候，花县的地主武装极度仇视革命队伍，他们在城外日夜围攻，导致部队的供给十分困难。派出去打听红一师消息的人，一天、两天，毫无音信。等到第三天，大家认为，不能再等了，否则广州的敌人攻上来，再想走就很被动了。于是，部队决定转战海陆丰地区，与当地的红二师及彭湃领导的农军会合。海陆丰地区面临大海，背靠大山，而且早已成立了工农民主政府，地形和群众条件都很好，有利于更好地开展革命斗争。

一天晚上，在打退围城的民团后，部队开始出发。一路经过从化、良口、龙门等地，绕道兰口渡过了东江，攻占了紫金县等地。在前进路上，部队打退了民团的数次袭扰。1928年农历正月初一（1月23日），部队到达海丰县城。当时，各村的墙壁上写着许多打土豪、分田地的标语，处处红旗招展，颇有革命气势。县城的墙壁都用红土刷过，全城一片红，真是“赤化”了的天下。

原来，海丰是党领导的第一个苏维埃政权的诞生地。在彭湃的领导下，从1924年至1927年，这里曾经发生过三次武装起义，影响很大。其中，第三次起义是在1927年10月底，数千农军在红二师的配合下，一举攻占了海丰、陆丰两座县城，正式成立苏维埃政府，实行土地革命。

红四师进抵海丰县境后，受到中共东江特委和当地群众的热情欢迎和慰

海丰红宫红场旧址纪念馆

问。群众听说部队是从广州下来的红军，热情万分，家家让房子供部队休息，还给部队烧水做饭，像亲人久别重逢一样，让红四师官兵倍感亲切。

为欢迎红四师，中共东江特委在县城广场上召开了一万多人参会的群众大会。特委书记彭湃发表了热情洋溢的讲话。他身穿普通的农民衣服，脚着一双草鞋。他的声音洪亮清晰，充满了革命的热情和必胜的信心。当讲到广州起义的失败时，他把手一挥说："这算不了什么，我们共产党人，从来不畏困难，失败了再干，跌倒了爬起来，革命总有一天会成功的！"他还告诉大家："共产党领导穷人闹革命，要坚决消灭地主军阀，保护穷人利益。"彭湃富于鼓动性的讲话，博得了一阵阵热烈的掌声，使人增加无限的勇气和信心。

红二师和红四师胜利会师，有力壮大了海陆丰革命根据地的武装力量。从此，这两支年轻的红军队伍在中共东江特委的领导下，并肩战斗，揭开了东江游击战争的新篇章。

海陆丰革命根据地介绍

海陆丰革命根据地是土地革命战争时期中国共产党领导的苏区之一，位于广东省海丰、陆丰地区，是土地革命战争时期全国13块革命根据地之一，党在这里建立了中国第一个苏维埃政权。四一五反革命政变发动后，海丰、陆丰地区在彭湃等人的领导下，于1927年4月底举行武装起义，不久失败。9月，中共海陆丰地委（后改称中共海陆丰县委）领导农民赤卫队和农民群众再次举行武装起义，占领海丰、陆丰两县城。随后，在国民党军反扑下，起义武装转入农村坚持斗争。10月上旬，南昌起义军第二十四师1200余人进入海陆丰地区后，整编为红二师。10月30日，中共海陆丰县委领导红二师和农民赤卫军共5000余人，又一次举行武装起义，占领海丰、陆丰两县大部地区。11月13日和18日，陆丰、海丰两县分别召开工农兵代表大会，成立两县苏维埃政府。11月底，中共东江特委在海丰县城成立，彭湃任书记。1928年初，由广州起义军余部改编的红四师进入海陆丰革命根据地。之后，中共东江特委率领红二、四师挺进惠来、普宁和紫金等地区，将海陆丰革命根据地扩展到五华、普宁、惠来、紫金、惠阳等县，面积约3000平方千米，人口约150万。1928年2月，国民党军对海陆丰革命根据地进行"清剿"，红二、四师在保卫海丰、陆丰两县城等地战斗中遭受严重损失。7月上旬，余部转移到海丰、陆丰、惠阳、紫金四县交界的山区，海陆丰革命根据地随即丧失。剩下的少数军事骨干与当地农民赤卫队合编为苏维埃赤卫军，由中共海陆惠紫特委领导，继续坚持斗争。

学思之窗

1. 创建根据地是中国共产党领导中国新民主主义革命取得胜利的重要经验之一，我们应该如何正确理解这个问题？

2. 共产党人在面对失败时依然相信革命总有一天会成功的，请思考：这种坚定的革命信念来自什么？对今天的我们有什么启发？

广州第一任市委书记

“今天，中国正在发生日新月异的变化，我们比历史上任何时期都更加接近实现中华民族伟大复兴的目标。实现我们的目标，需要英雄，需要英雄精神。我们要铭记一切为中华民族和中国人民作出贡献的英雄们，崇尚英雄，捍卫英雄，学习英雄，关爱英雄，戮力同心为实现‘两个一百年’奋斗目标、实现中华民族伟大复兴的中国梦而努力奋斗！”

——2015年9月2日习近平总书记在颁发“中国人民抗日战争胜利70周年”纪念章仪式上的讲话

1927年，国民党广东反动当局发动四一五反革命政变后，中共广东区委针对急剧变化的形势，在广州召开紧急会议，决定将区委机关暂时撤离广州，迁往香港办公。同时，决定在广州另成立中共广州市委。4月22日，中共广州市委成立，吴毅担任第一任广州市委书记。紧接着，4月底，吴毅就领导海员、汽车、印刷工人举行罢工。他深入工人之中，传达上级指示，指导开展斗争，坚决反对国民党指派的工贼到工会担任改组委员，组织工人自救队等秘密工人武装，以革命武装反抗反动武装。

1927年五一劳动节时，广州市委大力开展宣传活动，以广东济难总会的名义，联合组织武装力量。6月19日省港大罢工纪念日、23日“沙基惨案”纪念日，吴毅联络省港罢工委员会，发动5万余工人参与罢工。6月底，中山大学校长戴季陶宣布开除吴毅的学籍，他泰然处之，对革命同志说：“我虽不能回校读书，但我决心为共产主义事业贡献一份力量。”

8月，中共中央决定成立南方局，广东省委迁回广州办公。在中共中央南方局和广东省委联席会议上，吴毅当选为广东省委候补委员。10月中旬，吴毅出席中共中央南方局和广东省委联席会议，会上广东省委书记张太雷传达了八七会议精神，决定抓住粤桂军阀混战、广州城内兵力空虚的有利时机，发动广州起义。

广州起义失败后，吴毅被迫撤离广州，辗转到达香港，受到党内“左”倾错误的打击，被撤销职务。1928年3月，中共中央派周恩来到香港纠正错误处分，吴毅重任中共广州市委书记，后当选为中共广东省委常委，仍兼任广州市委书记。广州起义的失败没有使吴毅消沉，反而激发了他更加强烈的斗争意志。

1928年4月，吴毅到香港出席省委会议，汇报广州的形势和今后的革命工作计划。在这次会议精神指导下，广东省委决定举行第二次大起义。接指示后，他与市委同志研究认为，在白色恐怖笼罩下，党组织刚恢复，目前举行第二次起义时机不成熟。但党的命令必须执行，他和战友分头到各区委、支部传达省委指示，要求党员、团员团结群众，加紧开展地下活动，为第二次起义做好充分准备。6月，在吴毅的带领下，广州市委迅速恢复了各级组织，积极领导工人运动，开展地下斗争。

不幸的是，7月，广州市委机关遭敌人破坏，吴毅被捕。面对敌人的威逼利诱，严刑拷打，吴毅始终坚贞不屈。10月，吴毅英勇就义，年仅21岁。他以鲜血和生命诠释了对党、对人民、对革命事业的无限忠诚，他的英勇斗争精神将永远激励着中华儿女为共产主义事业而奋斗。

吴毅简介

吴毅（1907—1928），四川忠县（今重庆市万州区）人。1922年，考入万县省立第四师范学校，在萧楚女引导下，成为社会主义青年团团员。1924年秋，到广州，在广东大学（今中山大学）文科学习。1925年夏，加入中国共产党。1926年春，被调到中共广东区委会秘书处工作，兼任广东区委书记陈延年秘书。1927年，四一五反革命政变后，遵照中共广东区委决定，于4月22日建立中共广州市委，任第一任广州市委书记。在极其恶劣的环境下，整顿党团和工会组织，坚决反对国民党的屠杀政策。同年8月，被选为中共广东省委候补委员。11月，组织力量营救周文雍。在广州起义中，协助张太雷等做好各项准备。起义失败后，转移到香港。1928年，重返广州，任中共广州市委书记。1928年4月，当选为广东省委委员，后任广东省委常委兼广州市委书记。1928年7月，市委机关遭破坏，吴毅被捕，后被敌人杀害，年仅21岁。

学思之窗

1. 广州起义的失败没有使吴毅消沉，反而激发了他更加强烈的斗争意志。吴毅这种精神启发我们，在遇到困难时，应该如何面对？

2. 青年应该崇尚英雄、捍卫英雄、学习英雄、关爱英雄。面对社会上有些人针对英雄的各种不正确言论，我们应该如何做？

前仆后继的市委领导人

“革命理想高于天，回望百年党史，千千万万共产党人为了理想信念不惜抛头颅、洒鲜血。共产主义是我们党的远大理想，为了实现这个远大理想，就必须坚定中国特色社会主义信念。全党同志要增强‘四个意识’、坚定‘四个自信’，在全面建设社会主义现代化国家新征程上披荆斩棘、奋力前行，不断夺取新时代中国特色社会主义新胜利。”

——2021年6月25日习近平总书记在十九届中共中央政治局第三十一次集体学习时的讲话

我们都知道，那些为中国革命而英勇献身的革命先烈是伟大的人。但我们可能并不知道，他们究竟有多么伟大。广州起义失败后，中共广东省委派出大批优秀干部到广州重建广州市委机关，继续开展革命工作。这些干部深知，在白色恐怖下工作，面临着随时被捕甚至牺牲的可能，但他们为了党和人民的事业，毅然挑起重担，在广州这块土地上，上演了一幕幕前仆后继、英勇牺牲的悲壮瞬间。

面对白色恐怖，广州迅速组建了以麦裕成为书记的广州市委。麦裕成参加过广州起义，他出任市委书记期间，始终把自己的生命置之度外，以党的事业为第一生命。在一次召集区委联席会议时，麦裕成被捕并被杀害。之后，广东省委指示迅速恢复广州市委，季步高任市委书记，市委委员中有周文雍。

周文雍与陈铁军假扮成夫妻在广州开展革命活动时同时被捕，被国民党残忍杀害。周文雍牺牲后，2月27日，省委派吴毅从香港潜回广州，开展恢复市委的工作。5月，中共广州市委重新组建，吴毅任市委书记，季步高任市委常委兼兵委书记，7月到8月间，二人又先后被敌人逮捕杀害，年仅21岁和22岁。

1928年7月，省委指示重建广州市委。8月17日，市委书记阮峙垣在去增城开展工作时，被国民党军队逮捕。8月，广州市委再次重建，9月，市委书记李耀先被捕，市委再遭破坏。广州起义失败后，李耀先留在广州坚持斗争，先后任中共广州市河南区和芳（村）花（地）区区委书记。李耀先被捕后，利用敌人要他写坦白书时的机会，详细揭露了国民党反动派的罪行，牺牲时仅24岁。从1928年10月至1929年1月，仅4个月时间里，四届广州市委机关均遭破坏。

李耀先牺牲后，1929年5月，省委派遣长期在番禺地区担任领导工作的凌希天主持广州市委工作。经过几个月努力，凌希天重建了党组织。10月下旬，他在广州西濠口码头散发传单时被反动派逮捕，屡经严刑审讯而不屈。27日被杀害，年仅29岁。

1929年11月至1932年8月这段时间，中共广州市委（曾改称为中共广州特别支部），又接二连三遭敌人破坏。1930年5月27日，因市委所在地被敌人侦知，市委书记杜式哲与市委成员10余人被捕。杜式哲大义凛然地表示："为革命、为人民、为党的事业乃自身之夙愿，夙愿已偿，抛头颅也在所不惜。"7月1日，杜式哲与其他被捕的市委委员就义于广州红花岗。1932年3月，中共广州市特别支部书记杨泓章到香港汇报工作，不慎被捕。1932年8月20日下午，敌人逮捕了广州市委宣传部部长陈复，当晚将他秘密杀害于南石头"惩戒场"，他被杀害时才25岁。陈复牺牲后，至1936年，广州党组织被迫中断。

广州党组织屡遭破坏、市委领导接连遇害，客观原因是反动派的残酷镇压，主观原因则是党内"左"倾错误的危害。广州起义失败后，广州已是血雨腥风，"左"倾错误却把退居到香港的同志派回广州，这样无疑是把他们送入虎口。另外，党刚转入地下斗争，缺乏秘密工作的经验，也是一个重要原因。虽然大批优秀党员干部被反动派杀害了，但英勇的共产党人继承着革命先烈的遗志，在经历顽强斗争和付出巨大牺牲后，于1949年迎来了新民主主义革命的伟大胜利，广州也于1949年10月14日迎来了解放，迎来了新生。

“左”倾概念介绍

“左”倾，是带引号的“左”，以区别真正的左倾。左倾是指政治上追求进步、同情劳动人民的倾向。“左”倾则表现为超越客观实际，急于求成，主观夸大革命力量，轻视敌人力量和客观困难，采取盲目的冒险的行动；或在革命组织内部采取残酷斗争、无情打击的政策；或在同盟军问题上实行关门主义，打倒一切。在民主革命时期，党的历史上曾发生过三次严重的“左”倾错误：瞿秋白的“左”倾盲动错误（1927年11月—1928年4月），李立三的“左”倾冒险错误（1930年6月—9月），王明的“左”倾教条主义（1931年1月—1935年1月）。遵义会议后，经过“左”倾错误教训的中国共产党人痛定思痛，开始对“什么是马克思主义”“如何运用马克思主义解决中国的实际问题”，以及马克思主义中国化等问题进行思考。这是中国共产党思想上的重大转折。有了这一转折，党才有了实事求是的思想路线，才有了毛泽东思想，才有了中国革命的伟大胜利。

学思之窗

1. 广州起义失败后，广州市委领导人前仆后继地牺牲的根本原因是什么？

2. 可以说，马克思主义中国化是中国共产党打天下和治天下的法宝，我们应该如何正确理解马克思主义中国化的科学内涵？

参考文献

[1]毛泽东选集（第一卷）[M]．北京：人民出版社，1991．

[2]陈独秀文集（第一、二卷）[M]．北京：人民出版社，2013．

[3]习近平著作选读（第一、二卷）[M]．北京：人民出版社，2023．

[4]杨匏安文集[M]．北京：中央文献出版社，1996．

[5]中共中央文献研究室，中央档案馆．建党以来重要文献选编（1921—1949）（第1、5册）[M]．北京：中央文献出版社，2011．

[6]中共中央党史研究室第一研究部．联共（布）、共产国际与中国苏维埃运动（1927—1931）（第2、7卷）[M]．北京：中央文献出版社，2002．

[7]广东革命历史博物馆．广州起义资料（上、下）[M]．北京：人民出版社，1985．

[8]广东省档案馆，中共广东省委党史研究委员会办公室．广东区党、团研究史料（1921—1926）[M]．广州：广东人民出版社，1983．

[9]中共广州市委党史研究委员会办公室．广州大革命时期回忆录选编[M]．广州：广东人民出版社，1986．

[10]聂荣臻回忆录[M]．北京：战士出版社，1983．

[11]中共中央党史研究室．中国共产党历史（第一卷）（1921—1949）[M]．北京：中共党史出版社，2002．

[12]中共广州市委党史研究室．中共广州地方史（新民主主义革命时

期）［M］．广州：广东人民出版社，1995.

［13］王金峰，吴钰，刘永祥．英雄壮举：1927年的广州起义［M］．北京：中央文献出版社，2021.

［14］黄志坚．第一次国共合作在广州［M］．广州：暨南大学出版社，2015.